TEXTS AND STUDIES

CONTRIBUTIONS TO
BIBLICAL AND PATRISTIC LITERATURE

EDITED BY

J. ARMITAGE ROBINSON D.D.

HON. PH.D. GÖTTINGEN   HON. D.D. HALLE
CANON OF WESTMINSTER

VOL. V.

No. 4. CODEX PURPUREUS PETROPOLITANUS (N

CODEX PURPUREUS PETROPOLITANUS

THE TEXT OF CODEX N OF THE GOSPELS EDITED
WITH AN INTRODUCTION
AND AN APPENDIX

BY

H. S. CRONIN M.A.
DEAN OF TRINITY HALL CAMBRIDGE

PUBLISHERS
Eugene, Oregon

Wipf and Stock Publishers
199 W 8th Ave, Suite 3
Eugene, OR 97401

Codex Purpureus Petropolitanus
The Text of Codex N of the Gospels
By Cronin, H.S.
ISBN: 1-59244-830-5
Publication date 8/26/2004
Previously published by Cambridge, 1899

DEDICATED BY PERMISSION
TO HIS HOLINESS
ANTONIUS
METROPOLITAN OF ST PETERSBURG
HONORARY DOCTOR OF LAWS
OF THE UNIVERSITY OF CAMBRIDGE

TABLE OF CONTENTS.

	PAGES
INTRODUCTION	xiii—lxiv
I. History of the Manuscript	xiii
II. Reconstruction and Description of the Manuscript	xxiv
III. Examination of the Character of the Text	xlii
TEXT	3—104
APPENDIX	105—108

PREFACE.

THE collation of the fragments of the Purple manuscript recently discovered at Sarumsahly was undertaken at the instance of the Regius Professor of Divinity at Cambridge. I visited St Petersburg for this purpose in the Easter Vacation of 1897, and again in the Long Vacation of the same year, as I had been unable in the limited amount of time at my disposal to complete my collation during my earlier visit.

I have found it necessary to limit the scope of my Introduction. The first chapter is occupied with a discussion of the history of the manuscript and its several portions, so far as this can be ascertained from the very fragmentary notices we possess concerning any of its portions, or can be deduced from notes and indications in the manuscript itself. I have endeavoured to distinguish carefully between these two grounds for any conclusion, though I consider the evidence for the date and extent of the first collection (p. xvi), derived from internal sources, and the evidence for the second dismemberment, founded on a comparison of notes in the manuscript with a note in the Codex Beratinus (p. xviii), quite as satisfactory as an express tradition would have been.

The second chapter deals at first with the evidence available for a conjectural reconstruction of the manuscript. The argument here is straightforward, except when the position of the $\kappa\epsilon\phi\acute{a}\lambda a\iota a$ of St Luke has to be determined (p. xxvii). I believe the manuscript to be somewhat earlier in date than the Codex Rossanensis (Σ), which is placed by von Gebhardt late in the sixth century, and to have been written in Constantinople (p. xxxix).

The third chapter contains a discussion of the relation between the texts of N and Σ. I consider that there is little doubt that both MSS. were copied from the same original. The differences are neither numerous (p. xliii) nor difficult to explain (p. xliv). Those which present most difficulty can be attributed with considerable confidence to a mistake of the scribe of N (p. xlvi). The discovery of the fragment at Sarumsahly supplies us with the text of more than half the last two Gospels in the recension which for the first two is represented by $Σ^1$. I have concluded this chapter with a few examples which illustrate on the one hand the very mixed character of the text, on the other its agreements with the best uncials. In this last part I have considered it sufficient to use Tischendorf's apparatus.

Perhaps some explanation is needed of the form in which the text itself appears. A photographic reproduction of the whole was, in the circumstances, out of the question. The difference in usefulness between a plain printed text and an edition in uncial types, such as Duchesne's edition of the Patmos leaves, is not material. With the concurrence therefore of those to whom I was responsible, I decided for the plain printed text. The spelling of the original is retained but not its abbreviations (pp. xxxvi, xxxvii). I am myself responsible for the collation of the St Petersburg and London leaves—in both cases from the original—and for the collation of the Vienna leaves from the reproduction of them in von Hartel and Wickhoff's edition of the Vienna *Genesis*. The existence of this reproduction, easily accessible to scholars, accounts for the omission of a facsimile in my own edition. For the correction of the proofs of the Vatican leaves I am indebted to the kindness of Mr N. McLean of Christ's College. For the Patmos leaves the Abbé Duchesne has allowed me to reprint his transcription[2]. The variants of Σ are reproduced at the foot of each page of the text. For the insertion of this apparatus I have availed myself of the permission of Professors Harnack and von Gebhardt to use their edition of Σ.

---

[1] Of N in the first two Gospels only 91 leaves out of 219 survive.

[2] The collation of Pat. 4 r. and 8 v. has been verified by photographs which were taken during a visit to Patmos by Mr T. C. Fitzpatrick of Christ's College.

At the end of the text in an appendix will be found a collation of Belsheim's edition of the *Codex Imperatricis Theodorae* (2^{pe}), which, I believe, will be found useful.

To Dr J. Armitage Robinson and Dr Rendel Harris I am indebted for much help and encouragement given me from the very outset of the work. Mr F. C. Burkitt and Mr J. D. C. White, both of Trinity College, have also helped me with criticisms and advice. I have to thank Sir R. N. O'Conor, the British Ambassador at Constantinople (formerly at St Petersburg), Mr F. G. Kenyon, of the British Museum, Mr T. W. Allen, Fellow and Tutor of Queen's College, Oxford, Mr Stavrides of Constantinople and Dr von Tiefenau, of the Imperial Library at Vienna, for their kind aid in obtaining or giving me information. To the managers of the Hort Fund I am indebted for a grant towards my expenses and to the members of the Russian Archeological Institute at Constantinople for a copy of their pamphlet on the manuscript.

But my thanks are due especially to Monsieur A. F. Bytchkoff, Librarian of the Imperial Library at St Petersburg, and his son Monsieur V. A. Bytchkoff, not only for permission to collate and publish the collation of the manuscript, but for the kindness which has been shewn to me by them in common with my other Russian friends on many occasions. Of their kindness, as well as of that which I have experienced at the hands of English residents at St Petersburg, I shall always retain most grateful recollections.

May, 1899.

CORRIGENDA.

p. 34 in Mc ix 25 read επετιμησεν for επετιμσεν
p. 40 in Mc xii 15 read ιδως for ειδως
  ,,   add to apparatus xii 16 om εστιν Σ
  ,,   in Mc xiv 31 read με .υ. αποθανιν for μ. .υ. αποθανιν
p. 77 in Jn i 27 add εγω before αξιος
p. 107 in iv. 3 for | τα read 5 τα
  ,,   ,, v. 9 for λεγεων read λεγων] λεγεων
  ,,   ,, vi. 45 read om το 1°
  ,,   for xi. 1 read xi. 2
  ,,   for xii. read xii. 5
  ,,   in xiii. 28 read om αυτης 1ᵘ

CHAPTER I.

History of the Manuscript.

Recent History of the St Petersburg Codex.

RUMOURS of the existence of a purple manuscript of the Gospels in the neighbourhood of the Cappadocian Caesarea have been current for some years. In 1883 such a manuscript was seen at Sarumsahly by Professor Demetriades of the Propaganda. In 1886 a notice of it written by him appeared in the 'Εκκλησιαστικὴ 'Αλήθεια[1], and in the same year at the suggestion of Professor Giovannopoli negociations for its purchase were begun by Dean Burgon through the Rev. W. H. Simcox and Mr H. D. Grissell[2]. Though these negociations soon came to an end, others were opened by the American and English missionaries in the neighbourhood. With a similar object one of the leaves of the Codex was sent by the owners to Constantinople, where it was seen by Dr Rendel Harris and photographed by Dr Albert Long of the Robert College. In 1896 by the courtesy of the Foreign Office some information concerning it was sent to the Universities of Oxford and Cambridge, together with a statement that it had been purchased by the Emperor of Russia.

The purchase of the manuscript was due to the members of the Russian Archæological Institute at Constantinople[3], who had

---

[1] 'Εκ. 'Αλ. 1886, p. 412. My authority is the pamphlet mentioned in note 3.

[2] Mr Grissell's letter to the *Times* May 11, 1896.

[3] I wish to acknowledge at once and fully my indebtedness, both for facts and for many pertinent suggestions, to a pamphlet published by the members of that Institute during the short stay of the manuscript at Constantinople. Much of my

learnt of its existence through M. Smirnoff. Aided both by the generosity of their Sovereign and the interest of the Imperial Ambassador at Constantinople, they were able to carry through the difficult negociations necessary for its acquisition. It now rests in the Imperial Library at St Petersburg, where by the courtesy of the Librarian M. Bytchkoff, and of his son, the Keeper of the Manuscripts, I was able to examine and collate it[1].

Identity of the Newly Discovered Manuscript with Codex N of the Gospels.

As soon as the first particulars in regard to the new discovery reached England, the conjecture was hazarded that it was a part of the manuscript known as N of the Gospels[2]. I am reserving for another place an account of the reasons which justify the conjecture, as well as a detailed description of both the St Petersburg portion and the other fragments of N. For the present purpose it will suffice to say that the conjecture is without doubt correct and that the discovery adds 182 leaves to the 45 already known and edited[3].

own work was done before I was able to read this pamphlet, and I have been compelled to dissent from some of its conclusions; but I have found it invaluable both in testing and in carrying forward my own results. The pamphlet—Вновь найденный пурпуровый кодексъ евангелія—was iginally published separately: it now occupies pp. 138—172 of the first volume ie *Proceedings* of the Institute.

[1] The price paid for the codex was £1000 (Turkish). The negociations were carried on through M. Levitsky, the Russian consul at Konieh. The peasants crowded round his carriage when he left Sarumsahly, to obtain a last opportunity of paying reverence to the sacred treasure he was taking with him.

[2] See Dr J. Armitage Robinson's letter to the *Times*, April 27, 1896, in which he also mentions a surmise of the late Dr Hort, that the rest of N would some day be found and that not far from Ephesus.

[3] See pp. xxiv, xxxii ff. The ms consisted originally of 49 numbered quires, containing 466 leaves. Of the 45 leaves known before 1896, thirty-three from quires ιη′ ιθ′ κ′ and κβ′ are at Patmos and contain Mc vi 53—vii 4, vii 20—viii 32, ix 1—x 43, xi 7—xii 19, xiv 25—xv 23 ; six from quire θ′ are at Rome and contain Mt xix 6— 13, xx 6—22, xx 29—xxi 19; four from quires ιγ′ and μϛ′ are at London and contain Mt xxvi 57—65, xxvii 26—34, Jn xiv 2—10 and xv 15—22; and two from quire λη′ are at Vienna and contain Lc xxiv 13—21, 39—49. The Roman, London and Vienna leaves are known to have been in their present localities at the dates

Summary of the Earlier History of the Manuscript.

The recovery of the St Petersburg portion of Codex N is important not only because it gives us a considerable addition to the text, but also because it supplies materials wherewith to reconstruct the history of the manuscript. It will be convenient at once to give a brief sketch of the results of such a reconstruction. The codex was written probably at Constantinople and certainly before the end of the first quarter of the seventh century[1]. Like other volumes of its class it was for a time the property of a wealthy, perhaps imperial, personage or was counted among the ornaments of a splendid church. At a later period however it was torn in pieces: half its leaves were either scattered or destroyed; and among them those now at Rome, London and Vienna. The other half comprised the newly recovered portion of the codex, the portion now at Patmos, and a few leaves since lost. There is evidence which will be given later for assigning its destruction to a date in or near the twelfth century. Its destroyers may have been Crusaders.

There is also evidence to show that the second half of the manuscript, which remained in the East, was itself again broken up. One part of it, containing roughly speaking what is left of the Gospel according to St Mark, was permanently separated from the rest, and is now at Patmos; another, containing, again, roughly speaking what is left of the Gospel according to St John, was seen last century at Ephesus; the third, containing the remainder, if not actually in the same place as the latter, was never far removed. Out of these last two parts was put together apparently in 1820 the collection which has recently been discovered. Since its formation however four leaves have been lost. Between 1820 and 1847 it found its way from Ephesus to Sarumsahly. The story of its purchase at this place by the Russian government has been given already.

1594, 1631 and 1670 respectively. Probably they were there earlier. Tradition assigns a much earlier date for the arrival of the Roman leaves. The discovery of the Patmos fragments is recent.

[1] I am inclined to place the date at least half a century earlier.

The First Collection after the Dismemberment.

On folios 9, 66, 109, 147 of the codex at St Petersburg, in the right hand bottom corner of the verso stand the words ομου ν̄. This numbering by fifties establishes the fact of the existence of a collection of larger bulk and of earlier date than that which we now possess, and at the same time throws some light both on the extent and the date of that earlier collection. Folios 1—10 of the codex contain a portion of the Gospel according to St Mark and are bound out of their original order. If they were in their proper place as quire ιζ' (the gathering is signed), we should have—as an examination of the table on pp. xxx, xxxi will shew—between the beginning of the codex and the first ομου ν̄ forty-eight leaves. These together with two leaves known to have been in existence in 1820[1] make up the number fifty, and that without counting either the Roman leaves in quire θ' or the London leaves in quire ιγ'. Between the first ομου ν̄ and the second we have in the codex sixteen leaves. If we add to these one which has been lost since 1820, and the leaves now at Patmos, we again make the number fifty. Between the second ομου ν̄ and the third we have in the codex forty-nine leaves; and between the third and fourth thirty-eight. Of the twelve leaves, lost from this last batch of fifty, one has been lost since 1820.

An examination of these figures shews that the number of leaves surviving in or near Asia Minor in 1820 corresponds in two batches exactly, in another very closely, with the numbers which they contained at the date of the collection. It is fair to argue from this correspondence that we have in the portions now at St Petersburg and at Patmos taken together the bulk of the leaves originally contained in the collection—that is to say, 215[2] out of some 240—and that the Roman and London leaves were never a part of it, but were lost before it was made.

With regard to the inclusion of the Vienna leaves in this collection it is difficult to speak with certainty. They come between the third ομου ν̄ and the fourth; when the manuscript was complete, there were in this part of it fifty-eight leaves, of

---

[1] See p. xx.
[2] In 1820 the number was 219, see p. xx.

which fifty survived at the time of the collection. Was the loss of eight due to the loss of separate leaves scattered throughout the quires, or to the loss of the quaternion λη'[1] in which the Vienna leaves are found?

The date of the collection is fixed by the date of the handwriting in which the notes are made. It is, of course, precarious to argue from the shape of a few letters written in a cramped position, but there seems no reasonable cause to doubt the accuracy of the dating of the hand given by the scholars of the Russian Institute, who assign it to the XII—XIII century[2]. I have shewn several English scholars a tracing of the script and they are sufficiently confident also in assigning it to the twelfth century, though it may in their opinion be either late eleventh or early thirteenth.

This would push back the date of the destruction of the manuscript to the period of the earlier inroads of the Turks on Asia Minor and of the first Crusades[3].

I am at issue however with the Russian scholars in regard to the extent of the collection, which they maintain was of much greater size than I have represented it as being. Their arguments are as follows:—

In the original condition of the manuscript there were 169 leaves between the beginning and the first ομου ν̄, and 116 between the first and second: of these 285 leaves 97, or, if the Roman and London leaves[4] are included, 105, now remain. If, as is quite

---

[1] This quire was not a part of the second collection. Quire λζ' is numbered a, quire λθ' of the manuscript is quire β of this collection. See p. xix.

[2] *Proceedings*, p. 157.

[3] It is interesting here to note that the destruction of the Codex Beratinus (see p. xviii) is ascribed to the Franks of Campania (see Batiffol, *Manuscrits grecs de Bérat d'Albanie* (Paris 1886), pp. 18, 122, 123), that is to say, the Western Christians. The Vatican leaves are connected with the Crusaders by the tradition (see p. xxii) which claims them as a gift of the Queen of Cyprus to Innocent VIII. This Queen was descended from Guy de Lusignan, who was a Crusader.

[4] They hold that these leaves as well as those at Vienna were of the collection. I make the numbers 165, 110 and 275 respectively. The larger numbers are based on the assumption that the quires were all quinions, which in all probability was not the case. See p. xxv. The 97 leaves include the 33 at Patmos, but not the three lost since 1820. The number 115 (*Proceedings*, p. 160) must be a misprint.

xviii   HISTORY OF THE MANUSCRIPT.

possible, one or more of these lost leaves was marked with ομου ν̄, we should have a collection considerably larger than I have suggested as probable. This view is indeed quite tenable, but against it we may urge that the numbers of leaves still remaining in the three batches of fifty in 1820 were 50, 50 and 49 respectively, and that there is no trace of the words ομου ν̄ on the surviving leaves of quires ς' and ζ', where on this theory we might have expected them[1].

The Second Dismemberment of the Manuscript.

The first piece of evidence on this point with which we have to deal is a note in the Codex Beratinus[2]. This is a manuscript of about the same date as N and the Codex Rossanensis (Σ)[3]. It is written on purple vellum in silver characters, and accordingly presents a similar appearance though it offers a different text. It has been edited by M. Batiffol, who assigns the note in question to a hand of last century. The note is as follows: ἀλλὰ καὶ τὸ εὐαγγέλιον τοῦ Θεολόγου τὸ γραφὲν ἐν τῇ Πάτμῳ, λυτά εἰσι τὰ τούτου γράμματα, καθὼς τοῦτο ἑώρακα οἰκείοις ἐμοῦ ὀφθαλμοῖς ἐν τῇ Ἐφέσῳ. The writer of the note, it is clear, had seen at Ephesus a manuscript which on account of its appearance he was led to compare with the manuscript at Belgrade in Epirus with which he was familiar. There is a close resemblance between the latter manuscript and N, and while a portion of N was found some while since at Patmos, a larger portion still has just been brought to light in Asia Minor. It is highly probable therefore that it was N, or a part of N, that was seen last century at Ephesus by

[1] See pp. 157—160 of the *Proceedings* of the Institute. From the remaining notes in the same hand, λιπαζονται on folios 18 and 26 and λειπει τετραδιον on folio 34, I find it impossible to draw any conclusion. The manuscript was at one time in a state of great confusion.

[2] Batiffol, *l.c.*, pp. 18, 19, 123.

[3] Like these two mss it has been mutilated. Its symbol is Φ. Φ and Σ contain only the first two Gospels. Σ is a purple ms of probably the late sixth century, and is preserved at Rossano in Calabria. Its text, which is almost identical with N, has been published by von Gebhardt (*T. und U.* I. 4). The miniatures have been published by the same author in conjunction with Prof. Harnack (see p. xli, note 5) and quite recently by Dr Arthur Haseloff (*Cod. Purp. Ross.* Leipzig, 1898).

the writer of the note[1]. We have next to ask how much of the manuscript was seen by the writer of this note. It may have been the first collection, or it may have been a part of it. The following considerations would point to the latter conclusion. On folios 112, 124, 131, 139, 146, 156 and 166, at the foot of the recto on the left, stand the letters $a, \gamma, \delta, \epsilon, \zeta, \eta, \theta$ respectively[2]. On folio 174 stands a symbol like a T. The letters have been placed either on the first leaves of gatherings or on the first leaves which at the time of this numbering still survived. They show that the portion of the manuscript in which they occur once existed as a separate collection. As this collection contains what is still left of the Gospel according to St John, and practically that alone, it is perhaps to it that the writer of the note in Codex Φ refers. The exact words which he uses—τὸ εὐαγγέλιον τοῦ Θεολόγου—would be quite appropriate[3].

The sequence of the letters used in numbering the quires shews that $\lambda\eta'$, containing the Vienna leaves, $\mu\delta', \mu\epsilon'$ and $\mu\varsigma'$, containing the London leaves, were lost before this collection was made. The date of it is not later than the eighteenth century, the date assigned to the note in Φ, nor, I think, earlier than the twelfth century collection[4].

The Second Collection.

This Johannine collection however was not permanently separated, nor did it wander far from the rest of the surviving

[1] There is a tenth-century *cursive* lectionary at Kirkenjee near Ephesus, round which a tradition still lingers that it proceeded from the pen of St John. If such a connexion is implied in the note in Φ, the tradition may have been passed on to it from N, when N was carried inland. At all events allusion to this later manuscript is excluded by the nature of the writing.

[2] It is safe to assert that originally β stood on a folio which came before folio 118 in quire $\lambda\theta'$. It is to be noticed that ς' is omitted. The meaning of T is hard to determine; it may be an iota of a peculiar shape, or it may stand for τέλος.

[3] The collection contains all the leaves from ὁμοῦ $\bar{\nu}$ 3° onwards.

[4] This latter assertion is probable though not beyond dispute. If, as I think, the Vienna leaves were not in the first collection, the assertion is justified. Otherwise it may be questioned though it is always the more possible solution of the problem. The shape of the ε is against an earlier date, though all that was said on p. xvii about the palaeographical evidence applies here with redoubled force. No argument can be founded on the size of the leaves.

leaves of the manuscript. For after the loss of the leaves now at Patmos[1], and some others, the two parts came together once again[2]. This second collection is practically that which was discovered at Sarumsahly. Its date is probably the year 1820, the number which is written in Turkish numerals on the inside of the cover in which it is bound[3]. It was numbered throughout by pages, the first fifty-two in Turkish, and after that in Western numerals: I can suggest no reason for this change of symbols; there is no indication of a change of hand. This numbering however reveals the fact that four leaves have been lost since it was made[4]. The authors of the Russian pamphlet ascribe this loss to the cupidity of its custodian[5].

At the other end of the volume, also on the cover, is a note signed and dated, which gives all that is further known of the history of the codex, until negociations were entered into for its purchase. It is the attestation of Gerasimos, then Archdeacon of Caesarea and now, according to M. Levedes, metropolitan of Angora, that in 1847 he saw the codex at Sarumsahly and that no one knew its date or origin. The note is as follows:—

αὐτὸ τὸ ἱερὸν εὐαγγέλιον πότε ἐγράφη καὶ πότε εὑρέθη ἀγνοοῦσιν ἅπαντες οἱ κάτοικοι τῆς χώρας Σαρμησακλή. ὅμως κατὰ τὸ ͵αωμζ' ἐλθὼν ἐγὼ ὁ ἐν ἱεροδιακόνοις ἐλάχιστος Γεράσιμος Μουτελάστιος εἰς τὴν χώραν ταύτην καὶ θεωρήσας τὴν ἀρχαιότητα τῆς ἱερᾶς βίβλου σημειώνω κἂν τὸν χρόνον καὶ τὸ ἔτος καθ' ὃ ἀγνοεῖται παρὰ πάντων ἡ χρονολογία ͵αωμζ' ὀκτωβρίου κδ'. ὁ τοῦ ἁγίου Καισαρείας ἀρχιδιάκονος Γεράσιμος.

[1] Whether this took place before or after the separation of the Johannine collection we cannot say.

[2] It should be remembered here that the Patmos leaves correspond roughly speaking to the Gospel according to St Mark.

[3] The numerals are followed by a note probably Turkish, though written in Greek characters which I cannot get deciphered.

[4] These leaves stood between folios 40 and 41, 43 and 46, 57 and 58, and 137 and 138 of the St Petersburg portion of the codex.

[5] The losses of the manuscript were due either to looting (as with the Beratinus, and perhaps the Rossanensis), or to accident; or, again, to bribery of its guardian from time to time. Some leaves were disposed of as gifts to persons of eminence, in order to secure their goodwill. They were intended to be used as amulets. I am told that during its stay at Sarumsahly the manuscript was credited with healing powers.

HISTORY OF THE MANUSCRIPT.

This note is followed by another in a different hand giving further information about the writer of the first.

νῦν τοῦ αὐτοῦ δηλ: τοῦ ἁγίου Ναζιανζοῦ ἱεροδιάκονος Γεράσιμος. ἀπὸ 'Ιννζέσα ἔτους 1860 μηνὸς σεπτεμβρίου[1].

History of the other fragments of the Manuscript.

There are unhappily few indications of the history of the other fragments of the manuscript after their separation from the portion which has been recently recovered.

The Patmos fragments were discovered at Patmos in 1864 by M. Sakkelion, the librarian of the monastery of St John the Divine. Holding that they were part of the same manuscript with the purple leaves at Rome, London and Vienna, he considered that the latter had been stolen from the monastery at Patmos[2]. This view, which was possible so long as the Patmos leaves formed the bulk of the leaves known, is rendered improbable by the discovery of a considerably larger portion of the manuscript on the mainland, and is hardly consistent with the words of the Abbé Duchesne, who writes 'M. Sakkelion les a retrouvés au fond d'un coffre rempli de vieux papiers[3].' They were collated for Tischendorf by M. Sakkelion. They were also transcribed and edited by M. Duchesne in 1876. I have availed myself of the Abbé's permission to use his transcription for the text of the Patmos fragments in this edition[4]. It is No. ξζ in the Patmos Library.

The Roman leaves are mentioned in the Inventario of the Vatican Library, which was written between 1594 and 1600.

---

[1] The only other notes in the manuscript are the signature 'Μεθόδιος ἀρχιδιάκονος,' written with a hard point in the same place and by the side of this last note, and an Arabic note on the verso of folio 120.

[2] τί δ' ἄλλο ὑπονοεῖν παρέχεται ἐκ τούτου εἰ μὴ ὅτι τῇ τοῦ βιβλιοφύλακος ἀγαθῇ πίστει καταχρώμενοι οἱ κατὰ καιρὸν ἐπισκεπτόμενοι τὴν μονὴν ξένοι περιηγηταὶ ἀπέκοπτον λεληθότως τὰ φύλλα τοῦ λαμπροῦ τούτου τεύχους εἰς μαρτύριον τῆς ἐπισκέψεως αὐτῶν; Πατμιακὴ Βιβλιοθήκη, p. 51.

[3] Duchesne, Archives des missions scientifiques et littéraires, Parisiis, a. 1876, ser. iii, vol. 3, pp. 386—419.

[4] A summary of the differences of the two transcriptions will be found on pp. xliii, xliv.

This is the earliest date at which their presence is ascertained There is a tradition that they were a gift to Pope Innocent VIII. from the Queen of Cyprus. This is true of another manuscript, Vat. 1208, which is kept in the same case. Innocent was pope from 1484 to 1492; Catherine de Comaro, Queen of Cyprus, sold the island to Venice in 1487[1]. They were described by Bianchini in 1748[2], collated for Scholz by Gaetanus Marinus, and edited with the Vienna and London leaves by Tischendorf in 1846[3]. They were edited again in facsimile in 1887 by Cardinal Cozza Luzi, to commemorate the jubilee of Pope Leo XIII.[4] The number 200 is written on the verso of the fifth leaf. This portion of the manuscript is called Γ by Scholz. It is No. 3875 in the Vatican Library.

Of the London leaves nothing is known except that they formed part of the original Cotton collection now in the British Museum, and were therefore in England early in the seventeenth century: Sir Robert Bruce Cotton died in 1631. They are bound with another vellum leaf in which is framed a small piece of papyrus. The papyrus however gives no clue to the history of the leaves and as a matter of fact has nothing to do with them. They were collated in 1715 by Wetstein, and copied by Scrivener in 1845. Tischendorf's edition of them appeared in 1846[5]. They were called I by Wetstein. Their press mark is Mus. Brit. Cotton. Titus C. xv.[6]

The two leaves at Vienna were in the Imperial collection certainly in 1670, as mention is made of them by Lambecius[7]. They were at that time bound up with the Vienna Genesis, of

---

[1] The Russian pamphlet (p. 163) states that some leaves are in the Kykko monastery in Cyprus. From enquiries kindly made for me on the spot I gather this is not the case.

[2] Bianchini, *Evang. quadr.* Romae a. 1748, pars 1, vol. 2, p. di^a—diii^a.

[3] Tischendorf, *Mon. Sacra inedita* Lips. a. 1848 proll. § 3, pp. 10—12, text. pp. 11—36, facsimilia tab. ii, num. 2, 3, 4.

[4] *Pergamene Purpuree Vaticane di Evangeliario.* Romae, 1887.

[5] Tischendorf, *l.c.*

[6] Thompson and Warner, *Catalogue of Ancient MSS. (Greek) in British Museum*, p. 22.

[7] Lambecius, *Commentariorum de aug. bibliotheca Caesar. Vindob. ed. alt. opera et studio Adami Franc. Kollarii.* Vindobonae, vol. (lib.) 3 (a. 1776) coll. 30—32.

which they were wrongly supposed to be a part. There is no mention either of them or of the Vienna Genesis in the catalogue published by Tengnagel in 1609; but they may both have reached the Imperial library through the Fugger collection which was acquired in 1656[1]. They were copied by Treschow in 1773[2]. Their variants were given by Alter[3]. They were edited by Tischendorf in 1846[4], and again in facsimile in 1895 by Ritter von Hartel and Wickhoff in their magnificent edition of the Vienna Genesis[5].

[1] An Italian note in the Vienna Genesis and two scholia, also in Italian, on pages 1 and 2 would point to Italy as at one time the home of that manuscript. The dialect of the first note would point with still greater precision to Lombardy or Veglia. The two Vienna leaves of the Gospels may also at that time, as later, have been bound with the Vienna Genesis, but except that they were subsequently found together there is no evidence of this. (*Die Wiener Genesis* herausgegeben von Wilhelm Ritter von Hartel und Franz Wickhoff. Vienna, 1895, p. 99.) In a letter which I have just received from Dr von Tiefenau of the Imperial Library, he tells me that he does not think this manuscript was part of the Fugger collection.

[2] Hermann Treschow, *Tentamen descriptionis cod. vet. aliquot Graec. N. F.* Havinae a. 1773, pp. 124, 127.

[3] Franciscus Carolus Alter, *Nov. Test. ad cod. Vind. Graece expressum* 1787, vol. 1, pp. 999—1001.

[4] Tischendorf, *l.c.*

[5] The dates at which the leaves reached Western libraries taken by themselves would point to a later date, perhaps the fall of Constantinople, for the first disruption of the manuscript. The palaeographical evidence however given on page xvii appears to me conclusive for the twelfth century, a date with which these other facts are quite consistent.

CHAPTER II.

RECONSTRUCTION AND DESCRIPTION OF THE MANUSCRIPT.

Identity of Source of the Different Groups of Leaves.

IN the preceding investigation the identity of source of the scattered fragments with which we have been dealing has been provisionally assumed. It is capable of easy and complete proof. Such a conclusion is almost made necessary by the external resemblance which exists between the various portions of the manuscript: they are all written on purple vellum in silver (or occasionally gold) letters: on each page there are two columns of sixteen lines: the columns are of the same measurements: moreover, the leaves hitherto discovered all come from different portions of the Gospels. This evidence, strong in itself, receives confirmation from the following facts. On an examination of the printed text, as it is given on p. 22, it will be seen that folio 181 of the St Petersburg portion exactly fills the gap between the third and fourth of the Roman leaves—the word $αποκριθεις$ being divided between Rom 3 and Pet 181 and the word $πορευομενων$ between Pet 181 and Rom 4. Similarly on p. 29 it will be seen that the first of the Patmos leaves takes up the text of St Mark's Gospel from the word at which folio 10 of the St Petersburg portion leaves off. It is to be noticed also that the probable amount of text between Pet 117 and the first of the Vienna leaves, and between the fourth of the London leaves and Pet 156 is such as would occupy three and two leaves respectively of a similar size to those in the manuscript[1].

[1] This calculation is made from the Textus Receptus. It should be noticed that the London and Vienna leaves are on this showing all conjugates, and that the Roman leaves are all from the same gathering.

Reconstruction of the Manuscript.

We now proceed to an attempt to reconstruct the manuscript. It consisted certainly of 49 numbered quires, of which Nos. 14, 23, and 49 were ternions, Nos. 27 (or 28), 30, 37, 38, 42 and 48 were quaternions, while the rest were quinions. There were also gatherings (one or two or more) at the beginning of the manuscript outside the numbering. These contained certainly the lists of the κεφάλαια of St Matthew: probably also the Eusebian canons (the sections are given in the margin of the text), and the letter to Carpianus. They may also have contained miniatures, but of the existence of these there is no evidence. The analogy of the Codex Rossanensis[1]—a manuscript closely resembling N— removes all difficulty which might seem to be raised by the supposition of gatherings outside the numbering. There is evidence of the existence of lists of κεφάλαια[2]: their natural and usual

---

[1] Von Gebhardt (Codex Rossanensis, *Texte und Untersuchungen* I 4, proleg. XI, Note 11) writes: 'Fol. 10ᵃ ist mit Ā bezeichnet, fol 20ᵃ mit B̄, und so fort. Eine Unregelmässigkeit findet sich, ausser den angeführten, nur in der 12. Lage, aus welcher vor der Beschreibung ein Blatt ausgeschnitten wurde. Die letzte, mit IH bezeichnete Lage besteht jetzt nur noch aus 8 Blättern (fol. 181—188).' The last part of this note removes any difficulty which might be felt owing to the irregularity of the quires. There are quires of unequal size also in the Codex Imperatricis Theodorae (2ᵖᵉ), itself a purple manuscript. Against the suggestion made in the pamphlet of the Russian Institute (p. 155), that the missing leaves of the quires contained miniatures which have since been cut out, is the fact that, though the subjects are often taken from the scenes of the Passion (where in N some of the gaps occur), miniatures are regularly found at the beginning of a Gospel and not in the middle of the text. It is easy to account for the irregularity of the gatherings in question, not only by the accidental spoiling and destruction of a leaf, but by intention; for if, as is here the case, each Gospel is to begin with a new quire, a quire of smaller size may be at times all that is necessary to complete the Gospel which precedes. The signatures are in the upper right-hand corner of the recto.

[2] The evidence for this statement consists in the survival of three tiny fragments of the sixth folio of quire κγ'. They measure respectively in millimetres 38 by 49 (to 51), 46 by 15, and 41 by 28 (to 30), and are used to patch folios 73, 64 and 2. The first contains

[ξ' π]ερι των δε[κα λεπρων]
[ξα' π]ερι του κρι[του της αδικιας]
[ξβ' π]ερι του φα[ρισαιου και]
του τελω[νου]

place is at the beginning of the several Gospels to which they belong[1]: moreover in the case of the present manuscript, while it fits in better with the arrangement of quires ιδ', κγ' and λη' to have the κεφάλαια of each Gospel in the normal place[2], there is no room for those of St Matthew's Gospel in quire α', as the three leaves which precede Pet 44 are occupied, and that completely, by the text of Mt i 1—24. A quire therefore containing besides other things the κεφάλαια of St Matthew must have stood before quire α'.

It would be tedious to enter in each case into the various reasons which suggested the table of reconstruction which follows. They were, briefly, the existence on certain pages of the quire-signatures: the arrangement of conjugate leaves still united; and a comparison of the number of words contained in a leaf of the manuscript with the approximate space (calculated from the Textus Receptus or, when available, the Codex Rossanensis) which had to be filled. It will be noticed that the text of each Gospel begins with the first page of a fresh quire. The κεφάλαια of St Mark and St John occupied one folio each, namely, the sixth

The second

[ξγ'] περι επερωτησαντος του] πλουσιου
[ξδ'] περι του τυ[φλου]

The third

ος" περι το[υ πασχα]
οζ' περι τω[ν φιλονεικησαντων τις] μιζ[ων]
οη' περι τη[ς εξαιτησεως του σατανα]

They are all from the same column of the same page, the opposite side of which was blank. They contain portions of the κεφάλαια of St Luke (see p. xxvii). The writing is in letters half the size of the uncials of the text. The Greek numerals which mark in each case the number of the κεφάλαιον stand in the margin.

In addition to these there is preserved, also as a patch, a small portion of the leaf preceding folio 11, with a few letters on it from verses 19 and 24 of the sixth chapter of St Matthew's Gospel—[θησαυ]ρους [επι της] γης and κατα [φρονησ]ει ·ου. There are also two patches with no writing on them, the one measuring 45 by 38 mm., the other 45 (to 63) by 38. The writing materials are in every case the same with those of the manuscript.

[1] The κεφάλαια in Σ, Φ and 2ᵖᵉ stand at the beginning of the Gospels to which they belong.
[2] See p. xxviii, note 2.

folio of quire ιδ', and the eighth of quire λη': those of St Luke occupied the verso of the fifth and the recto of the sixth of quire κγ'. In its complete condition the manuscript contained in its forty-nine quires 446 leaves; of these 227 still remain; among those which are lost are four leaves containing κεφάλαια.

I have had the advantage of testing my results throughout by the work of the Russian scholars to whom I have referred. Our results agree except in three particulars. To one of these, the number of leaves in a quire, I have already made allusion[1]. A second is the arrangement of quires κβ' and κγ', where the task of reconstruction, which elsewhere is on the whole straightforward, presents some difficulty. The gap between Pat 25 and Pat 26 is one of eleven leaves: Pat 26 is therefore the second leaf of quire κβ', and not the first[2]. In agreement with this is the fact that the first folio of quire κγ' is undoubtedly Pet 180, which has on it the signature of the gathering[3]. The second, third and fourth folios of this quire were taken up with the text of St Mark, which may have extended to the fifth, though it did not in any case occupy more than a few lines of its recto. Then followed the κεφάλαια of St Luke. The first of the fragments[4] which contain a part of them has a broad margin at its top. One side is blank. The first κεφάλαιον on the fragment is κεφάλαιον ξ'. The sixtieth κεφάλαιον stood therefore at the head of a column. There is room in this column for the remaining twenty-four κεφάλαια, ξ' to πγ', and all the κεφάλαια of St Luke would occupy four columns—the column in question and the three preceding it[5]. If therefore this column was the second

---

[1] See p. xxv, note 1.

[2] Their arrangement of these quires is

| κβ' | P₂₆ | P₂₇ | P₂₈ | P₂₉ | P₃₀ | P₃₁ | P₃₂ | P₃₃ | — | 180 |
| κγ' | — | — | — | — | — | — | — | — | — | — |

making quire κγ' a quinion.

[3] This leaf is bound with the true verso in the place of the recto: the signature, which is far from distinct, is in the upper right-hand corner of the present verso.

[4] See p. xxv, note 2.

[5] This is quite clear on a calculation of the space which the κεφάλαια might be expected to occupy, founded on an examination of the fragments of the κεφάλαια which survive. The space each κεφάλαιον would occupy can be determined with sufficient accuracy from what we know of other manuscripts.

column of the recto of a folio, there would be room for all the κεφάλαια of St Luke on the two columns of the page to which it belonged together with the two columns of the verso of the folio which preceded it[1]. The Gospel of St Mark ended certainly on the recto of the fifth folio if not on the verso of the fourth[2]. There is little doubt that the κεφάλαια of St Luke occupied the verso of folio 5 and the recto of folio 6 of quire κγ', the verso of the latter leaf being left blank before the beginning of the Gospel following.

A third point of difference—the position of the κεφάλαια—has already been dealt with[3].

[1] If it was the first column of the recto, the κεφάλαια would extend to one column of the recto of the preceding leaf: if it was a column of the verso, one side of it could not be blank.

[2] Folio 1 of quire κγ' ends with Mc xv 42. Mc xv 42—xvi 20 occupy 55 lines of the T.R. as given by Scrivener, or rather less than three leaves of N. Σ contains as far as xvi 14; the rest is lost. There can be no doubt that N contained the last twelve verses of the second Gospel. There is some reason to think that N omitted Mt xii 47 and Lc ix 56 but contained Mt xvii 21.

[3] The reasons given on p. xxvi for placing them at the beginning of the Gospel appear to me sufficient; but it is worth while to notice, as arising from the investigation of the arrangement of quire κγ', that their position at the end would involve an uneven number of leaves (or a spare leaf unaccounted for) in quire μθ' certainly, and probably in quires ιδ' and λη': that is to say, in quire μθ' six leaves for the text and one for the κεφάλαια of St John; in quire λη' seven leaves for the text and two for the κεφάλαια of St Luke. It seems likely that, as with St Luke, so with the other Gospels, the page which preceded the beginning of a Gospel was left blank.

The Table of Reconstruction.

In the following table the leaves of the St Petersburg portion of the manuscript are indicated by figures alone: the leaves at Patmos, Rome, London and Vienna, by P, R, L and V respectively, with figures attached. A short horizontal stroke indicates a missing leaf of the text: a similar stroke within square brackets a missing leaf which contained κεφάλαια. The Greek numerals in the left hand margin indicate the numbers of the quires: those of which the signatures are still extant are printed in capitals. The column on the right contains a statement (sometimes approximate only) of the place at which the text contained in the quire began. One or more quires preceded α' and contained the κεφάλαια of St Matthew and other matter.

TABLE OF RECONSTRUCTION.

a'	—	—	—	44	—	—	45	—	—	—	Mt I 1
β'	—	—	—	—	—	—	—	—	—	—	IV 10 ?
γ'	—	11	12	13	—	—	14	15	16	—	VI 17
Δ'	17	18^a	19	20	21	22	23	24	25	—	IX 31
ϵ'	—	26^b	27	28	29	30	31	32	33	—	X 38
ς'	—	34^c	35	36	37	—	38	39	40	—	XII 46
ζ'	—	—	41	42	—	—	43	—	—	—	XIV 15
η'	—	—	—	—	—	46	47	48	—	—	XVI 23
θ'	R_1	—	—	—	R_2	R_3	181	R_4	R_5	R_6	XIX 6
ι'	—	—	—	—	—	—	—	—	—	—	XXI 19
$\iota a'$	—	—	—	—	—	—	—	—	—	—	XXIII 13 ?
$\iota\beta'$	—	—	—	—	—	—	—	—	—	—	XXV 7 ?
$\iota\gamma'$	—	—	L_1	—	—	—	—	L_2	—	—	XXVI 43 ?
$\iota\delta'$			—	—	—	—	—	[—]		—	XXVII 52*
$\iota\epsilon'$	—	—	—	—	—	—	—	—	—	—	Mc 1
$\iota\varsigma'$	—	—	—	—	—	—	—	—	—	—	III 9 (?)
IZ'	1	2	3	4	5	6	7	8	9^d	10	V 20
$\iota\eta'$	P_1	—	—	P_2	P_3	P_4	P_5	P_6	P_7	—	VI 53
$\iota\theta'$	P_8	P_9	P_{10}	P_{11}	P_{12}	P_{13}	P_{14}	P_{15}	P_{16}	P_{17}	IX 1
κ'	P_{18}	P_{19}	—	—	P_{20}	P_{21}	P_{22}	P_{23}	P_{24}	P_{25}	X 29
$\kappa a'$	—	—	—	—	—	—	—	—	—	—	XII 19
$\kappa\beta'$	—	P_{26}	P_{27}	P_{28}	P_{29}	P_{30}	P_{31}	P_{32}	P_{33}	—	XIV 16
$\kappa\gamma'$			180	—	—	—	[—]	[—]			XV 33†
$\kappa\delta'$	—	—	—	—	—	—	—	—	—	—	Lc 1
$\kappa\epsilon'$	—	49	50	51	52	53	54	55	56	—	II 15
$\kappa\varsigma'$	—	57	—	58	—	—	59	60	61	—	IV 11
$\kappa\zeta'$	—	—	—	—	—	—	—	—	—		} VI 2‡
$\kappa\eta'$	—	—	—	—	—	—	—	—	—		

TABLE OF RECONSTRUCTION.

κθ′	—	—	—	—	66ᵒ	67	—	68	—	—	VIII 33 (?)
λ′		—	62	—	63	64	65	—	—	IX 49
λα′	—	179	—	—	—	—	—	—	182	—	XI 6
ΛΒ′	69	70	71	72	73	74	75	76	77	78	XII 29
λγ′	79	80	81	82	83	84	85	86	87	88	XIV 12
ΛΔ′	89	90	91	92	93	94	95	96	97	—	XVI 23
λε′	—	—	98	99	100	101	102	103	104	—	XVIII 43
λϛ′	—	—	—	105	106	107	108	109ᶠ	110	111	XX 40 (?)
λζ′		—	112ᵍ	113	114	115	116	117	—	XXII 49
λη′		—	—	V₁	—	—	V₂	—	[—]	XXIII 50§
λθ′	—	—	118	119	—	—	120ʰ	121	122	123	Jn I 1
μ′	—	124ⁱ	—	125	126	127	128	129	130	—	III 14
ΜΑ′	131ᵏ	—	132	133	134	135	136	137	—	138	V 10
μβ′		—	139ˡ	140	141	142	143	144	145	VI 49
ΜΓ′	146ᵐ	147ⁿ	148	149	150	151	152	153	154	155	VII 50
μδ′	—	—	—	—	—	—	—	—	—	IX 32
με′	—	—	—	—	—	—	—	—	—	XI 41 ?
μϛ′	—	—	L₃	—	—	—	L₄	—	—	XIII 22 ?
ΜΖ′	156ᵒ	157	158	159	160	161	162	163	164	165	XVI 15
ΜΗ′		166ᵖ	167	168	169	170	171	172	173	XVIII 36
μθ′			174ᑫ	175	176	177	178	—		XX 15

The following notes occur on the folios indicated by the letters affixed:

ᵃ λιπαζονται ᵇ λιπαζονται ᶜ λειπει τετραδιον ᵈ ομου ν̄ ᵉ ομου ν̄
ᶠ ομου ν̄ ᵍ α ʰ Arabic note ⁱ γ ᵏ δ ˡ ε ᵐ ζ ⁿ ομου ν̄
ᵒ η ᵖ θ ᑫ Τ

* At the end of this quire stood the κεφάλαια of Mark.
† At the end of this quire stood the κεφάλαια of Luke.
‡ One of these quires was a quaternion.
§ At the end of this quire stood the κεφάλαια of John.

d 2

Extent and Contents of the Recovered Portions of the Text.

Out of the 462 leaves on which originally the text was written 227 have been recovered. The following table will show at a glance the distribution of these leaves.

	Matt.	Mark	Luke	John	
Original number in Gospel	135	84	141	102	= 462
Recovered before 1896	8	33	2	2	= 45
„ in 1896	39	11	71	61	= 182
Total	47	44	73	63	= 227
Proportion recovered to contents of Gospel	·348	·524	·518	·628	·491

Before 1896 only 45 leaves, about one-tenth of the original number, were recovered. The leaves recovered in 1896 come chiefly from the Gospels of St Luke and St John. This is the more satisfactory, because, as the recent discovery tends to bring out more clearly, we have in codex Σ a text practically identical with that of N: and of Σ we have the first two Gospels almost complete, but nothing else.

Though the particular portions recovered and the contents of each leaf can be ascertained from the printed text which follows, it will be convenient to give that information at once in a tabular form. Where several leaves are consecutive, their contents are grouped together.

ST MATTHEW.

i 24 -ποιησεν—ii 7 ηρωδης	Pet 44
ii 20 -ρευου—iii 4 ακριδες	Pet 45
vi 25 δυνασθε—vii 15 προσεχε-	Pet 11—13
viii 1 αυτου—23 ιδου σισ-	Pet 14—16
viii 31 αγελην—x 28 ψυχην και	Pet 17—25
xi 4 -ποκριθεις—xii 40 τρις ημε-	Pet 26—33
xiii 4 κατεφαγεν— 37 εις αλευ-	Pet 34—37
xiii 41 τους αγγελους—xiv 6 γενομενων	Pet 38—40
xiv 31 -το αυτου—xv 14 τυφλων	Pet 41—42
xv 31 κωφους—38 τετρακισχιλει-	Pet 43

OF THE MANUSCRIPT.   xxxiii

xviii 5 ονοματι—25 αποδοθηναι   Pet 46—48
xix 6 εισιν—13 προσηνε-   Vat 1
xx 6 αυτοις τι—xxi 19 και 1°   *Vat 2—6 Pet 181
xxvi 57 -τεροι—65 διερ-   Lond 1
xxvii 26 τον δε ῑν—34 και γευ-   Lond 2

* Pet 181 contains xx 22 -κριθεις—29 εκπορευο-

ST MARK.

v 20 οσα—vii 4 κρατειν   *Pet 1—10 Pat 1
vii 20 εκπορευομενον—viii 32 λογον Pat 2—7
ix 1 -τοις αμην—x 43 αλλ ος   Pat 8—19
xi 7 αυτω—xii 19 αδελφος 1°   Pat 20—25
xiv 25 λεγω υμιν—xv 23 εδιδουν αυ- Pat 26—33
xv 33 ενατης—42 γενομενης   Pet 180

* Pat 1 contains vi 53 γην—vii 4 κρατειν

ST LUKE.

ii 23 γεγραπται—iv 3 και ειπεν   Pet 49—56
iv 19 ενιαυτον—26 της σιδω-   Pet 57
iv 36 εγενετο—42 οι οχλοι   Pet 58
v 12 με καθαρισαι—33 και πι-   Pet 59—61
ix 8 τινων—20 ο δε επι   Pet 66—67
ix 28 και παραλαβων—35 ακουετε   Pet 68
ix 58 κλιναι—x 4 βαλλαντιον   Pet 62
x 12 -ρον εσται—34 αυτου και   Pet 63—65
xi 14 -λαλησεν—23 κατ εμου   Pet 179
xii 12 ειπειν—20 θησαυριζων εαυ-   Pet 182
xii 29 -ριζεσθε—xviii 31 παραδο-   Pet 69—97
xix 17 -σιαν εχων—xx 30 ατεκνος και ε   Pet 98—104
xxi 22 -ραι εκδικησεως—xxii 49 αυτον το   Pet 105—111
xxii 57 αυτον λεγων—xxiii 41 επραξαμεμοι Pet 112—117
xxiv 13 -χουσαν—21 ταυτην   Vind 1
xxiv 39 πνευμα—49 υμις δε κα-   Vind 2

ST JOHN.

i 21 ου—40 ημεραν   Pet 118—119
ii 6 -ναι κατα—iii 14 οφιν εν   Pet 120—123
iii 22 μετα ταυτα—29 εκει-   Pet 124
iv 4 -μενην συχαρ—v 2 εχουσα   Pet 125—130
v 10 εστιν—19 και ειπεν   Pet 131
v 26 -κεν εχειν—vi 30 εστιν γεγραμμε-   Pet 132—137
vi 39 αλλα—49 υμων ε-   Pet 138
vi 57 -σει δι εμε—ix 32 ηδυνατο   Pet 139—155

xiv 2 μοναι πολλαι—10 αυτος	Lond 3
xv 15 -λος ουκ—22 νυν δε	Lond 4
xvi 15 δια τουτο—xxi 20 ο ι̅ς̅ ακολου-	Pet 156—178

The Arrangement of the Leaves of the St Petersburg Portion.

It will be apparent from an examination of the above table that there is some confusion in the present arrangement of the surviving leaves of the manuscript which are preserved at St Petersburg. Pet 1—10 (quire ιζ΄) which contain part of St Mark's Gospel should follow Pet 181 and be followed by Pet 180. These two leaves instead of standing at the end of the volume should come together with quire ιζ΄ between Pet 48 and 49. Pet 44 and 45 are also out of their place—they contain a part of the second and third chapters of St Matthew and should stand first of the extant leaves of the manuscript. The remaining leaves are, with two exceptions, in their right order: Pet 66, 67 and 68 should follow Pet 61; and between Pet 68 and 69 should come Pet 62—65, together with two leaves now bound at the end of the manuscript, Pet 179 and 182.

The Binding of the St Petersburg Fragment.

The manuscript at St Petersburg is bound in green velveteen with silver ornaments. These silver ornaments are, according to an authority whom I consulted at St Petersburg, probably of the last century and of Levantine origin. The arrangement on each side of the volume is the same, and consists of a central medallion with four corner-pieces. On the front the central medallion represents the Crucifixion: on the Saviour's right stands the Virgin, and on His left St John. Jerusalem is depicted in the background: beyond it the sun and moon are seen in the heavens. At the foot of the cross is a chalice, a skull and cross-bones. Upon the cross is the superscription I.N.B.I. The four corner-pieces represent four saints, each of whom has a book in his hand, with a legend giving some of the letters of his name. They are intended apparently for David, Solomon, Isaiah and Jeremiah.

OF THE MANUSCRIPT. xxxv

David occupies the upper left-hand corner of the design with Solomon in a similar position on the right. Isaiah and Jeremiah are below David and Solomon respectively.

The medallion on the back of the volume represents the visit of the three women to the empty Tomb. The women stand on the left, the angel opposite to them on the right. The angel's stole is crossed. In the background behind the angel rises Calvary with the three crosses. In the centre above all, is the Risen Lord with a banner in His hand. The representation is traditional. The four corner-pieces in this case represent the four evangelists, each of whom carries a book and pen. At the top, on the left, is St John with the eagle, on the right St Matthew with the angel. St Mark with the lion is below St John. St Luke is represented with an ox.

General Description of the Manuscript.

With the exception of certain particulars to which special attention is drawn our further description of the manuscript will refer to the whole, and not to one or other only of its several fragments[1]. The manuscript is written on vellum of such extreme fineness that not only does the writing in some cases shew through, but it is very difficult to detect, even with a glass, which is the rough and which the smooth side of the skin. The vellum has been stained purple, and in many leaves still retains the rich, deep colour which it had when it was new. The material used for writing is as a rule silver. Gold is used in the abbreviations of the sacred names, $\bar{\theta}s$, $\bar{\iota}s$, $\bar{\upsilon}s$, $\bar{\chi}s$, $\bar{\kappa}s$, $\pi\eta\rho$ and $\pi\nu a$[2].

[1] It is fair however to say that it is impossible to form any idea of the original beauty of the manuscript without seeing the portion of it preserved at St Petersburg. The leaves at London, Vienna, and, as I understand, Patmos and Rome, are comparatively torn and faded. Of those at St Petersburg the majority are in good condition, and many are excellently preserved. The leaves on the outside of a quire have naturally suffered most. The leaves most deteriorated are 1—10, 11—16, 44, 45, 173—182. I have noted 41—43, 46—48, and 139—165 as excellent. No. 112, which has α on it and would form the first leaf of the Johannine collection (see p. xix), shows no marks of any especial exposure.

[2] Gold is also used in Mt xiii 27 (κε), Lc ii 40 (πνι), iv 1 (πνς αγιου), xii 47 (κυ), Jn ii 12 (μ of μετα), vii 39 (αγιον extra ser. litt.), xix 5 (ο πιλατος extra ser. litt.). Silver is used in Lc iii 38 (θυ), xiii 13 (θν extra ser. litt.), Jn vi 27 (πηρ extra ser. litt.). In Lc xii 36, κε (gold) is corrected by the addition of a small silver ν. In Mt

The size given for the leaves at Patmos is 33·3 by 26 cm., for those at Vienna 29 by 26·5, for those at Rome and London 33·3 by 28·5 (Cozza Luzi gives 33 by 27) and 32·3 by 26·8, respectively. Some of the leaves at St Petersburg measure 31·6 by 26·5, but some are slightly smaller. What the original size of the leaf was, it is now impossible to say. In one instance the upper margin is 5·2 cm. wide, and on folio 173 the fact that the letters προς have been cut away bears witness to an additional 2 cm. on one side. Perhaps 34 by 29 cm. would not be wide of the mark.

There are two columns on a page, each measuring 23·2 by 10·3, with a space between them of 1·9 cm. There are sixteen lines in a column and 10 to 12 letters in each line. For the guidance of the scribe 32 horizontal lines have been drawn, which extend from one side of the writing on each page to the other. They are 7 mm. apart. The writing occupies each alternate space beginning with the second. The longer letters and the capitals extend above or below it. The capitals which fall at or near the beginning of a section project from the rest of the column about one cm.[1] They are about twice the size of the other letters. In the side-margins stand the Ammonian sections with the numbers of the Eusebian canons, and in the upper or lower margins the τίτλοι, which, with the exception of the numbers, are written in gold. Three small fragments of the list of τίτλοι which preceded St Luke's Gospel have been preserved[2].

The writing is continuous, in the sense that the words are not necessarily separated from each other by a break. The beginning

---

xiii 51 (κε) the κ is in silver by mistake, the ε in gold, and the word is followed by a space for one letter, there is no erasure. See p. xlvi of the Introduction and pp. 9, 12, 14, and 53 of the printed text.

[1] These capitals have been represented in the printed text where they occur, whether at the beginning of a sentence or of a word. Where, however, in the manuscript they fall in the middle of a word, they have been transferred to its beginning. This is the case in Mt xii 14 Φαρισαιοι (ρ), xii 39 Αποκριθεις (κ), xxi 15 Ιδοντες (τ), xxvi 60 Υστερον (τ). Mc xiv 44 Δεδωκει (δ 2°), xv 7 Λεγομενος (γ), xv 12, xv 14 Πιλατος (τ) bis, xv 20 Εξαγουσιν (ξ). Lc x 1 Απεστιλεν (λ), xviii 29 Αυτοις (τ), xxii 20 Ποτηριον (ο 2°), xxiii 33 Απηλθον, xxiv 46 Ειπεν (π). Jn iv 17 Απεκριθη (θ), also xvi 31, xvii 1 Ελαλησεν (λ 2°), xviii 37 Ειπεν (π). The capitals at the beginning of the chapters do not represent capitals in the manuscript itself.

[2] See p. xxv, note 2.

OF THE MANUSCRIPT. xxxvii

of each section is marked not only by a capital, but where circumstances allow by a space such as would contain a few letters. These spaces occur at the end of a line[1]. Breaks in the sense are also marked in the middle of a line by a small space and, as a rule, a single point which is level with the top, the bottom, or the middle of the writing. In a few cases a double point is used. There is no trace of the semicolon, I believe, or of the comma. The syllable-divider is common. As a rule we find a single point above υ, and two points above ι[2]. The marks ʹ and ˆ are rare. A curious feature of the manuscript is a single point which stands above a letter, and is used apparently as breathing, accent, syllable-divider, or it may be for other purposes[3]. It is possible that the materials employed in writing determined the shape of this mark.

The manuscript presents the usual abbreviations. It has seemed quite unnecessary to represent these in the text.

A short stroke above the letter to represent ν is common, as is also the abbreviation for καί[4].

The words θεος, πατηρ, ιησους, χριστος, κυριος, υιος, πνευμα, ανθρωπος, ουρανος, with their cases, are almost invariably abbreviated. We have also $\overline{ιηλ}$ and δαδ for ισραηλ and δανιδ, and $\overline{ιημ}$ or $ιλ\overline{ημ}$ ($\overline{ιηλμ}$ in Mt ii 1) for ιερουσαλημ[5]. We have also the word in full.

We find moreover the following grouping of letters:

℘̄, ℘̄ᵒ, ℘̄ᵒˢ, ℘̄ω and ℘̄ᵅ in προσεθετο (and προτερον), προφητης (and προβατα), προς (and εμπροσθεν, προσκυνηται), πρωτον and πρακτωρ, respectively.

℘̄ in τετραρχης. πμ̄ρ for πατηρ.

ᴀ̃ in εμαυτον, ταυτα and αυτος.

πᵒⁱ, πᵒ, πᵒˡ and ᴀπᵉ in ποιησον, απο, πολλαις and απεχει respectively.

нн̄, ν̊, нν, ν̊γ, ν̊, н̄, νн̄, нн̄, мн, νν and нн in εθνη (and στενης,

---

[1] There is not always a stop at the end of a section.
[2] In some cases the two points have become a single straight line.
[3] In the text the stops are represented but no accent or syllable-divider.
[4] The abbreviation for -αι is not found.
[5] $\overline{ειλημ}$ occurs in Lc ii 41 for εις ιερουσαλημ.

εκεινη, γενησεται, διακονησαι, ιερον ηρξατο, ανοιξον ημιν), οινοποτης (and νομου), την (and απολλυμενην, ην ιωαννην), ιωαννου, οδυνωμενοι, ιωαννην (and φωνην, ελεημοσυνην, πεφυτευμενην), ιωαννην, ειρηνην, μνημειον, μαννα and μαγδαληνη, respectively.

Μι, мн, мс, нм, м̇, μ̄ and μ̇ in μοι, μη (and μηνας, εβδομηκοντα, μηδε, αμην, διχοτομησει), οφθαλμος (and μοσχος), ερημω (and ημας), μου, κοσμον, and δαιμονια (and ωμοσεν), respectively.

λ̈ in δακτυλω (Mt xii 28).
τ' in ιματιον.
δ' in παιδιον.

The cases of itacism are numerous, but they are of the ordinary kind. The most frequent are the substitutions of ι for ει, of ει for ι, of αι for ε, of ε for αι, of ω for ου, and ου for ω. υ is found several times for οι, as well as η for ε and ω for ο, and *vice versa*. χοροι is found for χοιροι. In addition to the itacisms the following instances of spelling deserve notice: εμ βηθλεεμ, εμ παραβολαις, εμ·προσθεν: ενκαθετους, πανπληθει, συνπνιγι, συνχαρηται, συνχρωνται: ρακκους, εκθρος, εξηλθατε, παραλημφθησεται, τεσσερα, τεσσερακοντα, εκαθερισθησαν, ουθενος, διγνυεις, αραφος: απεκατεσταθη, ανεωξεν, ηνεωξεν: γομμορας, γομορροις: βηθσαειδα, βηδσαϊδα, βηθ'σαιδα, βησθεσδα, βηθσφαγη: καφαρναουμ (but also καπερναουμ): σιλωαμ, σιλωαν. This list may be increased by adding to it the obvious blunders of the scribe recorded in the footnotes to the pages where they occur.

In the text the usual height of the letters is 7 mm. At the end of a line they occasionally decrease somewhat in size, but without any tendency to become oval or rectangular; and at the beginning of a section they are nearly twice the normal measurements. The letters ρ and γ project below the line, while φ and ψ project both below and above. The letters are without exception free from any sign of slanting, and, with the exceptions noted above, of a regular size. ε, θ, ο, and c, moreover, are round, and н, м, ν, and π, are square. The horizontal stroke of Δ is thin; but it broadens towards the extremities, which project beyond the two down-strokes of the letter. A similar thickening is seen in the horizontal stroke of Γ, ε, π and τ, and in the curved lines of ε and c. The horizontal line of ε is somewhat above the centre of the letter, and extends completely across it; that of θ divides the letter into two equal parts, but does not extend beyond the circle. ω is nearly closed. The upper bow of в is much smaller than the lower: both bows are united at the centre of the vertical stroke. The upper part of the bow of ρ is joined to the top of the vertical stroke but does not project beyond it on the left. The vertical stroke of κ is not joined to the rest of the letter, the upper stroke of which is thinner (though broadening at the top) than the lower. The left-hand stroke of λ, and the upper part of the loop of a, join the right-hand stroke at a distance of one-third from its upper extremity: the lower part of the loop of a joins it at the same distance from the bottom. The left hand stroke of γ is thickened at the end; so also are both ends of the stroke which crosses from left to right in χ, this stroke being moreover at times somewhat curved. z is made without lifting the pen, and is by no means as uniform in shape as the other letters. In z the horizontal strokes are broadened at the outer ends, and the upper stroke projects on the left beyond the rest of the letter. I do not give a facsimile because such an excellent reproduction of the Vienna leaves is accessible in the edition of the Vienna Genesis, to which I have already made repeated allusion.

Date and Provenance of the Manuscript.

With regard to the date of the manuscript von Gebhardt says:—

'Das Alter dieser Handschrift ist sehr verschieden geschätzt worden. Horne hielt sie für das älteste neutestamentliche Manuscript (Ende des 4. oder Anfang des 5 Jahrh.); Scholz dachte an das 7. oder 8. Jahrhundert; Casley wiederum schrieb ihr ein höheres Alter zu als dem Codex Cottonianus der Genesis (saec. v.); Tischendorf endlich entschied sich für den Ausgang des 6., spätestens Anfang des 7. Jahrhunderts (Mon. sacra inedita sive reliquiae etc. Prolegom. p. 12)[1].'

[1] *l.c.* p. xxiii, n. 12.

There is nothing, I think, in the above description of the letters taken separately to prevent the handwriting being a bookhand of the sixth, and even somewhat early sixth century. When it is examined in a reduced photographic facsimile it is seen to bear a close resemblance to that of the Wiener Dioscorides[1], and that without making any allowance for the difference in material. Moreover the handwriting appears firmer and less worn than that of the Codex Rossanensis, and is therefore if anything probably somewhat earlier[2]. Further, there is nothing whatever in any of the abbreviations which have been mentioned above to prevent the adoption of this date; nor is the fact that occasionally an accent or breathing is inserted by the original scribe to be regarded as strong evidence against it.

We are confronted however in this manuscript with the same problem as is presented by the Codex Guelferbytanus (P), the Codex Zacynthius (Ξ), the Codex Rossanensis (Σ), and the Codex Beratinus (Φ). In all these manuscripts there are additions either in the margin or at the beginning of a Gospel in a hand of a somewhat different character and apparently later date. In the case of N we have three fragments of the list of the κεφάλαια of the third Gospel and (in the margin of the leaves) the section-numbers and the τίτλοι. The hand in which they are written differs to some extent from that which is found in the text. The letters are barely half the size of the letters of the text. H, M, N, Π, have lost none of their squareness, but ε, θ, o and c are inclined to be oval. The shape of ω is also very slightly different. The other letters present no remarkable variation, and in no case do any of the letters lose their upright appearance. It is possible to deal with this difference in the hands, which must

---

[1] This manuscript is generally assigned to the first quarter of the sixth century. The evidence, which is given at length in Gardthausen (*Griechische Palaeographie*, p. 150), turns on the identification of the Ἰουλίανα, whose portrait is given in the manuscript, with the daughter of Flavius Anicius Olybrius and Placidia who lived at that date.

[2] This manuscript von Gebhardt assigns to the sixth century (*l.c.* p. xxvi). The discussion of the date occupies pp. xxi—xxxi. An examination of the facsimile of one page of Σ recently published by Haseloff confirms me in this opinion of the priority of N. The writing in Σ is irregular; there is a slight loss of squareness and roundness in the square and round letters respectively and a slight tendency of all the letters to slant. The shape of ω in Σ is also in favour of a later date.

be of the same date, in two ways. Either the date of the writing in the text must be brought down to the apparently later date of the writing in the margin, or the appearance of greater lateness may be explained by the cramped position in which the notes are written, or by a lack of care in writing them arising from a notion of the scribe that their contents were less important. The latter explanation is the one adopted by Tregelles[1], von Gebhardt[2] and Batiffol[3] as the explanation of the similar problem in the manuscripts they have edited, and it is made all the more probable by recent discoveries of papyrus-uncial. The upright nature of the writing is strongly in favour of the earlier date.

The corrections of the manuscript are (with perhaps one exception[4]) by the same hand as the text.

Of the provenance of the manuscript there is no tradition. I am inclined to suggest Constantinople. The magnificence of the manuscript and the character of the text are in favour of this assumption, and so, though less obviously, is the fact that most of the surviving leaves were in Western Asia Minor a century or so ago. The two other purple manuscripts, moreover, Σ and Φ, can also be connected with the same locality; the former by the close relations which are known to have existed between Calabria and Constantinople; the latter by the tradition which by a strange irony ascribes its authorship to John Chrysostom[5]. The close connexion in text between N and Σ makes it highly probable that they both came from the same locality.

---

[1] Tregelles, *Cod. Zac.* Ξ. London, 1861. Preface, p. ii.
[2] *l.c.* p. xxv.   [3] *l.c.* p. 25.
[4] Mt xxvii 33 ερμηνευομενον.
[5] Von Gebhardt and Harnack, *Evangeliorum Codex Graecus Purpureus Rossanensis*, pp. vii, viii; von Gebhardt, *l. c.* p. xxxii. The Greek use was only discontinued in the Cathedral at Rossano in 1416. Batiffol, *l.c.* pp. 17 ff., 122. Compare also Gardthausen, *l.c.* p. 42. Chrysostom (*Homil. in Joh. xxxiii*, T. viii, p. 188 ed. Montfaucon) says of the owners of such manuscripts, 'καὶ ἡ πᾶσα αὐτῶν σπουδὴ περὶ τῶν ὑμένων τῆς λεπτότητος, καὶ τὸ τῶν γραμμάτων κάλλος, οὐ περὶ τὴν ἀνάγνωσιν ... Τοσαύτη τῆς κενοδοξίας ἐπίδειξις. Οὐδενὸς γὰρ ἀκούω φιλοτιμουμένου, ὅτι οἶδε τὰ ἐγκείμενα, ἀλλ' ὅτι χρυσοῖς ἔχει γράμμασιν ἐγγεγραμμένον.' Jerome calls the manuscripts 'libros—in membranis purpureis auro argentoque descriptos—onera magis exarata quam codices.'

CHAPTER III.

EXAMINATION OF THE CHARACTER OF THE TEXT.

The relation between N *and* Σ.

THE text of the manuscript bears a close affinity with the text of the Codex Rossanensis (Σ), itself a purple manuscript of the sixth century, containing the first two Gospels. This affinity of text was pointed out by Professor von Gebhardt at a time when it was only possible to compare 41 leaves of N with corresponding portions of Σ. The following words express his verdict on the question:—

'Aus dieser grossen Zahl übereinstimmender Lesarten (a list of readings peculiar to the two manuscripts had preceded this statement) ergiebt sich, dass die beiden Purpurcodices ihrer gemeinsamen Quelle sehr nahe stehen, und nichts steht der Annahme entgegen, dass sie unmittelbar aus derselben Vorlage abgeschrieben sind. Denn die Abweichungen zwischen beiden sind meist ganz unerheblich und erklären sich theils aus Flüchtigkeit oder Willkür der Schreiber, theils aus der Einwirkung paralleler Stellen; sehr selten, und vielleicht nur da, wo in einer der beiden Handschriften corrigirt ist, liegt eine Nöthigung vor, zur Erklärung der Varianten eine zweite Quelle zu Hilfe zu nehmen.'

In a footnote, moreover, he adds after a brief statement of the more difficult discrepancies: 'Jedenfalls wird es nicht leicht zwei andere Evangelienhandschriften geben, die so selten von einander abweichen und so auffallend mit einander übereinstimmen, wie Σ und N[1].'

---

[1] Von Gebhardt, *l.c.* pp. xlviii and xlix.

I am requested by the editors of the Codex Rossanensis to draw attention to the preface in which they state the reasons which prevented a revision of their first collation of the manuscript. The collation was made with Theile's tenth (stereotyped) edition of the N.T.

EXAMINATION OF THE CHARACTER OF THE TEXT. xliii

The discovery of fifty additional leaves of N from the Gospels of St Matthew and St Mark puts us in a still better position to form a judgment on this question. It appeared to me that the most satisfactory way to bring out the few points of difference between them, was to avail myself of Professor von Gebhardt's kind permission to print the variants of Σ at the foot of the text of N. I have not as a rule noticed either itacisms or other differences of spelling, but with this exception, I believe that the apparatus will be found to be a complete record of the variations between the two manuscripts, so far as they are at present capable of comparison[1].

The total number of differences of reading registered amounts to 151 (56 Mt + 95 Mc). There are also corrections in one or other manuscript or in both which amount to 63 (46 + 17). These however may be left for subsequent consideration. Of the 151 differences mentioned above 9 (2 + 7) may be neglected as obvious blunders of one scribe or the other[2], and 44 (22 + 22) as in themselves of no importance. This latter class consists either of itacisms or of differences of spelling. There remain therefore for consideration 93 (30 + 63)—or practically one for every page of N recovered—together with five cases in which the reading of one manuscript or the other is open to doubt[3].

---

[1] I find that the reading of Σ (om. εστιν) in Mc xii 16 has not been given a place in my footnotes. It has been taken account of however in the calculations which follow. Readings such as Mc viii 29 are counted as two.

[2] They are Mt ix 2 N, ix 13 (cf. however 'omnis autem substantia consumitur' the reading of k in Mc ix 49) Σ, Mc vii 33 N, ix 3 N, ix 17 N, ix 32 N, x 15 (διον) N, xiv 36 (το εγω) Σ, xiv 64 N.

[3] These cases are Mt xx 23, xx 26, Mc viii 4, x 15 (ο] ος Σ), xv 36. In Mc viii 4, x 15 the reading of M. Sakkelion, as given by Tischendorf, agrees with Σ: the reading given in the text is improbable in itself, and is unsupported by any other manuscript. In Mt xx 23, xx 26 N is torn : Σ agrees with the best uncials against N and the T.R. In Mc xv 36 Σ is torn : N agrees with the best uncials against Σ and the T.R.

The collation of the Patmos leaves of N supplied to Tischendorf by Sakkelion differs from the edition of the Abbé Duchesne in the places here to be mentioned. I take the latter's text as printed on pp. 29—44 as the standard and cite the variants which I gather from Tischendorf's apparatus. In the places marked with an asterisk the reading of Tischendorf is not quite certain. I have indicated agreement with Σ by placing its symbol after the reading.

vi 56 κρασπεδου] pr του Σ   viii 4 τουτοις] τουτους Σ   21 ελεγεν] + αυ-

xliv   EXAMINATION OF THE CHARACTER OF THE TEXT.

Out of the 93 cases, N agrees with the Textus Receptus against Σ in 44 (15 + 29)—in 20 (6 + 14) of these Σ stands alone, in 16 (6 + 10) with but a few manuscripts. Σ agrees with the Textus Receptus against N in 45 (15 + 30)—in 18 (5 + 13) of these N stands alone, in 14 (6 + 8) with but a few manuscripts. The cases in which N and Σ differ from each other and also from the T.R. are Mc v 36 (where there is much confusion of reading), viii 25 (most MSS om αυτου), xiv 36 (where N reading τουτο το ποτηριον stands with D. 1. 209 against most MSS), and xiv 40 (where there is much confusion). In other words, where the manuscripts differ, it is possible in almost every case to assign the difference either to the aberration of the scribe or to the influence of a reading already popular[1].

τοις* Σ   30 τουτου] αυτου* Σ   ix 13 utrum ηθελησαν (Σ) an ηθελον legi velit dubium   18 ξηραινεται*   23 το ει δυνη Σ] om. το   x 1 συμπορευονται] pr. και Σ   14 προς εμε] προς με* Σ   15 ο· εαν] ος εαν Σ   xi 13 ου γαρ καιρος] ου γαρ ην καιρος Σ   18 οι γραμματεις και οι αρχιερεις Σ] Lectio cod. N dubia   id. εξεπλησσοντο Σ] Lectio cod. N dubia   xii 7 προς εαυτους Σ]+οτι*   16 εστιν] om.* Σ   xiv 32 γεθσημανει   id. προσευχωμαι] προσευξωμαι Σ   44 συσσημον] +αυτοις* Σ   53 αυτων] αυτω Σ   54 συνκαθημενος και θερμενομενος μετα των υπηρετων Σ] συνκαθημενος μετα των υπηρετων και θερμαινομενος*   65 ημιν χριστε τις εστιν ο πεσας σε Σ] om.*   id. ραπισμασιν Σ   xv 7 στασιαστων] συστασιαστων Σ.
The divisions of lines in Duchesne's edition favour Tischendorf's reading in x 1, xi 13, xiv 65; they favour his own in ix 13 (ηθελησαν), x 14, xiv 44, xiv 65 (most strongly), xv 17; in vi 56, viii 21, viii 30, ix 23, x 15, xii 16, they throw no light on the question; in xiv 53 αυτω comes at the end of a line.

Of these readings, so far as the question immediately before us is concerned, 19 deserve consideration. If Tischendorf's readings are correct they strengthen the case for a common origin of the MSS. Ten cases of difference of reading are removed and probably four others, while five differences of reading may be introduced, none of which are certain, and four of which from the way the evidence is given are highly improbable. There are 48 differences in the 33 Patmos leaves according to Duchesne, as against 44 in the other 53 leaves which survive of the two Gospels.

[1] Σ stands alone in Mt ii 2, vii 5, viii 23, ix 18, x 5, xxi 13 (γεγραπται οτι), Mc v 37, vi 25, vi 31 (bis), viii 29 (bis), x 24, x 36, xi 32, xii 1, xii 4, xii 14, xii 15, xv 19—with but few MSS in Mt x 10, x 14, xii 22, xiii 27 (τω οικοδεσποτη), xviii 10 (του εν τοις ουρανοις), xx 13, Mc v 29, v 40, vi 33, vi 36, vii 34, ix 28 (αυτον), xiv 32 (εως αν), xiv 36 (αλλ οτι), xiv 43 (om. ευθεως), xv 41. The other instances of agreement of N and T.R. against Σ are Mt ix 23, xii 38, xviii 6, Mc ix 45 (σοι εστιν), xiv 35 (bis), xiv 72, xv 40, where except in Mc ix 45, xiv 35 (επι προσωπον), xiv 72, and xv 40, the reading of Σ is that of the best uncials.

N stands alone in Mt viii 32, ix 36, xii 19, xiii 26, xxi 11, Mc vi 56, viii 16, viii

An examination of the differences also brings out the fact that, while they are alterations which a scribe would be easily tempted to introduce into a manuscript, they are not in themselves of much importance. They are either assimilations ($18 + 28 = 46$) to a phrase which (a) has been used recently ($3 + 2 = 5$), or (b) is familiar ($9 + 8 = 17$), or they betray (c) the influence of the parallels ($6 + 18 = 24$), or else they consist of (d) the omission or addition of a word which the context makes unimportant ($5+13=18$), or (e) a slight change in a word ($2+4=6$) sometimes dictated by the context. 8 ($2 + 6$) are due to a change of order[1].

Of the remaining 15 cases, in 5 the reading is doubtful; the difference is not serious either in these or in six others. There are four which present some difficulty, but even these are capable of explanation[2].

21, viii 30, x 1 (bis, ηλθεν, om. και), x 4, xi 13 (om. ην), xii 16, xiv 32 (προσευχωμαι), xiv 53, xiv 65 (ραπτισμασιν), xv 14—with but few MSS in Mt viii 20, ix 9, xiii 51, xv 4, xviii 19, xxi 13 (εποιησαται αυτον), Mc vi 23, viii 20, ix 45 (om. την), x 7, xiv 44 (om. αυτοις), xiv 49, xiv 50 (om. παντες), xv 34. The other instances of agreement of Σ with the T.R. against N are Mt viii 1, ix 26, x 4, xiii 56, Mc vi 37, ix 9, ix 38, ix 42, xi 23, xii 2, xiv 43 (om. των), xiv 65 (ελαβον), xv 7, where except in Mt ix 26, xiii 56, Mc ix 38, and xiv 43, the reading of N is in agreement with the best uncials.

[1] (a) Mt vii 5, x 10, xii 22; Mc xiv 72, xv 14.

(b) Mt viii 1, viii 23, x 4, xiii 51, xiii 56, xviii 10 b, xviii 19, xxi 11, xxi 13; Mc v 37, v 40, vi 33, x 36, xi 23, xii 15, xiv 35 a, xiv 40.

(c) Mt ix 18 (?), ix 23, ix 36, x 14 (?), xv 4, xxi 13 b; Mc viii 16, viii 20, viii 29 (bis), x 1 a, x 4, x 7, xi 32, xii 2, xiv 35 b, xiv 36 a, xiv 43, xiv 49, xiv 50 (?), xv 19, xv 34, xv 40, xv 41, also vi 25.

(d) The article Mt viii 32, xii 19, also xviii 10 b; Mc vi 31 b, vi 56 b, ix 38, ix 45 c, xiv 43 b: a pronoun Mt x 5, xii 38, xviii 6, also ix 18; Mc v 29, viii 21, xiv 44 b, also ix 42, x 4, x 7; in Mc xii 4 we have αυτους N, αυτον Σ: a particle Mc x 1 d και, xiv 32 αν, also Mc xi 23 γαρ and Mt xviii 19 δε, xxi 11, xxi 13 οτι; in Mc vi 25 and ix 9 N has και, Σ δε.

(e) Mt xiii 26 (neut. plur. with a singular verb Σ, plural N alone), xiii 27 (dat. after προσελθοντες Σ alone with b); Mc ix 42 (homoioteleuton Σ), xiv 36, xiv 53 (Tisch. agrees with Σ), xiv 65 (ελαβον N, εβαλον Σ).

The instances of transposition are Mt ii 2, ix 9, also xii 22, xiii 51, xiii 56; Mc v 36, vi 31 a, viii 25, ix 45 a, x 24, xv 19, also v 37.

[2] The instances of doubtful reading are Mc viii 30, ix 28 b, xi 13 b, xii 16, xiv 32 b. The cases which present no difficulty are Mt viii 20, ix 26, Mc vi 23, vi 36, vi 37, xiv 65 a. The remainder are Mt xx 13 (συνεφωνησας μοι N cf. syr^{vet}, συνεφωνησα σοι Σ cf. syr^{sin}); Mc vii 34 (εστεναξεν N, ανεστεναξεν Σ, ουνου is the word before, cf. viii 12) xii 1 (και ωκοδομησεν πυργον N, Σ om. alone, probably by homoioteleuton), xii 14 (η ου N, Σ om. alone. Note η ου δωμεν η μη δωμεν).

The Corrections of the two MSS.

We now come to a consideration of those instances in which some alteration has been made in the readings of one manuscript or the other by a second hand. Of these I have noted sixty-three. Twenty-seven are quite unimportant, and seven more are cases of itacism. Of the remaining twenty-nine, in seventeen cases the first readings of the MSS agree—Σ being altered ten times, and N six, while in one case (Mt xxvi 60) both first readings have been altered but so that the second readings are still in agreement[1]. There are eight cases—four in each manuscript—in which, though the first hands disagree, the second hands have brought about conformity[2]. There are left four cases to be considered. The first can be dismissed at once. The more I look at the evidence for the reading in Mt x 15, the more convinced I am that the reading of N is εσται· γη· σοδομων and not εσται τη· σοδομων. If by any chance, and I regard it as quite remote, τη is right as the reading of the first hand, it may be explained as a slip. The other three Mt ix 27, xi 27 and xii 28 all hang together. They are interesting both as being unique readings, and being the most difficult to explain of the discrepancies between the text of N and that of Σ.

I am inclined to think that certainly in Mt xi 27 and xii 28 and quite probably in ix 27 the intentions of the first hands were in agreement. My reason for thinking so turns on the fact that the words of the manuscript which are written in gold were inserted subsequently to the completion of a page (or it may be a leaf or quire) of the silver writing[3]. At the time of writing a

[1] These are Mt xi 24, xii 3, xiii 27 (τα), xix 9 (?), xxi 1, xxi 5, xxi 15, xxvi 60 (δε), Mc x 1, x 16 where Σ is altered, and Mc ix 9, xi 22, xviii 10, xxvii 33, Mc ix 23, x 19 where N is altered. For a discussion of the corrections see p. lx.

[2] These are Mt x 19, xii 20, xviii 21, Mc vi 3 where Σ is altered and Mt xii 15, xiii 27 (δε), xv 32, xviii 8 where N is altered. These, with the exception of Mc vi 3, are corrections of obvious mistakes, which are without any or with only the slightest attestation. In Mc vi 3 Σ reads οτε...κτων...ο. perhaps for ο τ^{..} τεκτονος υς.

[3] This method indeed would be the natural one to adopt. Some direct evidence is given on p. xlvii. In Mt xiii 51, moreover, a space has been left for two gold letters ($\overline{κε}$). κ has been written (by mistake) in silver and ε only has been inserted (see p. xxxv, note 2). The space allowed for $\overline{πηρ}$ seems to be 34 cms., for $\overline{υς}$ 25 cms.

EXAMINATION OF THE CHARACTER OF THE TEXT. xlvii

space was left of the size required for the reception of the word to be inserted. It will be remembered that the gold writing is practically confined to the sacred names, which are (almost without exception) always written in that material. The space allowed for each name I have ascertained to be to all intents and purposes uniform on each occasion of its occurrence—πηρ a word of three letters occupying a space perceptibly greater than υς a word of two.

Now in the passages in question N reads in Mt xi 27 ουδεις επιγινωσκει τον ...ρα ει μη ο υς ουδε τον υν τις επιγινωσκει ει μη ο πηρ (with no other MS)[1]; in Mt xii 28 εν δακτυλω θῡ (again with no other MS, but with the parallel Lc xi 20); and in ix 27 κ̅ε̅ υιε δᾱδ (with no other MS but in accordance with a familiar phrase). The readings in Σ in the corresponding passages are ουδεις επιγινωσκει τον υν ει μη ο πηρ ουδε τον πρα τις επιγινωσκει ει μη ͺ υς (with the T. R.); εν πνι θῡ (again with the T. R.); and ιυ υιε θῡ (with no other MS). The parallel passage to Mt xi 27 is Lc x 22 where a similar variation occurs in N but with U and b^2. It was in the second collation of this passage that the fact which I have mentioned above first attracted my attention. It is quite clear that the gold letters have been inserted subsequently. They have, however, not been inserted in the place intended for them—the three letters of πηρ are cramped into a space intended for two, and the two letters of υς are spread over a space intended for three[3]. In Mt xi 27 it is less obvious, but it is not less certain, that a similar mistake has been made, and that the intention of the first hand was to give a reading in conformity to Σ and all other manuscripts[4]. As for Mt xii 28 the ordinary reading ͺ πνι θῡ

---

[1] I may draw attention to the following extract from Tischendorf ad locum:—
Ir[int 233] (postquam scripsit: *Nemo cognoscit filium nisi pater etc.* addiditque: *Sic et Mt posuit et Lc similiter et Mc* (memoria fefellit) *idem ipsum; Ioh enim praeteriit loc. hunc*, pergit): *Hi autem qui peritiores apostolis volunt esse sic describunt; Nemo cognovit patrem nisi filius, nec filium nisi pater et cui voluerit fil. revelare.* At eodem ordine ipse Ir[int 122, 234] et e Marcos[93]; idem est ap Clem[hom] Iust[r] et[ap] Marc[tert 4, 25] Epiph[saepe] (sed[quater] alter. ord. tenet) al.

[2] *a* reads only *quis est pater nisi filius*—the rest of the verse being lost. *b* is a codex argenteus.

[3] I regret that I cannot reproduce the evidence in facsimile.

[4] It is less obvious because in three out of the four cases the word in question stands at the end of a line, the fourth case is decisive especially as it is joined to the partial testimony of the other three and the clear witness of the parallel.

e 2

would require a space of five letters. I have indicated at the foot of p. 14 the manner in which the words of the actual reading δακτυλω θῡ are written; not only the word θῡ which might have been left out originally by accident but the ω of δακτυλω is written above the line. It is in this manner that we should expect the words to be written if they were inserted in the space left for the shorter reading. I maintain therefore and, I think, with considerable shew of truth that the evidence points to the shorter reading π̄νι θῡ—which is the reading of Σ—as the reading of the exemplar and to the insertion in error from memory of δακτυλω θῡ under the influence of the parallel[1].

Of the third case Mt ix 27 I am somewhat less confident. The readings both of N and Σ in this passage are unique, but the evidence would suggest that ῑῡ υιε δᾱδ was the reading of their common exemplar. The gold-writing in Σ is confined to the first three lines of the first page of a gospel[2]. As the sacred names are not written in gold, this manuscript offers less occasion than N for an unimportant and accidental change in them, though such an explanation of the unique reading ῑῡ υιε δᾱδ is not absolutely excluded; the scribe of Σ may have diverged from the reading of the exemplar in reading ῑῡ, and the reading of N κ̄ε may be right or both may be wrong[3]. As however both manuscripts have a reading longer than the ordinary, it is fair to assume that their exemplar had a longer reading also, and if the choice is a choice between the reading of N and the reading of Σ the peculiar opportunity for error afforded by the method adopted by the scribe of N in writing in the sacred names would lead us to prefer the testimony of the other manuscript. In any case, however, under the circumstances a difference of reading in this passage between the two manuscripts would not be serious evidence for a different original.

[1] δακτυλω θῡ is as far as I can ascertain by experiment by far the most familiar version of the passage. The letters δακτυλ are crowded. θῡ is in gold.

[2] See von Gebbardt l.c. p. xx.

[3] κ̄ε υιε δᾱδ occurs in Mt xv 22, xx 30, xxvi 31. This may have been the reading of the exemplar but it is, of course, quite likely that instead of comparing the passage carefully with the exemplar the scribe trusted to his memory which here played him false. The inference from the use of silver in the κ of κ̄ε in Mt xiii 51, is that the exemplar from which N was copied was not a purple codex of the exact style of N.

EXAMINATION OF THE CHARACTER OF THE TEXT. xlix

Readings attested by N and Σ alone.

We have now to examine the instances in which the two manuscripts agree together either against all other manuscripts or against a very large majority. Of the first class there are 63 (20 + 43) instances, of which the following is a list[1].

Mt ii 4 και τους γραμματεις
 ii 22 απελθειν εκει
 vii 11 πονηροι υπαρχοντες: cf. Lc xi 13
 viii 4 δωρον σου
 viii 9 πορευου: cf. Lc vii 8 (D X 209)
 viii 10 ακουσας δε ταυτα: cf. Lc vii 9
 ix 4 ιδων δε: cf. Lc v 22 επιγνους δε
 x 7 ηγγικεν εφ υμας: cf. Lc x 9
 x 11 εξελθητε εκειθεν: c *donec exeatis inde*: cf. Mc vi 10 (cf. Lc ix 4 εκειθεν εξερχεσθε)
 xii 10 εχων την χειρα: cf. Mc iii 1
 xii 35 προφερει: cf. Lc vi 45
 xiii 29 εφη αυτοις: cf. λεγει αυτοις D it⁴
 xiv 5 επιδη: επει B*
 xv 31 κωφους ακουοντας και λαλουντας
 xviii 16 ακουση σου: cf. σου ακουση L Δ 33 vv
 xviii 17 καταφρονησει: cf. 1 Cor xi 22
 xviii 17 εσται
 xix 7 ενετιλατο ημιν
 xx 31 οι δε οχλοι επετιμησαν: ff¹ syr^cu et^sch (Mc, Lc επετιμων)
 xxi 8 εκ των δενδρων: cf. Mc xi 8 εκ των αγρων
 xxvi 60 ουκ ηυρον

Mc v 22 τον ιησουν: cf. Lc viii 41 παρα τους ποδας ιησου
 v 22 παρα τους ποδας: cf. Lc viii 41
 v 26 πολλα sine και: q
 v 31 και λεγουσιν: cf. οι δε μαθηται αυτου λεγουσιν αυτω D 2^pe it^codd
 v 33 το γεγονος: cf. v 14
 v 34 πορευου: cf. Lc viii 48
 vi 35 προσηλθον...λεγοντες: cf. Mt xiv 15
 vi 47 οψιας (Σ οψειας) δε: cf. Mt xiv 23
 vi 50 μετ αυτων ο ιησους: cf. Mt xiv 27 ελαλησεν αυτοις ο ιησους (codd. multi)
 vi 51 εν εαυτοις εκ περισσου
 vi 53 προσορμισθησαν εκει

[1] I give the spelling of N. I have not as a rule considered it necessary for my purpose to do more than employ the apparatus and method of Tischendorf.

EXAMINATION OF THE CHARACTER OF THE TEXT.

Mc vii 1 οι ελθοντες: a b f *qui venerant*, q *qui veniebant*
    vii 29 ειπεν αυτη ο ιησους: g[1]: cf. Mt xv 28 ο ιησους ειπεν αυτη
    viii 3 εγλυθησονται
    viii 7 ειπεν παραθειναι αυτοις: cop *coram illis*
    viii 13 καταλιπων: cf. Mt xvi 4
    viii 18 ουπω νοειτε pro και ου μνημονευετε: cf. viii 17
    viii 23 επηρωτησεν
    viii 32 ελαλει τον λογον
    ix 3 λευκαναι ουτως
    ix 5 αυτω pro τω ιησου
    ix 13 ηδη εληλυθεν: cf. Mt xvii 12: ηδη ηλθεν C 1 209
    ix 19 λεγει αυτω: g[1] q
    ix 21 τον πατερα αυτου ο ιησους: cf. τ. π. α. ο ιησους λεγων 2[pe]
    ix 21 γεγονει
    ix 28 ελθοντα pro εισελθοντα: al pauc
    ix 33 γεναμενος
    x 5 επετρεψεν: cf. x 4, Mt xix 8
    x 30 και πατερας και μητερας: al[aliq] (73 238 cop μ. κ. π.)
    xi 26 ο εν ουρανω
    xi 31 οι δε ελογιζοντο: it (exc. k) vg. cf. Mt xxi 25, Lc xx 5
    xi 32 ως προφητην (om. οντως): cf. Mt xxi 26
    xii 1 λεγειν αυτοις εν παραβολαις
    xii 7 ιδοντες αυτον: al pauc c: cf. Mt xxi 38, Lc xx 14
    xiv 27 γεγραπτε γαρ: k: cf. Mt xxvi 31
    xiv 36 πλην αλλ: cf. Mt xxvi 39, Lc xxii 42
    xiv 46 αυτω pro επ αυτον
    xiv 54 συνκαθημενος και θερμενομενος μετα των υπηρετων[1]
    xiv 70 δηλοι pro ομοιαζει: cf. Mt xxvi 73
    xv 2 ο δε ιησους αποκριθεις: al pauc
    xv 21 om. παραγοντα: cf. Lc xxiii 26
    xv 38 και ιδου το καταπετασμα: cf. Mt xxvii 51
    xv 41 διηκονουν sine αυτω

In the following instances N and Σ agree together but with few other manuscripts:

Mt ii 3 πασα η ιεροσολυμα: Z al Eus
    vi 32 ταυτα γαρ παντα: Δ al it[3] vg al: cf. Lc xii 30
    vii 3 την δε δοκον την εν τω σω οφθαλμω: ℵ* 235 Chr: cf. Lc vi 41
    viii 10 τοις ακολουθουσιν αυτω: C 13 28 33 235 435 b[scr] Chr verss[plur]: cf. Lc vii 9
    viii 13 απο της ωρας εκεινης: C Δ 33 al[4] it[7] sah
    viii 13 αυτον (pro τον παιδα) υγιενοντα: Φ 33: cf. Lc vii 10

---

[1] Tisch. gives the ordinary reading.

EXAMINATION OF THE CHARACTER OF THE TEXT. li

Mt ix 4 ειπεν αυτοις: D al⁷ it² sah syrˢᶜʰ: cf. Mc ii 8
ix 9 εκειθεν ο ιησους: D 124 cop it⁸ vg Eus
ix 28 εισελθοντι δε: ℵ*
ix 36 ο ιησους εσπλανχνισθη: G al it² syrᵖ: cf. Mc vi 34 (codd. nonnulli)
x 25 επεκαλεσαντο: ℵ* 4 59
xi 24 πλην λεγω υμιν sine οτι: ℵ* ᵉᵗ ᶜ 33 Ir
xii 9 εκειθεν ο ιησους: C E G al it³ syr
xii 17 υπο ησαιου: C² Chr
xii 23 λεγοντες: U al pauc
xii 35 τα πονηρα: LUΔ alᵖˡᵘˢ ²⁰ Chr: cf. Lc vi 45
xiii 13 λαλω αυτοις: D 1˙13 33 124 346 yˢᶜʳ al⁶ itᵖˡᵉʳ vg syrᶜᵘ etˢᶜʰ Chr
xiii 31 ελαλησεν: D L* 1 13 124 346 itᵖˡ syrᶜᵘ
xiii 49 του αιωνος τουτου: pauci
xiii 52 ο δε ιησους ειπεν: C U al syrᵖ ᵐᵍ
xiii 56 παρ ημιν: Δ al Chr
xiv 6 γενεσιων δε γενομενων: C K al³ Chr Vv pl
xv 13 ειπεν αυτοις: Δ al pauc
xviii 18 αμην γαρ: 157 syrᵖ
xviii 19 του εν τοις ουρανοις: V al pauc Chr
xviii 20 οπου: ℵᵇ Or Eus
xix 9 γαμων: C* I Δ Π 1 13 33 124 346 al: cf. Lc xvi 18
xx 10 και οι πρωτοι: dˢᶜʳ itᵖˡᵉʳ vg
xx 21 η δε λεγει: M (B sah η δε ειπεν)
xx 30 κυριε ιησου υιε δαυιδ: 124
xxi 7 εκαθισεν: Π al (K al εκαθησεν): cf. Mc xi 7
xxi 13 εποιησαται αυτον: al⁸: cf. Mc xi 17 (T.R.)
xxvi 59 ολον το συνεδριον: 28 al¹⁴ fere itᶜᵒᵈᵈ vg al Or: cf. Mc xiv 55
xxvi 60 δυο τινες: 157 al pauc: cf. Mc xiv 57
xxvii 29 εθηκαν: K Δ Π 1 69 124 al¹²
xxvii 33 γολγοθαν: al²⁰: cf. Mc xv 22

Mc v 21 προς αυτον: D 13 28 69 346 2ᵖᵉ
v 27 εις τον οχλον: 13 28 69 124 346
v 28 ελεγε γαρ εν εαυτη: D K Π 1 33 209 2ᵖᵉ it⁵ arm: cf. Mt ix 21
vi 9 ενδεδυσθαι: L al¹⁰ fere
vi 13 εθεραπευοντο: H al pauc: f g² *sanabantur*
vi 14 αι δυ[να]μεις ενεργουσειν: KΔΠ¹ 33 al plus¹⁵ it² syrᵘᵗʳ: cf. Mt xiv 2
vi 16 add. απο των νεκρων: C al¹⁰ fere Or: cf. Mt xiv 2
vi 23 εως ημισυ: LΔ
vi 45 add. αυτον post προαγιν: D Φ 1 13 28 69 2ᵖᵉ al¹⁶ fere Or cf. Mt xiv 22

Mc vi 56 διεσωζοντο: 1 69: cf. Mt xiv 36 διεσωθησαν
vii 23 εκπορευονται: G K Δ 28 y^scr al^aliq
vii 32 τας χειρας: ℵ* Δ 33 a: cf. Mt xix 13, Mc v 23, vi 5, viii 23, 25
viii 7 αυτα ευλογησας: M W^d 1 69 al^15 it (exc. q) vg syr^utr
viii 10 ορη (Σ ορια): D^gr 28 syr^sin: cf. Mt xv 39
viii 24 λεγει: D 13 69 346 al pauc
viii 28 αλλοι δε ηλιαν: D 13 69 346 2^pe c^scr it^4 cop^de: cf. Mt xvi 14, Lc ix 19
viii 29 και αποκριθεις: A 33 al^5 it^5
ix 7 εγενετο δε: 2^ev
ix 12 πρωτος: ℵ^c D^gr Δ^gr p^scr
ix 13 οτι ηλιας: M*UΓ 1 28 69 al^plus20 it^3 cop arm aeth: cf. Mt xvii 12
ix 13 ηδη εληλυθεν: pauci: cf. Mt xvii 12
ix 21 αφ ου: 13 124 346
ix 21 εκ παιδοθεν: I 1 118
x 6 εποιησεν αυτους ο θεος και ειπεν: D 13 28 69 124 346 c^scr 2^pe al^5 it^6 vg^5: cf. Mt xix 4, 5
x 24 τεκνια: A 1 al^7 Clem
x 27 τουτο αδυνατον: C^3 D al^10 it^3 syr^sch arm: cf. Mt xix 26
x 42 οι μεγαλοι sine αυτων: 1 al^10 fere: cf. Mt xx 25
xi 13 ει μη φυλλα μονον: C^2 33 69 124 2^pe it^3 aeth, Or: cf. Mt xxi 19
xi 15 ερχονται παλιν: 49^ev y^scr al^evv fere^10 it^cod: cf. xi 27
xi 15 τας τραπεζας των κολλυβιστων εξεχεεν (Σ εξεχεσεν text): 13 28 69 124 346 2^pe arm: cf. Jn ii 15
xi 21 εξηρανθη: D L Δ 1 33 al^10 Or: cf. Mt xxi 19
xi 32 φοβουμεθα: D^2 13 28 69 124 2^pe c^scr o^scr al^5 arm aeth it^codd vg^codd cop syr^p: cf. Mt xxi 26
xii 1 ανθρωπος εφυτευσεν αμπελωνα: 433 (ανθρωπος τις εφ. αμ.: 13 69 346 2^pe sah syr^sch): cf. Lc xx 9
xii 2 δουλον τω καιρω: K Π al^8 syr^sch
xii 6 λεγων sine οτι: L Δ 1 33 al^25 it^2 sah: cf. Mt xxi 37
xii 7 om. οτι: D 1 28 2^pe it vg sah aeth: cf. Mt xxi 38, Lc xx 14
xii 14 add. ειπε ουν ημιν: C* D al^12 fere it^codd arm syr^p: cf. Mt xxii 17
xii 15 add. υποκριται: F G 1 13 28 69 2^pe al^8 it^cod syr^p arm: cf. Mt xxii 18
xiv 32 add. απελθων post εως: M al plus^10 aeth (U al^15 αν απελθων): cf. Mt xxvi 36
xiv 44 απαγαγετε αυτον: D 13 157 2^pe al^4 it^2 vg^3 cop syr^sch et^p
xiv 45 τω ιησου pro αυτω: 28 al pauc: cf. Mt xxvi 49, Lc xxii 47
xiv 50 τοτε οι μαθηται (Σ text οτε): 13 69 124 346 al pauc it^3 vg sah syr^p arm: cf. Mt xxvi 56
xiv 58 αλλον αχιροποιητον δια τριων ημερων: 106
xiv 64 add. παντες post ηκουσατε: G 1 124 2^pe c^scr al^10 fere sah arm
xiv 64 add. αυτου post της βλασφημιας: D G 1 al^10 it^cod vg^2

Mc xiv 64 δοκει pro φαινεται: D 28 2^pe: cf. Mt xxvi 66
xiv 71 om. τουτον: D^gr K al^5: cf. Mt xxvi 72
xv 1 απηγαγον pro απηνεγκαν: C D G 1 124 2^pe al^6 Or: cf. Mt xxvii 2

The evidence then which we have before us is as follows:—
We have two manuscripts differing from each other in the 91 leaves for which they co-exist in 93 readings at the most[1] which require notice. These differences can without exception all be ascribed to one or other of the various causes which are recognised as leading to error in transcription. The corrections also afford important testimony of interdependence. The manuscripts moreover agree against all other manuscripts in 63 instances, and stand together with very few others in 84 more.

If we take this evidence in connexion with the fact that both manuscripts are purple manuscripts and that the workshops from which such éditions de luxe would issue would necessarily be limited in number, it is most difficult not to believe that both proceeded from the same workshop and were copied from the same original.

The alternative of course presents itself that one manuscript was copied directly from the other. It is not, however, at all probable in itself that a manuscript of the nature of either N or Σ would be used as a copy, and the occurrence of certain words in each manuscript which do not appear in the other may fairly be urged as a direct argument against such a supposition[2].

---

[1] See p. xliii ff.
[2] N has Mt ix 18 σου after την χειρα, x 5 αυτοις after παραγγειλας, xv 4 σου after την μητερα, xviii 19 δε after παλιν, xxi 11 οτι after ελεγον, Mc vi 31 οι before ερχομενοι, viii 20 και before τους επτα, ix 42 τουτων after των μικρων, x 4 αυτην after απολυσαι, xii 1 και ωκοδομησεν πυργον, xii 14 η ου, xii 16 εστιν, xiv 40 παλιν after καθευδοντας, xiv 43 ευθεως, xiv 49 των προφητων, xiv 72 δις after φωνησε, xv 40 και before μαρια—all of which words are omitted by Σ. Σ on the other hand has Mt viii 32 του before κρημνου, ix 36 εσκυλμενοι και ερριμμενοι, xii 19 ταις before πλατειαις, xii 38 αυτω after απεκριθησαν, xviii 10 τοις before ουρανοις, xxi 13 οτι after γεγραπται. Mc v 29 αυτης after της μαστιγος, vi 56 του before κρασπεδου, viii 21 αυτοις after ελεγεν, ix 38 ο before ιωαννης, ix 45 την before γεενναν, x 1 και before συμπορευονται*, x 7 αυτου after τον πατερα, x 36 ιησους after ο δε, xi 13 ην before καιρος*, xi 23 γαρ after αμην, xiv 32 αν after εως, xiv 35 επι προσωπον after επεσεν, xiv 43 των before γραμματεων, xiv 44 αυτοις after συσσημον, xiv 50 παντες before εφυγον—all of which words are wanting in N. The asterisk indicates a doubt as to the exact reading of N (see p. xliii, note 3).

I do not think much can be deduced from the corrections made in either manuscript[1].

The Value of the Newly-discovered Codex.

At first sight the effect of the investigation just concluded would appear to be to detract from the value of either N or Σ. We could indeed in any case have congratulated ourselves that no fresh factor which might have made the problems of textual criticism even more complicated had appeared; but that would have been in itself but a small satisfaction. Fortunately, however, the new codex, while it leaves the general outlines of the problems untouched, supplies interesting information on certain of their details.

The Codex Rossanensis gives us the text of the recension it represents for the Gospels of St Matthew and St Mark. N, besides giving us enough of those two Gospels to establish the identity of its text with that of Σ, gives us in addition more than half of the Gospels of St Luke and St John in what we may also fairly claim to be the text of that recension[2]. On an examination of the portions of these two gospels which have been recovered we find the following readings peculiar to N[3].

---

[1] It is worth while to note that the number of mistakes made by each scribe on the assumption that both copied from the same exemplar and did not coincide in any of their mistakes would be roughly speaking one in every two leaves of N, or one in every 36 or 37 lines of Scrivener's edition of the Textus Receptus. Taking into consideration both the nature of the manuscripts and the character of the alterations this is a high degree of accuracy.

[2] Previously to 1896 we had only two leaves of St Luke and two of St John.

[3] The readings peculiar to N in the first two Gospels are the following:—

Mt viii 32 κατα κρημνου
　　ix 27 κυριε υιε δαυιδ
　　ix 36 om. ησαν εσκυλμ::νοι και εριμμενοι
　　xii 19 εν πλατειαις
　　xii 28 εν δακτυλω θεου
　　xiii 26 εφανησαν
　　xxi 11 ελεγον οτι
Mc vi 56 κρασπεδου sine του*
　　viii 16 ελογιζοντο
　　viii 21 ελεγεν sine αυτοις*
　　viii 30 περι τουτου*

EXAMINATION OF THE CHARACTER OF THE TEXT. lv

Lc ii 44 εν τη συνοδια αυτον ειναι
    iv 1 υπο του πνευματος: a c vg^{cle} *a spiritu*: cf. Mt iv 1
    iv 22 ουχι υιος ουτος εστιν ιωσηφ
    iv 39 διηκονει αυτω: cf. Mc i 13
    v 27 επι τω τελονιω
    ix 18 καταμονας προσευχομενον
    ix 32 om. ησαν βεβαρημενοι υπνω
    ix 34 ιδου νεφελη φωτινη: cf. Mt xvii 5
    xi 19 αυτοι υμων εσονται κριται: cf. Mt xii 27 (T.R.)
    xiii 3 παντες ομοιος ωσαυτως
    xiii 18 ελεγεν δε αυτοις
    xiii 27 και αποκριθεις ερει
    xiv 23 ο οικος sine μου
    xv 6 τους γιτονας αυτου
    xv 10 χαρα γινεται εν ουρανω
    xvi 8 εισιν post φρονιμωτεροι
    xvi 26 μεταξυ υμων και ημων
    xvii 2 εν τη θαλασση: cf. Mt xviii 6 εν τω πελαγει της θαλασσης
    xvii 30 η ημερα εν η
    xviii 5 με υποπιαζη
    xviii 8 εν ταχει ποιησει την εκδικησιν αυτων
    xviii 11 ο ουν φαρισαιος: a b c f ff² i l q *stans itaque pharisaeus*
    xviii 18 και επηρωτησεν αυτον τις: G 1 13 69 346 αυτον εις: it vg go syr^{cu} et^{cetr} arm aeth *eum quidam*
    xix 36 πορευομενου δε αυτου ηδη: cf. xix 37
    xix 43 παραβαλουσιν
    xx 4 add. ποθεν ην: cf. Mt xxi 25
    xx 4 εξ ουρανου sine ην: cf. Mt xxi 25
    xx 5 οι δε διελογισοντο (y^{scr} διελογιζοντο cf. Mt xxi 25) προς αληλους: cf. xx 14
    xx 10 εν τω χρονω pro εν καιρω

Mc x 1 ηλθεν: cf. Mt xix 1
    x 1 συμπορευονται sine και*
    x 4 απολυσαι αυτην: cf. Mt xix 7 (B C E F G H etc.)
    xi 13 ου γαρ καιρος συκων*
    xii 16 τινος εστιν η ικων*
    xiv 32 προσευχωμαι*
    xiv 53 συνερχοντε αυτων παντες οι αρχιερεις*
    xiv 65 ραπτισμασιν*
    xv 14 λεγει

I have indicated with an asterisk where the reading of N is doubtful, see p. xliii, note 3.

The following reading may also be noted: Lc x 22 ουδεις γινωσκει τις εστιν ο πατηρ ει μη ο υιος και τις εστιν ο υιος ει μη ο πατηρ: U a b.

Lc xx 14 οι γεωργοι ειπον: cf. Mt xxi 38, Mc xii 7
xx 15 ποιησει sine αυτοις: cf. Mc xii 9
xx 16 εκδωσει: cf. Mt xxi 41 εκδωσεται
xx 16 add. γεωργοις post αλλοις: cf. Mt xxi 41
xx 19 τον οχλον pro τον λαον: cf. Mt xxi 46 τους οχλους, Mc xii 12
xx 20 ειναι δικαιους
xx 22 add. ειπε ουν ημιν: cf. Mt xxii 17 (ℵ B C etc.), Mc xii 14 (codd. nonnulli)
xx 23 ειπε αυτοις pro προς αυτους: cf. Mc xii 15
xx 25 και αποκριθεις ο ιησους pro ο δε: cf. Mc xii 17 (codd. nonnulli)
xx 27 μη ειναι αναστασιν: cf. Mt xxii 23
xxi 27 επι των νεφελων του ουρανου pro εν νεφελη: cf. Mt xxiv 30
xxi 31 add. τοτε ante γινωσκεται
xxii 6 και απο τοτε εζητι: cf. Mt xxvi 16
xxii 12 και εκεινος διξει υμιν αναγαιον
xxii 14 οτε δε εγενετο
xxii 34 ο δε εφη pro ειπεν: cf. Mt xxvi 34
xxii 39 εις το ορος των ελαιων κατα το εθος
xxii 40 επι τω τοπω
xxiii 6 add. γαλγλαιας (sic) post ακουσας: codd. multi γαλιλαιαν
xxiii 17 συνηθιαν: cf. b *secundum consuetudinem*: cf. Jn xviii 39
xxiii 31 τι αν γενηται

Jn i 27 add. αυτος υμας βαπτισει εν πνευματι αγιω και πυρει: E F G al¹⁵ fere εκεινος κ.τ.λ.: cf. Mt iii 11, Lc iii 16
iii 11 ουδις λαμβανει pro ου λαμβανετε: cf. iii 32
iv 51 add. ιδου ante οι δουλοι αυτου
v 14 και λεγει (pro ειπεν) αυτω
v 30 απ εμαυτου ποιειν
v 44 την δοξαν την παρα του μονογενους θεου: cf. i 18
vi 10 τον αριθμον ανδρες ως πεντακισχιλιοι: cf. Mt xiv 21
vi 12 τα περισσευσαντα των κλασματων (codd. pler. κλασματα): cf. Mt xiv 20, Lc ix 17
vi 23 και αλλα δε ηλθον πλοιαρια
vi 70 απεκριθη ο ιησους και ειπεν: ℵ απεκριθη ιησους και ειπεν
vii 1 περιπατει μετ αυτων ο ιησους: cf. vi 66
vii 26 add. ημων post οι αρχοντες
vii 48 η εκ των φαρισαιων επιστευσαν εις αυτον
viii 22 add. προς εαυτους post ελεγον ουν οι ιουδαιοι: cf. vii. 35
viii 23 add. ο ιησους post και ελεγεν αυτοις
viii 27 ελεγεν (pro ειπεν) αυτοις
viii 45 ου πιστευετε με pro μοι
ix 9 ομοιος αυτου (pro αυτω) εστιν

EXAMINATION OF THE CHARACTER OF THE TEXT. lvii

Jn ix 15 παλιν δε ηρωτησαν αυτον
   ix 22 εαν τις αυτον χριστον ομολογηση
   ix 31 αμαρτωλων ουκ ακουει ο θεος
   ix 32 ει μη ην ουτος παρα θεου ο ανθρωπος : cf. i 6
   xiv 9 απεκριθη pro λεγει : a *respondit*
   xv 18 ει ο κοσμος μισει υμας
   xv 18 εμισησεν pro μεμισηκεν
   xvi 19 περι τουτου ζητειτε προς αλληλους pro μετ αλληλων
   xvi 24 εν τω ονοματι μου ουδεν
   xvi 26 οτι ερωτησω τον πατερα sine εγω
   xvii 8 εδωκα (pro δεδωκα) αυτοις
   xvii 12 και ους εδωκας μοι
   xviii 3 μετα λαμπαδων και φανων
   xviii 16 ος ην γνωριμος pro γνωστος
   xviii 24 om. δεδεμενον
   xviii 33 ο πιλατος παλιν
   xix 1 τον ιησουν ο πιλατος
   xix 4 επιγνωτε
   xix 20 add. εκ ante των ιουδαιων : xi 19, 45
   xix 41 add. ο ιησους post οπου εσταυρωθη : xix 20
   xix 41 εν ω ουδεις πωποτε ετεθη : Lc xix 30
   xxi 10 add. ουν post λεγει

These readings, for the most part, present the features which would be expected from our previous knowledge of the recension. They are either slight alterations which would easily suggest themselves to the scribe and which do not affect the sense, or they are assimilations to the language of parallel or kindred passages. The influence of the parallel passages makes itself felt even in the treatment of the Gospel according to St John. The surviving leaves of the Gospel afford but few passages in which we could expect to trace its effect, but to it may be attributed not only the peculiar readings in i 27, vi 10, vi 12, xix 41 but the following readings which have the support of other MSS :—

   Jn i 26 βαπτιζω υμας : cf. Lc iii 16, Mt iii 11 (codd. nonnulli), Mc i 8
   xix 6 σταυρωσον αυτον : cf. Mc xv 14 (cf. Lc xxiii 21)
   xx 18 απαγγελλουσα : cf. Mt xxviii 8, Lc xxiv 9

lviii   EXAMINATION OF THE CHARACTER OF THE TEXT.

Character of the Text.

For the mixed character of the text of N it is enough to quote von Gebhardt's verdict on the text of Σ. After a list of passages in which Σ agrees almost without discrimination with the text of MSS of widely different class he proceeds to say—'Für die Reinheit des Textes des Codex Rossanensis ist, wie schon bemerkt, das Ergebniss kein günstiges[1].' It only remains therefore to illustrate this verdict by quotations from the gospels of St Luke and St John, and thus to supplement his list of readings of the same recension from the gospels of St Matthew and St Mark[2]. Following his example I indicate here agreements with ℵ, C, D, Δ, the Ferrar group[3], and the cursives 1, 33, 157.

ℵ   Lc xiv 14 ανταποδοθησεται δε (T.R. γαρ): ℵ* 1 69 124 157 346 it[7] arm aeth
    xviii 5 κοπους: ℵ*E*GR 1 69 131 209 246 (cf. xi 7, Mt xxvi 10, Mc xiv 6)
    Jn vi 42 πως ουν ουτος λεγει : ℵ it[3]
    vii 12 ην περι αυτου : ℵD 33 249 254 it^{cod} syr^{cu} et^p et^{hr} arm
    vii 28 ο ιησους εν τω ιερω διδασκων : ℵD 1 69 254 it[3] syr^{sch} et^{hr} arm aeth
    xvii 6 ετηρησαν : ℵ 33
    xviii 20 add. και ante απεκριθη : ℵ*
    xviii 36 η εμη βασιλεια : ℵD^{supp} 124
    xix 16 οι δε παραλαβοντες τον ιησουν : ℵ* λαβοντες αυτον
    xix 38 ηλθον ουν και ηραν : ℵ* it[5] sah syr^{hr} arm^{zoh}
    xx 16 στραφεισα δε : ℵΠ[2] it^{cod} sah cop

C   Lc ix 31 ελεγον δε: C*D al[10] it[2] syr^{sch} et^p (N[2] om. δε)
    xx 3 add. ο ιησους ante ειπεν : C 130^{gr} et^{lat} it[3] vg^{codd} syr^{sch}
    xx 5 add. ημιν post ερει : C* it[4] vg^{codd} cop^{codd} syr^{cu} et^{utr} et^{hr} (cf. Mt xxi 25)
    xx 10 εν τω : CQ al pauc

---

[1] He adds however (l.c. p. xlv): 'Zugleich aber lernen wir, und das ist eine für die Geschichte des Textes nicht unwichtige Thatsache, in Σ eine Handschrift kennen, welche uns in den Stand setzt, eine nicht unerhebliche Zahl von Lesarten, die, obschon zum Theil durch alte Versionen bezeugt, in ihrem griechischen Wortlaut bisher nur in viel jüngeren Urkunden nachgewiesen waren, bis ins 6. Jahrhundert hinauf zu verfolgen.'

[2] l.c. p. xlii—xliv.

[3] I have conformed to Gregory's practice and have reserved the symbol Φ for the Codex Beratinus. Von Gebhardt (l.c. p. xxxvii note) designates by this symbol the ancestor of the Ferrar group. See p. xlix, note.

EXAMINATION OF THE CHARACTER OF THE TEXT. lix

C   Lc xxii 16 om. οτι: C*vid DX
      Jn xvii 12 εδωκας: C

D¹   Lc ii 25 om. ιδου: D syrsch aeth
      ii 43 απεμεινεν: DX 1 33 al⁵
      xi 20 add. εγω post ει δε: D al⁶ itcod cop aeth
      xiii 31 ζητι pro θελει: D al⁵ sah syrcu
      xv 17 add. ωδε post εγω δε: DRU 1 13 124 346 itpler vg cop syrcu etsch ethr arm aeth
      xvi 27 add. αβρααμ post πατερ: DX vgcod (cf. xvi 30)
      xviii 17 add. γαρ post αμην: D 11pe
      xxi 24 εν στοματι: DR al¹⁰
      xxii 16 om. οτι: C*vidDX
    Jn v 19 απεκριθη: D 33, 47ev al³
      vi 18 η δε pro η τε: Dgr it⁵ vg syrutr cop aeth
      vi 30 συ ποιεις: D it⁴ vg σοι (tu) ποιεις
      viii 14 add. ο ante ιησους: D 69 al
      viii 49 add. ο ante ιησους: DΠ² 69 346 cscr
      ix 6 add. αυτου post επι τους οφθαλμους: D sah aeth
      ix 12 add. αυτοις post λεγει: D 13 69 346 itcod vgcod syrsch ethr arm aeth
      xvii 6 το ονομα σου: D it vg
      xvii 9 εδωκας pro δεδωκας: D
      xviii 11 εδωκεν pro δεδωκεν: DΔ al pauc
      tix 15 οι δε εκραυγαζον: DsuppKYΠ wscr

Δ   Jn i 26 add. υμας post βαπτιζω: Δ cscr it⁵ vgcod cop arm syrp
      xviii 11 εδωκεν pro δεδωκεν: DΔ al pauc

Ferrar group.

    Lc ii 26 πριν η ιδειν: KΠ 69 124 2pe al¹⁰ fere
      ix 11 τα περι της βασιλειας: MU 13 33 69 al²⁰ fere
      ix 17 εφαγον παντες και εχορτασθησαν: 13 69 124 242 346 cscr it² vg syrcu etsch (cf. Mt xiv 20, Mc. vi 42)
      ix 18 add. αυτου post μαθηται: MU 1 13 69 al²⁰ fere it² sah cop syrcu etutr arm aeth
      xviii 25 ευκοπωτερον sine γαρ: Π* 69 131 al pauc syrsch arm aeth
      xix 21 add. ad fin. και συναγεις οθεν ου διεσκορπισας: UΛ 13 69 262 346 al¹⁰ (cf. Mt xxv 24)
      xxii 25 κατακυριευουσιν: UX 13 69 124 al¹⁵ (cf. Mt xx 25, Mc x 42)
    Jn ii 18 om. ουν: 3 33 69 346 al it² cop arm syrhr
      iv 41 add. εις αυτον post επιστευσαν: Λ 13 69 al pauc itcod syrsch etp ethr arm aeth
      viii 33 add. οι ιουδαιοι post απεκριθησαν αυτω: XΛ 13 33 69 124 al pauc it⁴ syrp ethr armcodd

---

[1] Cf. Jn vii 12, 28, xviii 36 under ℵ.

EXAMINATION OF THE CHARACTER OF THE TEXT.

Jn xv 15 add. αυτου post ο κυριος: 69 157 z^scr
xv 16 μενει: Λ 33 69 al^10
xvii 7 παρα σοι: X 69 al
xviii 16 εκινος pro ο αλλος: 13 69 124 157 al^10 it^cod vg² cop aetl
xix 15 add. λεγοντες post εκραυγαζον: U barb^ev 13 69 124 al
xx 20 την πλευραν sine αυτου: 1 13 2^pe it⁵ vg
1 Lc xiii 4 om. τους ανθρωπους: 1 al plus⁷ vg²
xxi 32 om. οτι post αμην λεγω υμιν: 1 11 127 248 g^scr
Jn viii 21 add. και ουκ ευρησετε με post ζητησετε με: 1 22 209 al plus^10 cop syr^p
ix 15 add. εποιησεν και post πηλον: G 1 22 2^pe
33 Lc ii 33 και η μητηρ sine αυτου: 33
xvi 7 add. καθισας ταχεως ante γραψον: 33 36^ev
Jn iii 27 ο ιωαννης: M 33 al pauc
v 28 της φωνης του υιου του θεου pro της φωνης αυτου: 33
157 Jn vi 1 om. της γαλιλαιας: 157 8^pe al pauc

Agreements with the Texts of the Better Uncials.

In the following instances, however, ℵ is found in agreement with one or more of the better uncials against the majority of manuscripts.

Lc iii 3 περιχωρον sine την: ABL
ix 16 παραθειναι pro παρατιθεναι: ℵBCX 1
xiv 10 ερι pro ειπη: ℵBLX
xiv 34 εαν δε και το αλας: ℵBDLX
xvi 4 εκ της οικονομιας: ℵBD 1 69 124 346
xvi 6 τα γραμματα: ℵBDL
xvi 9 εκλιπη: ℵ* et^cb B*DLRΠ 1
xvii 7 add. αυτω post ερει: ℵBDLX
xvii 12 υπηντησαν pro απηντησαν: ℵL 1 13 69 157 209 346
xvii 24 η αστραπη αστραπτουσα: ℵBLXΓ 1 69 106 157
xix 23 μου το αργυριον: ℵABL 33 157
xix 27 add. αυτους post κατασφαξαται: ℵBFLR 33 157
xix 45 πωλουντας sine εν αυτω: ℵBCL 1 69
xx 14 om. δευτε: ABKMQΠ 1 209 al plus^10
xx 24 οι δε pro αποκριθεντες δε: ℵBL 33
xx 27 λεγοντες pro αντιλεγοντες: ℵBCDL 1 33 209
xxii 12 κακει: ℵLX
xxii 43, 44 om. ℵ^a ABRT 13* 69 124
xxiii 11 και ο ηρωδης: ℵLTX 13 69
xxiii 27 αι sine και: ABC*DLX 33

EXAMINATION OF THE CHARACTER OF THE TEXT.   lxi

Lc xxiv 18 ονοματι: ℵBLX
   xxiv 47 αρξαμενοι: ℵBC*LX 33
Jn i 27 om. αυτος εστιν ante ο οπισω: ℵBC*LT^b 1 33
   i 27 om. ος εμπροσθεν μου γεγονεν ante ου ουκ ειμει: ℵBC*LT^b 1 13 33
   i 27 ου ουκ ειμει εγω: BT^bX 13 69
   ii 11 αρχην sine την: ABLT^bΛ 1 33
   iii 2 δυναται ταυτα τα σημια: ℵABLT^b 33
   iii 4 νικοδημος sine ο: BE*GL
   iii 23 add. ο ante ιωαννης: B 44^{ev}
   iv 9 γυναικος σαμαριτιδος ουσης: ℵABC*LT^b 33
   iv 14 add. εγω ante δωσω 2°: ℵDMT^b 33 69
   iv 20 προσκυνειν δει: ℵABC*DL 33
   iv 36 ο σπειρων sine και: BCLT^bU 1 33
   iv 46 εν κανα pro εις την κ.: B (cf. ii 1)
   iv 46 ην δε pro και ην: ℵDLT^b 33
   iv 51 υπηντησαν pro απηντησαν: ℵBCDKL 1
   iv 51 om. και απηγγειλαν: BL
   iv 52 ειπον ουν pro και ειπον: BCL 1 33
   v 27 κρισιν sine και: ℵ^cABL 33
   v 28 ακουσωσιν pro ακουσονται: ℵLΔ 33. (B 157 ακουσουσιν)
   v 36 δεδωκεν: ℵBLΓ 1 33 69 157 2^{pe}
   v 36 α ποιω sine εγω: ℵABDL 1 33
   v 38 εν υμιν μενοντα: ℵBL 1 33 124
   vi 2 ηκολουθει δε pro και ηκολ.: ℵBDL 1 33 69 124 2^{pe}
   vi 2 εθεωρουν pro εωρων: BDL (A 13 εθεωρων)
   vi 5 φιλιππον sine τον: ℵBDLΔ 33
   vi 7 ο φιλιππος: ℵL
   vi 7 εκαστος sine αυτων: ℵABLΠ 13 33 69
   vi 9 παιδαριον sine εν: ℵBDLΠ* 1 69 157
   vi 17 ουπω pro ουκ: ℵBDL 33 69 124 254
   vi 17 προς αυτους εληλυθει ο ιησους: B
   vi 21 εγενετο το πλοιον: ABGL 1 33 69 124 2^{pe}
   vi 23 εκ της τιβεριαδος: B 127
   vi 24 πλοιαρια pro πλοια: ℵ^cBDL 33 69 124
   vi 29 πιστευητε pro πιστευσητε: ℵABLT 1 33 2^{pe}
   vi 71 παραδιδοναι αυτον: BCDL 69 124
   vii 23 add. ο ante ανθρωπος: B 33
   vii 34 add. με post ευρησετε: BTX 1 2^{pe}
   vii 41 οι δε (pro αλλοι 2°) ελεγον: BLTX 1 33
   vii 43 εγενετο εν τω οχλω: ℵBDLTX 33 124 157
   vii 46 ελαλησεν ουτως ανθρωπος: ℵ^cBLTX 33
   vii 52 εκ της γαλιλαιας προφητης: BLTX
   viii 19 αν ηδιτε: BLTX 1 33
   viii 23 και ελεγεν αυτοις: ℵBDLTX 13 69 346

C.

Jn viii 38 α εωρακα .....a: ℵ*BCDX 69 346
ix 6 αυτου τον πηλον: ℵBL 1 33
ix 9 om. δε post αλλοι 2°: BCLX 33 124
ix 10 add. πως ουν ante ηνεωχθησαν: ℵCDLX 157
ix 11 απελθων ουν pro απελθων δε: ℵBL 1 33 124 157 2ᵖᵉ (DX απηλθον ουν)
ix 16 ουκ εστιν ουτος παρα θεου ο ανθρωπος: ℵBDLX 157
ix 18 ην τυφλος: ℵBL 157
ix 28 add. οι δε ante ελοιδορησαν: ℵᶜDL 1 33 157 2ᵖᵉ
ix 28 μαθητης ει: ℵAB 1 33
ix 30 εν τουτω γαρ το θαυμαστον: ℵBL
xvi 15 add. υμιν post ειπον: ℵᶜL
xvi 29 λεγουσιν sine αυτω: ℵ* etᶜ BC*D*ΛΠ 1 2ᵖᵉ
xvii 4 τελιωσας pro ετελειωσα: ℵABCLΠ 1 33 246
xviii 34 απο σεαυτου pro αφ εαυτου: ℵBC*L
xix 3 εδιδοσαν pro εδιδουν: ℵBLX 1
xix 7 κατα τον νομον sine ημων: ℵBDˢᵘᵖᵖLΔ
xix 10 απολυσε σε και εξουσιαν εχω σταυρωσε σε: ℵABEʳ
xix 20 ρωμαιστι ελληνιστι: ℵªBLX 33
xix 34 εξηλθεν ευθυς: ℵBLXY 33
xxi 14 τοις μαθηταις sine αυτου: ℵABCL 1 33 157

Corrections of the Manuscript.

The corrections in the manuscript which are worthy of notice are few in number.

We have:

Mt ix 9 τον is added before Ματθεον with no other MS.
   xi 22 τυρω και σιδωνι is corrected obviously in error to οτι γη σοδομων, a reading unsupported by any other MS.
   xviii 10 εν ουρανοις is added after οι αγγελοι αυτων with most MSS. B reads εν τω ουρανω.
   xxvi 60 ουκ ηυρον is added after ψευδομαρτυρων προσελθοντων probably with the intention of bringing the reading of the manuscript into conformity with the majority of MSS. ℵBC*L omit.
   xxvii 33 λεγομενον 2° is changed to ερμηνευομενον. λεγομενος is the reading of ℵ* etᶜᵇ BL; λεγομενον of some thirty MSS; μεθερμηνευομενος (or -ον) has slight attestation; ερμηνευομενον has none.
Mc ix 23 πιστευσαι is added after δυνη with many uncials. ℵ*BCLΔ omit.
   x 19 μη αποστερησης (apparently) is added with ℵB²L and most uncials against B*KΔΠΣ.
Lc iii 24 του ιακωβ is added perhaps from Mt i 16 after ιωσηφ 1°.

EXAMINATION OF THE CHARACTER OF THE TEXT. lxiii

Lc iii 26 The first hand has ιωσηχ (אBL), ιωδα (אBL) in accordance with the spelling of the best uncials; the order, however, is different. Note σεμει (N), σεμεειν (אBL), where a difference in spelling is easy. In the margin is added του ιωανναν του ρησα with the best MSS.

iii 32 του βοοοζ is added after του ωβηδ.

iii 33 του αμιναδαβ του αραμ του αρνι is the reading of N, του αρνι being cancelled. The T.R. reads του αμιναδαβ του αραμ with N². B reads του αδμειν του αρνει with אL. Tisch** reads both του αραμ and του αρνει.

iii 35 του εβερ is added with all MSS after του φαλεκ.

iv 23 and elsewhere καφαρναουμ (אBD) is changed into καπερναουμ.

v 19 ποιας (all uncials) is changed into πως (some cursives).

ix 31 δε (C*D al) is cancelled after ελεγον with most MSS.

xx 24 τινος εχει (B, most uncials) is changed into οι δε εδιξαν και ει τινος (אCL etc. οι δε εδειξαν (א αυτω) και ειπεν: the reading is however attested exactly by no other MS).

xxiv 13 εκατον (א¹ etc. Or) is cancelled with BL and most MSS.

Jn i 27 ο οπισω (אBC*LTᵇ) is erased and in its stead are substituted the words αυτος εστιν ο οπισω, the reading of most MSS.

id. ος εμπροσθεν μου γεγονεν ου ουκ ειμει (most MSS) is read in the place of ου ουκ ειμει (אBC*LTᵇ).

iv 27 τω λογω is added after επι τουτω without any known authority.

iv 53 ο ιησους, which is inserted between the lines, was omitted originally with א* foss basm.

vi 27 ο πατηρ is added in conformity with the reading of all MSS.

vii 39 αγιον is added with L and many uncials. א omits.

vii 50 προς αυτους is the reading of א* which alone has no addition of any kind. N² agrees with KYΔΠ. אᶜBL reads ο ελθων προς αυτον προτερον.

viii 41 τον θεον is added in accordance with the reading of all MSS.

viii 42 εγω γαρ is changed into εγω γαρ δια την αληθειαν, but without any authority.

xix 5 ο πιλατος is added after αυτοις on very slight authority.

xx 10, which was omitted, has been supplied in accordance with the reading of all MSS.

An examination of the foregoing lists shews clearly that the value of neither N nor Σ can consist primarily in the importance of the readings which they support. It is true that the recension which they represent is found to give its attestation to a considerable number of readings found only in the best manuscripts; it is true also that this recension is for some readings the only witness, and the only Greek witness of any antiquity for others, which have been known to us hitherto through a version or through a late Greek exemplar. The readings, however, thus attested are not of much importance, nor do they as a rule commend themselves as authentic. The value of the recension must rather be sought elsewhere, in the light it throws on the history of the text. A fair number of ancient readings still survive, which have been rejected by later uncials and cursives; a few have been deliberately rejected by the corrector in favour of readings which subsequently became popular. This illustrates at once the resistance offered by the ancient text, and one way in which that resistance was overcome and the better readings removed from circulation. The divergencies, moreover, from that original standard—especially the unique readings of the recension—illustrate the mental tendencies which led to the reproduction of the later text. While some alterations are obviously due to carelessness, many may be traced to a desire for smoothness and conformity. One is tempted to go further and to wonder whether the lack of right judgment, which could prefer these qualities to the vigour and incisiveness of the original writing, did not manifest itself in all things and ought not to be reckoned among the causes of the anxiety which in the sphere of morals and doctrine earlier owners of such manuscripts occasioned St Chrysostom and St Jerome.

CODICIS PURPUREI PETROPOLITANI

QUAE SUPERSUNT.

SECUNDUM MATTHAEUM.

*Desunt folia tria ab initio evangelii.
Incipit codex ad i 24.*

ποιησεν ως προσεταξεν αυτω ο αγγελος κυριου και παρε- Pet 44
λαβεν την γυναικα αυτου ²⁵και ουκ εγινωσκεν αυτην εως ου
ετεκε τον υιον αυτης τον πρωτοτοκον και εκαλεσε το ονομα
αυτου ιησουν
   II. Του δε ιησου γεννηθεντος εν βηθλεεμ της ιουδαιας εν
ημεραις ηρωδου του βασιλεως ιδου μαγοι απο ανατολων παρε-
γενοντο εις ιερουσαλημ ²λεγοντες που εστιν ο τεχθεις βασιλευς
των ιουδαιων· ιδομεν γαρ αυτου τον αστερα εν τη ανατολη και
ηλθομεν προσ|κυνησαι αυτω ³ακουσας δε η..δης ο βασιλευς
εταραχθη και πασα η ιεροσολυμα μετ αυτου ⁴και συναγαγων
παντας τους αρχιερεις και τους γραμματεις του λαου επυν-
θανετο παρ αυτων που ο χριστος γενναται   ⁵Οι δε ειπον αυτω
εμ βηθλεεμ της ιουδαιας ουτως γαρ γεγραπται δια του προ-
φητου· ⁶και συ βηθλεεμ· γη ιουδα· ουδαμως ελαχιστη ει εν
τοις ηγεμοσιν ιουδα εκ σου γαρ εξελευσεται ηγουμενος οστις
ποιμανει τον λαον μου τον ισραηλ· ⁷Τοτε ηρωδης ||

Desunt folia duo usque ad ii 20.

μευυυ εις γην ισραηλ τεθνηκασιν γαρ οι ζητουντες την ψυχ.. Pet 45
του παιδιου   ²¹Ο δε εγερθεις παρελαβεν το παιδιον και την

---

ii 1   ιεροσολυμα Σ   2   τον αστερα αυτου Σ

μητερα αυτου και ηλθεν εις γην ισραηλ· ²²ακουσας δε οτι αρχελαος βασιλευει της ιουδαιας αντι ηρωδου του πατρος αυτου· εφοβηθη απελθειν εκει· χρηματισθεις δε κατ οναρ ανεχωρησεν εις τα μερη της γαλιλαιας· ²³και ελθων κατωκησεν εις πολιν λεγομενην ναζαρεθ οπως πληρωθη το ρηθεν δια των προφητων· οτι ναζωραιος κληθησεται |

III. Εν ταις ημεραις εκειναις παραγεινεται ιωαννης ο βαπτιστης κηρυσσων εν τη ερημω της ιουδαιας ²και λεγων μετανοειτε ηγγικεν γαρ η βασιλεια των ουρανων· ³Ουτος γαρ εστιν ο ρηθεις υπο ησαιου του προφητου λεγοντος φωνη βοωντος εν τη ερημω ετοιμασατε την οδον κυριου ευθειας ποιειτε τας τριβους αυτου· ⁴Αυτος δε ο ιωαννης ειχεν το ενδυμα αυτου απο τριχων καμηλου και ζωνην δερματινην περι την οσφυν αυτου· η δε τροφη αυτου ην ακριδες ||

Desunt folia quattuor decem usque ad vi 24.

Pet 11 δυνασθε θεω δουλευειν και μαμωνα· ²⁵Δια τουτο λεγω υμιν μη μεριμνατε τη ψυχη υμων τι φαγητε· και τι πιητε· μηδε τω σωματι υμων τι ενδυσησθε ουχει η ψυχη πλιον εστιν της τροφης και το σωμα του ενδυματος ²⁶εμβλεψ̇. τα πετεινα τ.. ουρανου οτι ου σπιρουσιν ουδε θεριζουσιν ουδε συναγουσιν εις αποθηκας και ο πατηρ υμων ο ουρανιος τρεφει αυτα· ουχ υμις μαλλον διαφερετε αυτων. ²⁷τις δε εξ υμων μεριμνων δυναται προσθειναι | την ηλικι αυτου πηχυν ενα ²⁸και περι ενδυματος τι μεριμνατε· καταμαθετε τα κρινα του αγρου πως αυξανει· ου κοπια ου.. νηθει· ²⁹λεγω υμιν οτι ουδε σολομων εν παση τη δοξη αυτου περιεβαλετο ως εν τουτων· ³⁰ει δε τον χορτον του αγρου· σημερον οντα και αυριον εις κλιβανον. βαλλομενον ο θεος ουτως αμφιεννυσιν ου πολλω μαλλον υμας ολιγοπιστοι· ³¹μη ουν μεριμνησητε λεγοντες τι φαγωμεν η τι
Pet 12 πιωμεν η τι περιβαλομεθα ³²ταυτα γαρ παντα τα εθνη || επιζητει· οιδε γαρ ο πατηρ υμων ο ουρανιος οτι χρηζετε τουτων απαντων ³³ζητιτε δε πρωτον την βασιλειαν του θεου και την

vi 31 περιβαλομεθα] ο in ω eadem manu mutatum

---

vi 31 φαγομεν η τι πιομεν Σ

δικαιωσυνην αυτου και ταυτα παντα προστεθησεται υμιν ³⁴μη
ουν μεριμνησητε εις την αυριον η γαρ αυριον μεριμνηση τα
εαυτης αρκετον τη ημερα η κακια αυτης·
VII. Μη κρινετε ινα μη κριθητε ²εν ω γαρ κριματι κρινετε
κριθησεσθε και εν ω μετρω μετριτε αντιμετρηθησεται υμιν
³Τι δε βλεπις το καρφος το εν | .. οφθαλμω του αδελφου σου·
την δε δοκον την εν τω σω οφθαλμω ου κατανοεις ⁴η πως ερεις
τω αδελφω σου· αφες εκβαλω το καρφος εκ του οφθαλμου σου
και ιδου η δοκος εν τω οφθαλμω σου.   ⁵υποκριτα εκβαλε
πρωτον την δοκον εκ του οφθαλμου σου και τοτε διαβλεψις
εκβαλειν το καρφος εκ του οφθαλμου του αδελφου σου.   ⁶Μη
δωτε το αγιον τοις κυσειν μηδε βαλητε τους μαργαριτας υμων
εμπροσθεν των χοιρων· μηποτε καταπατη‖σουσιν αυτους εν Pet 13
τοις ποσιν αυτων και στραφεντες ρηξουσιν υμας.   ⁷Αιτιτε
και δοθησεται υμιν ζητιτε και ευρησετε κρουετε και ανοιγη-
σεται υμιν ⁸πας γαρ ο αιτων λαμβανει και ο ζητων ευρισκει·
και τω κρουοντι ανοιγησεται· ⁹η τις εστιν εξ υμων ανθρωπος
ον εαν αιτηση ο υιος αυτου αρτον μη λιθον επιδωσει αυτω ¹⁰και
εαν ιχθυν αιτησει μη οφιν επιδωσει αυτω· ¹¹ει ουν υμις πονηροι
υπαρχοντες οιδατε δοματα αγαθα διδοναι τοις τεκνοις υμων
ποσω μαλλον ο πατηρ | υμων ο εν τοις ουρανοις δωσει αγαθα
τοις αιτουσιν αυτον   ¹²Παντα ουν οσα εαν θελητε ινα ποι-
ουσιν υμιν οι ανθρωποι ουτως και υμις ποιειτε αυτοις ουτος
γαρ εστιν ο νομος και οι προφηται·   ¹³Εισελθατε δια της
στενης πυλης οτι πλατια η πυλη και ευρυχωρος η οδος η
απαγουσα εις την απωλειαν. και πολλοι εισιν οι εισερχομενοι
δι αυτης· ¹⁴τι στενη η πυλη και τεθλιμμενη η οδος η απαγουσα
εις την ζωην και ολιγοι εισιν οι ευρισκοντες αυτην ¹⁵προσεχε ‖

Desunt folia duo usque ad viii 1.

αυτου απο του ορους ηκολουθησαν αυτω οχλοι πολλοι· ²Και Pet 14
ιδου λεπρος προσελθων προσεκυνει αυτω λεγων· κυριε εαν
θελεις δυνασαι με καθαρισαι· ³και εκτινας την χειρα ηψατο

vii 4   αφες] σ supra lineam eadem manu scriptum

---

vii 5   εκ του οφθαλμου 2°] το εν τω οφθαλμω Σ   viii 1   αυτου] αυτω Σ
2   θελης Σ

αυτου ο ιησους λεγων θελω καθαρισθητι και ευθεως εκαθ
του η λε ⁴Και λεγει αυ.. ο ιησους ορα μηδ.νι ειπης
αλλα υπαγε σεαυτον δειξον τω ιερει και προσενεγκε το δωρον
σου ο προσεταξεν μωυσης εις μαρτυριον αυτοις ⁵Εισελθοντι
δε αυτω εις καπερναουμ προσ| αυτω ονταρχος ..ρα-
καλων .υτον ⁶και λεγων κυριε ο παις μου βεβληται εν τη οικια
παραλυτικος δινως βασανιζομενος· ⁷Και λεγει αυτω ο ιησους
εγω ελθων θεραπευσω αυτον· ⁸και αποκριθεις ο εκατονταρχος
εφη κυριε ουκ ειμι ικανος ινα μου υπο την στεγην εισελθης
αλλα μονον ειπε λογω και ιαθησεται ο παις μου· ⁹και γαρ εγω
ανθρωπος ειμι υπο εξουσιαν εχων υπ εμαυτον στρατιωτας· και
Pet 15 λεγω τουτω πορευου και πορευεται· και αλλω || ερχου και
ερχεται και τω δουλω μου ποιησον τουτο και ποιει· ¹⁰Ακου-
σας δε ταυτα ο ιησους εθαυμασεν και ειπεν τοις ακολουθουσιν
αυτω ¹¹αμην λεγω υμιν ουδε εν τω ισραηλ τοσαυτην πιστιν
ηυρον Λεγω δε υμιν οτι πολλοι απο ανατολων και δυσμων
ηξουσι και ανακλιθησοντε μετα αβρααμ· και ισαακ και ιακωβ
εν τη βασιλεια των ουρανων ¹²οι δε υιοι της βασιλειας εκβλη-
θησονται εις το σκοτος το εξωτερον εκει εσται ο κλαυθμος
και | ο βρυγμος των οδοντων· ¹³Και ειπεν ο ιησους τω
εκατονταρχη υπαγε και ως επιστευσας γενηθητω σοι· και ιαθη
ο παις αυτου απο της ωρας εκεινης· Και υποστρεψας ο
εκατονταρχος εις τον οικον αυτου εν αυτη τη ωρα ηυρεν αυτον
υγιενοντα· ¹⁴Και ελθων ο ιησους εις την οικιαν πετρου ιδεν
την πενθεραν αυτου βεβλημενην και πυρεσσουσαν ¹⁵και ηψατο
της χειρος αυτης και αφηκεν αυτην ο πυρετος και ηγερθη και
Pet 16 διηκονει αυτων ¹⁶Οψιας δε γενο||μενης προσηνεγκαν αυτω
δαιμονιζομενους πολλους και εξεβαλεν τα πνευματα λογω και
παντας τους κακως εχοντας εθεραπευσεν ¹⁷οπως πληρωθη το
ρηθεν δια ησαιου του προφητου λεγοντος αυτος τας ασθενιας
ημων ελαβεν και τας νοσους εβαστασεν· ¹⁸Ιδων δε ο ιησους
πολλους οχλους περι αυτον εκελευσεν απελθειν εις το περαν·
¹⁹Και προσελθων εις γραμματευς ειπεν αυτω διδασκαλε ακολου-
θησω σοι οπου εαν απερχη ²⁰και | λεγει αυτω ο ιησους αι
αλωπηκαις φωλεους εχουσιν και τα πετινα του ουρανου κατα-
σκηνωσεις ο δε υιος του ανθρωπου ουκ εχει που την κεφαλην

viii 15 αυτων] sic ex errore scribae

κλιναι ²¹Ετερος δε των μαθητων αυτου ειπεν αυτω κυριε επιτρεψον μοι πρωτον απελθειν και θαψαι τον πατερα μου ²²Ο δε ιησους ειπεν αυτω αυτω ακολουθει μοι και αφες τους νεκρους θαψαι τους εαυτων νεκρους ²³Και εμβαντι αυτω εις το πλοιον ηκολουθησαν αυτω οι μαθηται αυτου και ιδου σισ ‖

Deest folium usque ad viii 31.

αγελην των χοιρων· ³²και ειπεν αυτοις υπαγετε· οι δε εξελ- Pet 17 θοντες απηλθον εις την αγελην των χοιρων· και ιδου ωρμησεν πασα η αγελη κατα κρημνου εις την θαλασσαν και απεθανον εν τοις υδασειν· ³³οι δε βοσκοντες εφυγον και απελθοντες εις την πολιν απηγγιλαν παντα και τα των δαιμονιζομενων· και ιδου πασα η πολις εξηλθεν εις συναντησιν τω ιησου και ιδοντες αυτον παρεκαλεσαν οπως μεταβη απο των οριων αυτων·

IX. Και εμ|βας εις το πλοιον διεπερασεν και ηλθεν εις την ιδιαν πολιν· ²Και ιδου προσεφερον αυτω παραλυτικον επι κλινης βεβλημενον· και ιδων ο ιησους την πιστιν αυτων· ειπεν τω παραλυτικω· θαρσει τεκνον αφεοντε σου αι αμαρτιαι σου ³και ιδου τινες των γραμματεων ειπον εν εαυτοις ουτος βλασφημει· ⁴Ιδων δε ο ιησους τας ενθυμησεις αυτων ειπεν αυτοις ινατι υμις ενθυμισθε πονηρα εν ταις καρδιαις υμων ⁵τι γαρ εστιν ευκοπωτερον ειπειν α‖φεοντε σοι αι αμαρτιαι η ειπειν Pet 18 εγιρε και περιπατι· ⁶ινα δε ειδητε οτι εξουσιαν εχει ο υιος του ανθρωπου επι της γης αφιεναι αμαρτιας· τοτε λεγει τω παραλυτικω· εγερθεις αρον σου την κλινην και υπαγε εις τον οικον σου ⁷και εγερθεις απηλθεν εις τον οικον αυτου ⁸ιδοντες δε οι οχλοι εθαυμασαν και εδοξασαν τον θεον τον δοντα εξουσιαν τοιαυτην τοις ανθρωποις ⁹Και παραγων εκειθεν ο ιησους ιδεν ανθρωπον καθημενον επι το τελωνιον | Ματθεον λεγομενον και λεγει αυτω ακολουθει μοι και αναστας ηκολουθησεν αυτω ¹⁰Και εγενετο αυτου ανακιμενου εν τη οικια και ιδου πολλοι

viii 22 αυτω bis scriptum posteriore loco erasum   ix 2 σου αι αμαρτιαι σου] sic ex errore scribae   9 Ματθεον] τον praem extra seriem litterarum

viii 20 κλινη Σ   23 εμβαινοντος αυτου Σ   32 κατα του κρημνου Σ
ix 2 σου 1°] σοι Σ   9 ο ιησους εκειθεν Σ

τελωναι και αμαρτωλοι ελθοντες συνανεκιντο τω ιησου και τοις μαθηταις αυτου ¹¹και ιδοντες οι φαρισαιοι ειπον τοις μαθηταις αυτου διατι μετα των τελωνων και αμαρτωλων εσθιει ο διδασκαλος υμων ¹²Ο δε ιησους ακουσας ειπεν αυτοις ου χρειαν εχουσιν οι ισχυοντες ιατρου· αλλ οι κακως ε‖χοντες ¹³πορευθεντες δε μαθετε τι εστιν ελεος θελω και ου θυσιαν ου γαρ ηλθον καλεσαι δικαιους αλλα αμαρτωλους· ¹⁴Τοτε προσερχονται αυτω οι μαθηται ιωαννου λεγοντες διατι ημις και οι φαρισαιοι νηστευομεν πολλα οι δε μαθηται σου ου νηστευουσιν ¹⁵Και ειπεν αυτοις ο ιησους μη δυναντε οι υιοι του νυμφωνος πενθειν εφ οσον μετ αυτων εστιν ο νυμφιος ελευσοντε δε ημεραι οταν απαρθη απ αυτων ο νυμφιος και τοτε νηστευ‖σουσιν ¹⁶ουδεις δε επιβαλλει επιβαλλει επιβλημα ρακκους αγναφου επι ιματιω παλαιω ερι γαρ το πληρωμα αυτου απο του ιματιου και χιρον σχισμα γινεται· ¹⁷ουδε βαλλουσιν οινον νεον εις ασκους παλαιους ει δε μηγε ρηγνυνται οι ασκοι και ο οινος εκχειται και οι ασκοι απολουνται· αλλα βαλλουσιν οινον νεον εις ασκους καινους και αμφοτεροι συντηρουνται· ¹⁸Ταυτα αυτου λαλουντος αυτοις ιδου αρχων εισελθων προσεκυνει αυτω λεγων οτι η θυ‖γατηρ μου αρτι ετελευτησεν· αλλα ελθων επιθες την χειρα σου επ αυτην και ζησεται ¹⁹και εγερθεις ο ιησους ηκολουθησεν αυτω και οι μαθηται αυτου. ²⁰Και ιδου γυνη αιμορροουσα δωδεκα ετη προσελθουσα οπισθεν ηψατο του κρασπεδου του ιματιου αυτου· ²¹ελεγε γαρ εν εαυτη εαν μονον αψομαι του ιματιου αυτου σωθησομαι ²²Ο δε ιησους στραφεις και ιδων αυτην ειπεν θαρσει θυγατηρ η πιστις σου σεσωκεν σε και εσωθη η γυνη απο της ωρας εκει | ²³και ελθων ο ιησους εις την οικιαν του αρχοντος και ιδων τους αυλητας και τον οχλον θορυβουμενον λεγει ²⁴αναχωρειτε ου γαρ απεθανεν το κορασιον αλλα καθευδει· και κατεγελων αυτου ²⁵οτε δε εξεβληθη ο οχλος εισελθων εκρατησεν της χειρος αυτης Και ηγερθη το κορασιον ²⁶και εξηλθεν η φημη αυτης εις ολην την γην εκεινην· ²⁷Και παραγοντι εκιθεν τω ιησου ηκολουθησαν αυτω

ix 16 επιβαλλει 1° erasum   21 αψομαι] ο in ω mutatum   22 εκει] sic ex errore scribae

ix 13 ελεον Σ   id. και ουσιαν Σ   18 την χειρα επ αυτην Σ   23 ελεγεν Σ   26 η φημη αυτη Σ

δυο τυφλοι κραζοντες και λεγοντες ελεησον ημας κυριε υιε
δαυιδ || ²⁸Εισελθοντι δε αυτω εις την οικιαν προσηλθον αυτω Pet 21
οι τυφλοι· Και λεγει αυτοις ο ιησους πιστευετε οτι δυναμε
τουτο ποιησε λεγουσιν αυτω ναι κυριε ²⁹Τοτε ηψατο των
οφθαλμων αυτων λεγων κατα την πιστιν υμων γενηθητω υμιν
³⁰και ηνεωχθησαν αυτων οι οφθαλμοι και ενεβριμησατο αυτοις
ο ιησους λεγων ορατε μηδις γινωσκετω· ³¹οι δε εξελθοντες
διεφημισαν αυτον εν ολη τη γη εκεινη ³²αυτων δε εξερχομενων
ιδου προσηνεγκαν αυτω | ανθρωπον κωφον δαιμονιζομενον·
³³και εκβληθεντος του δαιμονιου ελαλησεν ο κωφος και εθαυ-
μασαν οι οχλοι λεγοντες ουδεποτε εφανη ουτως εν τω ισραηλ·
³⁴Οι δε φαρισαιοι ελεγον εν τω αρχοντι των δαιμονιων εκ-
βαλλει τα δαιμονια· ³⁵Και περιηγεν ο ιησους τας πολις
πασας και τας κωμας διδασκων εν ταις συναγωγαις αυτων·
και κηρυσσων το ευαγγελιον της βασιλειας και θεραπευων
πασαν νοσον και πασαν μαλακιαν ³⁶ιδων || δε τους οχλους ο Pet 22
ιησους εσπλαγχνισθη περι αυτων οτι ησαν ως προβατα μη
εχοντα ποιμενα· ³⁷Τοτε λεγει τοις μαθηταις αυτου ο μεν
θερισμος πολυς οι δε εργαται ολιγοι· δεηθετε ουν του κυριου
του θερισμου οπως εκβαλη εργατας εις τον θερισμον αυτου·
Χ. Και προσκαλεσαμενος τους δωδεκα μαθητας αυτου·
εδωκεν αυτοις εξουσιαν πνευματων ακαθαρτων ωστε εκβαλλειν
αυτα και θεραπευειν πασαν νοσον και πασαν μαλακιαν | ²Των
δε δωδεκα αποστολων τα ονοματα εστιν ταυτα· πρωτος σιμων
ο λεγομενος πετρος και ανδρεας ο αδελφος αυτου· ιακωβος ο
του ζεβεδεου και ιωαννης ο αδελφος αυτου ³φιλιππος και
βαρθολομεος θωμας και ματθεος ο τελωνης· ιακωβος ο του
αλφεου και λεββεος ο επικληθεις θαδδεος· ⁴σιμων· ο καναναιος
και ιουδας ισκαριωτης ο και παραδους αυτον· ⁵Τουτους
τους δωδεκα απεστιλεν ο ιησους παραγγιλας αυτοις λεγων· εις
ο||δον εθνων μη απελθητε και εις πολιν σαμαριτων μη εισελθητε Pet 23
⁶πορευεσθε δε μαλλον προς τα προβατα τα απολωλοτα οικου
ισραηλ· ⁷πορευομενοι δε κηρυσσετε λεγοντες οτι ηγγικεν εφ
υμας η βασιλεια των ουρανων ⁸Ασθενουντας θεραπευετε

x 7 των] ω ex o factum

ix 27 ιησου υιε δαυιδ Σ   36 ησαν] ησαν εσκυλμενοι και εριμμενοι Σ
x 4 κανανιτης Σ   5 παραγγειλας λεγων Σ

νεκρους εγιρετε λεπρους καθαριζετε δαιμονεια εκβαλλετε· δωραιαν ελαβετε δωραιαν δοτε ⁹μη κτησησθε χρυσον· μηδε αργυρον· μηδε χαλκον εις τας ζωνας υμων ¹⁰μη πηραν εις οδον· μηδε δυο χιτωνας· μη|δε υποδηματα· μητε ραβδους αξιος γαρ ο εργατης της τροφης αυτου εστιν· ¹¹Εις ην δ αν πολιν η κωμην εισελθητε εξετασατε τις εν αυτη αξιος εστιν κακει μινατε εως αν εξελθητε εκειθεν· ¹²Εισερχομενοι δε εις την οικιαν ασπασασθε αυτην· ¹³και εαν μεν η η οικια αξια ελθατω η ειρηνη υμων επ αυτην εαν δε μη η αξια η ειρηνη υμων προς υμας επιστραφητω ¹⁴Και ος αν μη δεξηται υμας μηδε ακουση τους λογους υμων εξερχομενοι ‖ της οικιας η της πολεως εκεινης εκτιναξετε τον κονιορτον των ποδων υμων· ¹⁵αμην λεγω υμιν ανεκτοτερον εσται· γη· σοδομων και γομμορας εν ημερα κρισεως η τη πολει εκεινη ¹⁶Ιδου εγω αποστελλω υμας ως προβατα εν μεσω λυκων γινεσθε ουν φρονιμοι ως οι οφεις· και ακεραιοι ως αι περιστεραι· ¹⁷Προσεχετε δε απο των ανθρωπων παραδωσωσιν γαρ υμας εις συνεδρια και εν ταις συναγωγαις αυτων μαστιγωσουσιν | υμας ¹⁸και επι ηγεμονας δε και βασιλεις αχθησεσθε ενεκεν εμου εις μαρτυριον αυτοις και τοις εθνεσιν ¹⁹Οταν δε παραδωσουσιν υμας μη μεριμνησητε πως η τι λαλησητε δοθησεται γαρ υμιν εν εκεινη τη ωρα τι λαλησετε· ²⁰ου γαρ υμις εστε οι λαλουντες αλλα το πνευμα του πατρος υμων το λαλουν εν υμιν ²¹παραδωσει δε αδελφος αδελφον εις θανατον και πατηρ τεκνον· και επαναστησοντε τεκνα επι γονεις και θανατωσουσιν αυτους ²²και εσεσ‖θε μισουμενοι υπο παντων δια το ονομα μου· ο δε υπομινας εις τελος ουτος σωθησεται· ²³Οταν δε διωκουσιν υμας εν τη πολι ταυτη φευγετε εις την αλλην· αμην γαρ λεγω υμιν ου μη τελεσητε τας πολεις του ισραηλ εως εαν ελθη ο υιος του ανθρωπου· ²⁴Ουκ εστιν μαθητης υπερ τον διδασκαλον· ουδε δουλος υπερ τον κυριον αυτου· ²⁵αρκετον τω μαθητη ινα γενηται ως ο διδασκαλος αυτου και ο Δουλος ος ο κυριος αυτου ει τον οικοδεσποτην Βεελζεβουλ | επεκαλεσαντο ποσω

x 15 εσται· γη· σοδομων] dubium utrum ϵϹΤΑΙ· ΓΗ· ϹΟΔΟΜωΝ an ϵϹΤΑΙ ΤΗ· ϹΟΔΟΜωΝ parte sinistra litterae τ erasa. Lectio prior preferenda 25 ος] o in ω eadem manu mutatum

x 10 μητε υποδηματα Σ   13 επιστραφετω Σ   14 οσοι αν μη δεξονται υμας μηδε ακουσωσιν Σ   19 υμιν sub lineam additum Σ   id. λαλησετε] λαλησητε Σ

μαλλον τους οικιακους αυτου. ²⁶Μη ουν φοβηθητε αυτους ουδεν γαρ εστιν κεκαλυμμενον ο ουκ αποκαλυφθησεται· και κρυπτον ο ου γνωσθησεται· ²⁷Ο λεγω υμιν εν τη σκοτια ειπατε εν τω φωτι και ο εις το ους ακουετε κηρυξατε επι των δωματων· ²⁸και μη φοβηθητε απο των αποκτενοντων το σωμα· την δε ψυχην μη δυναμενων αποκτιναι· φοβηθητε δε μαλλον τον δυναμενον και ψυχην και ‖

Desunt folia duo usque ad xi 4.

ποκριθεις ο ιησους ειπεν αυτοις πορευθεντες απαγγιλατε Pet 26
ιωαννη α ακουετε και βλεπετε· ⁵τυφλοι αναβλεπουσιν και χωλοι περιπατουσιν· λεπροι καθαριζοντε και κωφοι ακουουσιν· νεκροι εγιροντε και πτωχοι ευαγγελιζοντε ⁶και μακαριος εστιν ος εαν μη σκανδαλισθη εν εμοι· ⁷τουτων δε πορευομενων Ηρξατο ο ιησους λεγειν τοις οχλοις περι ιωαννου τι εξηλθατε εις την ερημον θεασασθε καλαμον υπο ανεμου σαλευομενον· ⁸αλλα τι εξηλθατε ιδειν | ανθρωπον εν μαλακοις ιματιοις ημφιεσμενον ιδου οι τα μαλακα φορουντες εν τοις οικοις των βασιλειων εισιν· ⁹αλλα τι εξηλθατε ιδειν προφητην ναι λεγω υμιν και περισσοτερον προφητου· ¹⁰Ουτος γαρ εστιν περι ου γεγραπται· ιδου εγω αποστελλω τον αγγελον μου προ προσωπου σου ος κατασκευασει την οδον σου εμπροσθεν σου· ¹¹Αμην λεγω υμιν ουκ εγηγερται εν γεννητοις γυναικων μιζων ιωαννου του βαπτιστου ο δε μικροτερος εν τη βασιλεια των ουρα‖νων μιζων αυτου εστιν ¹²Απο δε των ημερων Pet 27
ιωαννου του βαπτιστου εως αρτι η βασιλεια των ουρανων βιαζεται και βιασται αρπαζουσιν αυτην ¹³παντες γαρ οι προφηται και ο νομος εως ιωαννου προεφητευσαν ¹⁴και ει θελετε δεξασθε αυτος Εστιν ηλιας ο μελλων ερχεσθαι ¹⁵ο εχων ωτα ακουειν ακουετω ¹⁶τινι δε ομοιωσω την γενεαν ταυτην· ομοια εστιν παιδιοις καθημενοις εν αγοραις και προσφωνουσιν τοις ετεροις αυτων ¹⁷και λεγουσιν | ηυλησαμεν υμιν και ουκ ορχησασθε εθρηνησαμεν υμιν και ουκ εκοψασθε· ¹⁸ηλθεν γαρ ιωαννης μητε εσθιων μητε πινων και λεγουσιν

xi 7 σαλευομενον] *ον* supra lineam eadem manu scriptum

x 28 αποκτεννοντων Σ   xi 5 codex καθαριζῶνται Σ

δαιμονιον εχει· ¹⁹ηλθεν ο υιος του ανθρωπου εσθιων και πινων· και λεγουσιν ιδου ανθρωπος φαγος και οινοποτης τελωνων φιλος και αμαρτωλων και εδικαιωθη η σοφια απο των τεκνων αυτης· ²⁰Τοτε ηρξατο ο ιησους ονειδιζειν τας πολεις εν αις εγενοντο αι πλεισται δυναμεις αυτου οτι ου

Pet 28 μετενοησαν· ²¹ου‖αι σοι χοραζιν ουαι σοι βηθσαιδα οτι ει εν τυρω και σιδωνι εγενοντο αι δυναμεις αι γενομεναι εν υμιν παλαι αν εν σακκω και σποδω μετενοησαν ²²πλην λεγω υμιν οτι γη σοδομων ανεκτοτερον εσται εν ημερα κρισεως η υμιν ²³και συ καπερναουμ· η εως του ουρανου υψωθεισα εως αδου καταβιβασθηση Οτι ει εν σοδομοις εγενοντο αι δυναμεις αι γενομεναι εν σοι εμεναν αν μεχρι της σημερον ²⁴πλην λεγω υμιν γη σοδομων ανεκτοτερον | εσται εν ημερα κρισεως η σοι· ²⁵Εν εκεινω τω καιρω αποκριθεις ο ιησους ειπεν εξομολογουμαι σοι πατερ κυριε του ουρανου και της γης οτι απεκρυψας ταυτα απο σοφων και συνετων· και απεκαλυψας αυτα νηπιοις ²⁶ναι ο πατηρ οτι ουτως εγενετο ευδοκια εμπροσθεν σου· ²⁷Παντα μοι παρεδοθη υπο του πατρος μου· και ουδεις επιγινωσκει τον πατερα ει μη ο υιος ουδε τον υιον τις επιγινωσκει ει μη

Pet 29 ο πατηρ και ω εαν βουλεται ο υιος αποκαλυψαι· ²⁸δευ‖τε προς με παντες οι κοπιωντες και πεφορτισμενοι καγω αναπαυσω υμας ²⁹αρατε τον ζυγον μου εφ υμας και μαθετε απ εμου οτι πραος ειμι και ταπινος τη καρδια και ευρησετε αναπαυσιν ταις ψυχαις υμων ³⁰ο γαρ ζυγος μου χρηστος και το φορτιον μου ελαφρον εστιν·

XII. Εν εκεινω τω καιρω επορευθη ο ιησους τοις σαββασιν δια των σποριμων οι δε μαθηται αυτου επιναν και ηρξαντο τιλλιν σταχυας και εσθιειν. ²οι δε φαρισαιοι ιδοντες ειπον αυτω ιδου | οι μαθηται σου ποιουσιν ο ουκ εξεστιν ποιειν εν σαββατω· ³ο δε ειπεν αυτοις ουκ ανεγνωτε τι εποιησεν δαυιδ οτε επινασεν και οι μετ αυτου ⁴πως εισηλθεν εις τον οικον του θεου και τους αρτους της προθεσεως εφαγεν· ους ουκ εξον ην αυτω φαγειν ουδε τοις μετ αυτου ει μη τοις

---

xi 22 οτι γη σοδομων] in rasura vocum τυρω και σιδωνι scriptum

xi 22 πλην λεγω υμιν τυρω και σιδωνι Σ   23 εμενον Σ   24 οτι in margine additum post υμιν Σ   27 τον υιον ει μη ο πατηρ ουδε τον πατερα τις επιγινωσκει ει μη ο υιος Σ: vide prolegg   xii 3 αυτος in margine additum post επινασεν Σ

ιερευσιν μονοις ⁵Η ουκ ανεγνωτε εν τω νομω οτι τοις
σαββασιν οι ιερεις εν τω ιερω το σαββατον βεβηλουσιν και
αναιτιοι εισιν· ⁶λεγω δε υμιν οτι του ǁ ιερου μιζων εστιν ωδε· Pet 30
⁷ει δε εγνωκιτε τι εστιν ελεος θελω και ου θυσιαν ουκ αν
κατεδικασατε τους αναιτιους ⁸κυριος γαρ εστιν του σαββατου
ο υιος του ανθρωπου ⁹Και μεταβας εεκειθεν ο ιησους ηλθεν
εις την συναγωγην αυτων· ¹⁰και ιδου ανθρωπος ην εκει εχων
την χειρα ξηραν· και επηρωτησαν αυτον λεγοντες ει εξεστιν
τοις σαββασειν θεραπευειν ινα κατηγορησωσιν αυτου ¹¹Ο
δε ειπεν αυτοις τις εσται εξ υμων ανθρωπος ος εξει προβατον
εν και εαν ενπεση τουτο | τοις σαββασειν εις βοθυνον ουχει
κρατησει αυτο και εγερει· ¹²ποσω ουν διαφερει ανθρωπος προ-
βατου ωστε εξεστιν τοις σαββασειν καλως ποιειν ¹³Τοτε
λεγει τω ανθρωπω εκτινον σου την χειρα και εξετινεν και
απεκατεσταθη υγιης ως η αλλη· ¹⁴οι δε Φαρισαιοι συν-
βουλιον ελαβον κατ αυτου εξελθοντες οπως αυτον απολεσωσιν·
¹⁵ο δε ιησους γνους ανεχωρησεν εκειθεν Και ηκολουθησαν
αυτω οχλοι και εθεραπευσεν αυτους παντας ¹⁶και επετιμησεν
αυτοις ινα μη ǁ φαναιρον αυτον ποιησωσιν ¹⁷οπως πληρωθη Pet 31
το ρηθεν υπο ησαιου του προφητου λεγοντος ¹⁸ιδου ο παις μου
ον ηρετησα ο αγαπητος μου εις ον ευδοκησεν η ψυχη μου·
θησω το πνευμα μου επ αυτον και κρισιν τοις εθνεσιν απαγ-
γελει ¹⁹ουκ ερισει ουδε κραυγασει· ουδε ακουσει τις εν
πλατειαις την φωνην αυτου ²⁰καλαμον συντετριμμενον ου
κατεαξει και λινον τυφομενον ου σβεσει εως αν εκβαλη εις
νικος την κρισιν ²¹και τω ονοματι αυτου εθνη | ελπιουσιν·
²²Τοτε προσηνεχθη αυτω δαιμονιζομενος τυφλος και κωφος
και εθεραπευσεν αυτον ωστε τον τυφλον και κωφον και λαλιν
και βλεπιν· ²³και εξισταντο παντες οι οχλοι λεγοντες μητι ουτος
εστιν ο υιος δαυιδ. ²⁴Οι δε φαρισαιοι ακουσαντες ειπον ουτος
ουκ εκβαλλει τα δαιμονια ει μη εν τω βεελζεβουλ αρχοντι των
δαιμονιων· ²⁵Ιδως δε ο ιησους τας ενθυμησεις αυτων ειπεν αυτοις

xii 9 εεκειθεν] ex errore scribae   15 οχλοι] codex οχ|λοι   λοι
ad finem lineae extra seriem litterarum eadem manu additum et πολ ad initium
sequentis

xii 6 μειζον Σ   7 ελεον Σ   15 οχλοι πολλοι Σ   19 ταις πλατειαις Σ
20 εκβαλη] 'vocis huius in margine suppletae ultimam syllabam bibliopegus
abscisit' Σ   22 τον κωφον και τυφλον Σ

Pet 32 πασα βασιλεια μερισθεισα καθ εαυτης ερημου‖ται και πασα πολις η οικια μερισθεισα καθ εαυτης ου σταθησεται· ²⁶και ει ο σατανας τον σαταναν εκβαλλει εφ εαυτον εμερισθη πως ουν σταθησεται η βασιλεια αυτου ²⁷και ει εγω εν βεελζεβουλ εκβαλλω τα δαιμονια· οι υιοι υμων εν τινει εκβαλουσιν· δια τουτο αυτοι υμων εσοντε κριται· ²⁸ει δε εν δακτυλω θεου εγω εκβαλλω τα δαιμονια αρα εφθασεν εφ υμας η βασιλεια του θεου ²⁹η πως δυναται τις εισελθειν εις την οικιαν του ισχυρου και τα σκευη αυτου αρπασαι | εαν μη πρωτον δηση τον ισχυρον και τοτε την οικιαν αυτου διαρπασει· ³⁰ο μη ων μετ εμου κατ εμου εστιν και ο μη συναγων μετ εμου σκορπιζει· ³¹Δια τουτο λεγω υμιν πασα αμαρτια και βλασφημια αφεθησεται τοις ανθρωποις η δε του πνευματος βλασφημια ουκ αφεθησεται τοις ανθρωποις· ³²και ος εαν ειπη λογον κατα του υιου του ανθρωπου αφεθησεται αυτω· ος δ αν ειπη κατα του πνευματος του αγιου ουκ αφεθησεται αυτω ουτε εν τουτω τω αιωνει ουτε

'et 33 εν τω μελλοντι ³³η ποιησατε ‖ το δενδρον καλον και τον καρπον αυτου καλον η ποιησατε το δενδρον σαπρον και τον καρπον αυτου σαπρον· εκ γαρ του καρπου το δενδρον γινωσκεται· ³⁴γεννηματα εχιδνων πως δυνασθε αγαθα λαλειν πονηροι οντες εκ γαρ του περισσευ . ς της καρδιας το στομα λ . λει· ³⁵Ο αγαθος ανθρωπος εκ του αγαθου θησαυρου εκβαλλει τα αγαθα· και ο πονηρος ανθρωπος εκ του πονηρου θησαυρου προφερει τα πονηρα· ³⁶Λεγω δε υμιν οτι παν ρημα αργον ο εαν λαλησωσιν οι ανθρωποι | αποδωσωσιν περι αυτου λο εν ημερα   σεως ³⁷εκ   ων λογων   δικαιωθηση εκ των λο   σου καταδικασθηση· ³⁸Τοτε απεκριθησαν τινες των γραμματεων και φαρισεων λεγοντες διδασκαλε θελομεν απο σου σημιον ιδειν· ³⁹ο δε   Αποκριθεις ειπεν αυτοις γενεα πονηρα και μυχαλις σημιον επιζητει και σημιον ου δοθησεται αυτη ει μη το σημειον ιωνα του προφητου ⁴⁰ωσπερ γαρ ην ιωνας εν τη κοιλεια του κητους τρις ημε‖

Desunt folia duo usque ad xiii 4.

xii 28 δακτυλω θεου] codex δακτγλ ω θ̄ῡ

---

xii 26 εαυτον] 'o in rasura scriptum' Σ   28 ει δε εν πνευματι θεου Σ
36 αποδωσουσιν Σ   38 απεκριθησαν αυτω Σ

κατεφαγεν αυτα· ⁵αλλα δε επεσεν επι τα πετρωδη οπου Pet 34
ουκ ειχε γην πολλην· και ευθεως εξανετιλεν δια το μη εχιν
βαθος γης ⁶ηλιου δε ανατιλαντος εκαυματισθη και δια το μη
εχιν ριζαν εξηρανθη· ⁷αλλα δε επεσεν επι τας ακανθας κ..
.νεβησαν   θαι και απ   ξαν αυτα· ⁸   δε επεσ   πι
την γη.   καλην κσ   δου καρπον ο μεν εκατον ο δε εξη-
κοντα ο δε τριακοντα ⁹ο εχων ωτα ακουειν ακουετω·   ¹⁰Και
προσελθοντες οι μαθηται | αυτω   υ παρ·
λαλις αυ   ¹¹. δε απο   ις ειπεν   ς οτι υ   δοται
ναι τα μυστηρ.α της βασιλειας των ουρανων εκεινοις δε
ου δεδοται· ¹²Οστις γαρ εχει δοθησεται αυτω και .ερισευ-
θησεται· οστις δε ουκ εχει και ο εχει αρθησεται απ αυτου
¹³Δια τουτο εμ παραβολαις λαλω αυτοις οτι βλεποντες ου
βλεπουσιν· και ακουοντες ουκ ακουουσιν ουδε συνιουσιν ¹⁴και
αναπληρουται αυτοις η προφητια ησαιου η λεγουσα || ακοη Pet 35
ακουσητε και ου μη συνητε και βλεποντες βλεψητε και ου
μη ιδητε ¹⁵επαχυνθη γαρ η καρδια του λαου τουτου και τοις
ωσιν βαρεως ηκουσαν και τους οφθαλμους αυτων εκαμμυσαν·
μηποτε ιδωσιν τοις οφθαλμοις και τοις ωσιν ακουσωσιν και
.η καρδια συνωσι και επ.στρεψουσι και   σομαι αυτ
¹⁶Υμων δε μ   ριοι οι οφθ..μοι οτι βλεπουσι και τα ωτα
υμων οτι ακουουσιν·   ¹⁷Αμην γαρ λεγω υμιν οτι πολλοι
προφηται και δικαιοι ε|η   υμησαν   ν α βλεπε   αι ουκ
ιδαν   κουσαι   ουετε και   ηκουσαν ¹⁸   .ν ακου .ε
..ν παραβολ.ν του σπιρι   ος· ¹⁹παντ   ακουοντος τον λογον
της βασιλειας και μη συνι. τος ερχε.   ο πονηρος και αρπαζει
το εσπαρμενον εν τη καρδια αυτου ουτος εστιν ο παρα την
οδον σπαρις·   ²⁰Ο δε επι τα πετρωδη σπαρις ουτος εστιν ο
τον λογον ακουων και ευθυς μετα χαρας λαμβανων αυτον·
²¹ουκ εχει δε || ριζαν εν εαυτω αλλα προσκαιρος εστιν· γενο- Pet 36
μενης δε θλιψεως η διωγμου δια τον λογον ευθυς σκανδαλι-
ζεται·   ²²Ο δε εις τας ακανθας σπαρις ουτος εστιν ο τον λογον
ακουων· και η μεριμνα του αιωνος τουτου και η απατη του
πλουτου συνπνιγι τον λογο. και ακαρπος ..νεται·   ²³Ο δε
επι τη. .αλην γην σ..ρις ουτος εστιν ο τον λογον ακουων
και συνιων· ος δη καρποφορει και ποιει ο μεν εκατον· ο δε

xiii 14 βλεψετε Σ   20 ευθεως Σ

εξηκοντα ο δε | τριακοντα· ²⁴Αλλην παραβολην παρεθηκεν αυτοις λεγων ομοιωθη η βασιλεια των ουρανων ανθρωπω σπιραντι καλον σπερμα εν τω αγρω αυτου ²⁵εν δε τω καθευδιν τους ανθρωπους ηλθεν αυτου ο εκθρος και επεσπιρεν ζιζανια ανα μεσον του σιτου και απηλθεν ²⁶οτε δε εβλαστησεν ο χορτος και καρπον εποιησεν· :οτε εφανησαν και τα ζιζανια ²⁷Προσελθοντες δε οι δουλοι του οικοδεσποτου ειπον αυτω κυριε ουχει καλον σπερμα εσπιρας εν τω σω αγρω ποθεν || ουν εχει ζιζανια· ²⁸ο δε εφη αυτοις εχθρος ανθρωπος τουτο εποιησεν· οι δε δουλοι ειπαν αυτω θελις ουν απελθοντες συλλεξωμεν αυτα· ²⁹ο δε εφη αυτοις ου μηποτε συλλεγοντες τα ζιζανια εκριζωσητε αμα αυτοις ³⁰ τε συναυξανεσθαι αμφοτερα μεχρι του θερισμου· και εν καιρω του θερισμου ερω τοις θερισταις συλλεξατε πρωτον τα ζιζανια και δησατε αυτα εις δεσμας προς το κατακαυσαι αυτα τον δε σιτον συναγαγετε εις την απο ¦ ³¹Αλλην παραβολην ελαλησεν αυτοις λεγων ομοια εστιν η βασιλεια των ουρανων κοκκω σιναπι ον λαβων ανθρωπος εσπιρεν εν τω αγρω αυτου ³²ο μικροτερον μεν εστιν παντων των σπερματων οταν δε αυξηθη μιζων των λαχανων εστιν και γινεται δενδρον ωστε ελθειν τα πετινα του ουρανου και κατασκηνουν εν τοις κλαδοις αυτου· ³³Αλλην παραβολην ελαλησεν αυτοις ομοια εστιν η βασιλεια των ουρανων ζυμη ην λαβουσα γυνη εκρυψεν εις αλευ||

Deest folium usque ad xiii 41.

τους αγγελους αυτου και συλλεξουσιν εκ της βασιλειας αυτου παντα τα σκανδαλα και τους ποιουντας την ανομιαν και βαλουσιν αυτους εις την καμινον του πυρος ⁴²εκει εσται ο κλαυθμος και ο βρυγμος των οδοντων· ⁴³τοτε οι δικαιοι εκλαμψουσιν ως ο ηλιος εν τη βασιλεια του πατρος αυτων ο εχων ωτα ακουειν ακουετω ⁴⁴Παλιν ομοια εστιν η βασιλεια των ουρανων θησαυρω κεκρυμμενω εν αγρω ον ευρων ανθρωπος εκρυψεν και | απο της χαρας αυτου υπαγι και παντα οσα εχει πωλει και αγοραζει τον αγρον εκεινον· ⁴⁵Παλιν ομοια εστιν

xiii 26 χορτος] eadem manu scriptum in rasura vocis εχθρος ex errore scriptae   27 δε] extra seriem litterarum eadem manu scriptum

xiii 25 εχθρος Σ   26 εφανη Σ   27 τω οικοδεσποτη Σ   id. τα in margine additum Σ   28 ειπον Σ   30 'συλλαξατε codex' Σ

η βασιλεια των ουρανων ανθρωπω εμπορω ζητουντι καλους μαργαριτας ⁴⁶ος ευρων ενα πολυτιμον μαργαριτην απελθων πεπρακεν παντα οσα ειχεν και ηγορασεν αυτον· ⁴⁷Παλιν ομοια εστιν η βασιλεια των ουρανων σαγηνη βληθειση εις την θαλασσαν και εκ παντος γενους συναγαγουση ⁴⁸ην οτε επληρωθη α‖ναβιβασαντες επι τον αιγιαλον και καθισαντες Pet 39 συνελεξαν τα καλα εις αγγη τα δε σαπρα εξω εβαλον ⁴⁹ουτως εσται εν τη συντελεια του αιωνος τουτου εξελευσονται οι αγγελοι και αφοριουσιν τους πονηρους εκ μεσου των δικαιων ⁵⁰και βαλουσιν αυτους εις την καμινον του πυρος εκει εσται ο κλαυθμος και ο βρυγμος των οδοντων· ⁵¹Λεγει αυτοις ο ιησους συνηκατε παντα ταυτα λεγουσιν αυτω ναι κυριε ⁵²ο δε ιησους ειπεν αυτοις δια τουτο πας γραμματευς | μαθητευθεις τη βασιλεια των ουρανων· ομοιος εστιν ανθρωπω οικοδεσποτη οστις εκβαλλει εκ του θησαυρου αυτου καινα και παλαια· ⁵³και εγενετο οτε ετελεσεν ο ιησους τας παραβολας ταυτας μετηρεν εκειθεν· ⁵⁴Και ελθων εις την πατριδα αυτου εδιδασκεν αυτους εν τη συναγωγη αυτων· ωστε εκπλησσεσθαι αυτους και λεγιν ποθεν τουτω η σοφια αυτη και αι δυναμεις ⁵⁵ουχ ουτος εστιν ο του τεκτονος υιος ουχ η μητηρ αυτου λεγεται μαριαμ·‖ και οι αδελφοι αυτου ιακωβος και ιωσηφ και σιμων και ιουδας Pet 40 ⁵⁶και αι αδελφαι αυτου ουχει πασαι παρ ημιν εισιν ποθεν ουν τουτω παντα ταυτα ⁵⁷και εσκανδαλιζοντο εν αυτω· Ο δε ιησους ειπεν αυτοις ουκ εστιν προφητης ατιμος ει μη εν τη πατριδει αυτου και εν τη οικεια αυτου ⁵⁸και ουκ εποιησεν εκει δυναμεις πολλας δια την απιστιαν αυτων

XIV. Εν εκεινω τω καιρω ηκουσεν ηρωδης ο τετραρχης την ακοην ιησου ²και ειπε τοις παισιν αυτου ου|τος εστιν ιωαννης ο βαπτιστης αυτος ηγερθη απο των νεκρων και δια τουτο αι δυναμεις ενεργουσειν εν αυτω ³Ο γαρ ηρωδης κρατησας τον ιωαννην εδησεν αυτον και εθετο εν φυλακη δια ηρωδιαδα την γυναικα φιλιππου του αδελφου αυτου ⁴ελεγεν γαρ αυτω ο ιωαννης ουκ εξεστιν σοι εχειν αυτην· ⁵Και θελων αυτον αποκτιναι εφοβηθη τον οχλον επιδη ως προφητην αυτον ειχον· ⁶Γενεσεων δε γενομενων ‖

xiv 1 τετραρχης] ρ 1° supra lineam additum

---

xiii 48 αγγια Σ   51 ταυτα παντα Σ   54 εκπλησεσθαι Σ   56 ταυτα παντα Σ
xiv 5 'post εφοβηθη voces αυτον αποκτειναι ex errore repetitae, sed punctis

Desunt folia tria usque ad xiv 31.

Pet 41 το αυτου και λεγει αυτω ολιγοπιστε εις τι εδιστασας ³²Και εμβαντων αυτων εις το πλοιον εκοπασεν ο ανεμος ³³οι δε εν τω πλοιω προσεκυνησαν αυτω λεγοντες αληθως θεου υιος ει· ³⁴και διαπερασαντες ηλθον επι την γην γενησαρετ ³⁵Και επιγνοντες αυτ.. οι ανδρες του τοπου εκινου απεστιλαν εις ολην την περιχωρον εκεινην και προσηνεγκαν αυτω παντας τους κακως εχοντας ³⁶και παρεκαλουν αυτον ινα μονον αψοντε του κρασπεδου του ιματιου | αυτου· και οσοι ηψαντο διεσωθησαν·

XV. Τοτε προσερχοντε τω ιησου οι απο ιεροσολυμων γραμματεις και φαρισαιοι· λεγοντες ²διατι οι μαθηται σου παραβαινουσι την παραδοσιν των πρεσβυτερων· ου γαρ νιπτοντε τας χειρας αυτων οταν αρτον εσθιωσιν· ³Ο δε αποκριθεις ειπεν αυτοις διατι και υμις παραβαινετε την εντολην του θεου δια την παραδοσιν υμων· ⁴ο γαρ θεος ενετιλατο λεγων. τιμα τον πατερα σου και την μητερα σου· και ο Pet 42 κακολογων || πατερα η μητερα θανατω τελευτατω ⁵υμις δε λεγετε· ος αν ειπη τω πατρι η τη μητρι δωρον· ο εαν εξ εμου ωφεληθης· και ου μη τιμησει τον πατερα αυτου η την μητερα αυτου· ⁶και ηκυρωσατε την εντολην του θεου δια την παραδοσιν υμων ⁷υποκριται καλως προεφητευσεν περι υμων ησαιας λεγων ⁸εγγιζι μοι ο λαος ουτος τω στοματι αυτων και τοις χιλεσιν με τιμα η δε καρδια αυτων πορρω απεχει απ εμου· ⁹ματην δε σεβοντε με διδασκοντες διδασκαλιας ενταλματα ανθρωπων· ¹⁰Και προσκαλε|σαμενος τον οχλον ειπεν αυτοις ακουετε και συνιετε· ¹¹ου το εισερχομενον εις το στομα κοινοι τον ανθρωπον αλλα το εκπορευομενον εκ του στοματος τουτο κοινοι τον ανθρωπον ¹²Τοτε προσελθοντες οι μαθηται αυτο ειπον αυτω· οιδας οτι οι φαρισαιοι ακουσαντες τον λογον εσκανδαλισθησαν· ¹³Ο δε αποκριθεις ειπεν αυτοις πασα

xiv 35 αυτ..] membrana lacerata

superpositis improbatae sunt; τον οχλον, in ipso textu omissum, in margine legeretur nisi vocem οχλον bibliopegus abscidisset' Σ   xv 3 εντολην] 'inter εντ et ολ rasura trium litterarum' Σ   4 om σου 2° Σ   8 εγγιζι] εγγιζει 'correctio obscura in fine; videtur ει ex ο factum' Σ

φυτια ην ουκ εφυτευσεν ο πατηρ μου ο ουρανιος εκριζωθησεται· αφετε αυτους· ¹⁴Οδηγοι εισιν τυφλοι τυφλων ||

Desunt folia duo usque ad xv 31.

κωφους ακουοντας και λαλουντας· κυλλους υγιεις· και χω- Pet 43
λους περιπατουντας· και τυφλους βλεποντας και εδοξασαν
τον θεον ισραηλ· ³²Ο δε ιησους προσκαλεσαμενος τους
μαθητας αυτου ειπεν σπλαγχνιζομαι επι τον οχλον οτι ηδη
ημεραι τρις προσμενουσιν μοι και ουκ εχουσιν τι φαγωσιν και
απολυσαι αυτους νηστις ου θελω μηποτε εκλυθωσιν εν τη οδω·
³³Και λεγουσιν αυτω οι μαθηται αυτου ποθεν ημιν εν ερημια
αρτοι τοσουτοι· ωσ|τε χορτασαι οχλον τοσουτον· ³⁴Και
λεγει αυτοις ο ιησους ποσους αρτους εχετε οι δε ειπον επτα
και ολιγα ιχθυδεια ³⁵και εκελευσεν τοις οχλοις αναπεσιν επι
την γην· ³⁶Και λαβων τους επτα αρτους και τους ιχθυας
ευχαριστησας εκλασεν και εδωκεν τοις μαθηταις αυτου· οι δε
μαθηται τω οχλω ³⁷και εφαγον παντες και εχορτασθησαν και
ηραν το περισευον των κλασματων· επτα σπυριδας πληρεις·
³⁸οι δε εσθιοντες ησαν τετρακισχιλει ||

Desunt folia octo usque ad xviii 5.

ονοματι μου εμε δεχεται· ⁶Ος δ αν σκανδαλιση ενα των Pet 46
μικρων τουτων των πιστευοντων εις εμε συμφερει αυτω ινα
κρεμασθη μυλος ονικος επι τον τραχηλον αυτου· και κατα-
ποντισθη εν τω πελαγι της θαλασσης ⁷Ουαι τω κοσμω
απο των σκανδαλων· αναγκη γαρ ελθειν τα σκανδαλα πλην
ουαι τω ανθρωπω εκεινω δι ου το σκανδαλον ερχεται ⁸ει δε η
χειρ σου Η ο πους σου σκανδαλειζι σε εκκοψον αυτα και
βαλε απο σου· καλον σοι εστιν εισ|ελθιν εις την ζωην χωλον
η κυλλον η δυο χειρας η δυο ποδας εχοντα βληθηναι εις το
πυρ· το αιωνιον· ⁹Και ει οφθαλμος σου σκανδαλιζει σε εξελε
αυτον και βαλε απο σου· καλον σοι εστιν μονοφθαλμον εις την
ζωην εισελθειν η δυο οφθαλμους εχοντα βληθηναι εις την
γεενναν του πυρος· ¹⁰Ορατε μη καταφρονησητε ενος των

xv 32 οχλον inter lineas scriptum   xviii 8 εισελθιν εις] ελθιν εις parvis litt. extra seriem litt. scriptum

xviii 6 περι τον τραχηλον Σ

μικρων τουτων λεγω γαρ υμιν οτι οι αγγελοι αυτων· εν
ουρανοις δια παντος βλεπουσιν το προσωπον του πατρος μου
του ‖ εν ουρανοις ¹¹ηλθεν γαρ ο υιος του ανθρωπου σωσαι το
απολωλος ¹²Τι υμιν δοκει εαν γενηται τινι ανθρωπω εκατον
προ.. τα και πλανηθη .ν εξ αυτων ουχει αφεις τα ενενηκοντα
εννεα· επι τα ορη πορευθεις ζητι το πλανωμενον ¹³και εαν
γενηται ευριν αυτο αμην λεγω υμιν· οτι χαιρει επ αυτω μαλλον
η επι τοις ενενηκοντα εννεα τοις μη πεπλανημενοις· ¹⁴ουτως ουκ
εστιν θελημα εμπροσθεν του πατρος μου του εν ουρανοις ινα
απολυται εν των μικρων τουτων· ¹⁵εαν | δε αμαρτηση εις σε ο
αδελφος σου υπαγε και ελεγξον αυτον μεταξυ σου και αυτου
μονου· εαν σου ακουση εκερδησας τον αδελφον σου ¹⁶Εαν
δε μη ακουση σου παραλαβε μετα σεαυτου· ετι ενα η δυο ινα
επι στοματος δυο μαρτυρων η τριων σταθη παν ρημα ¹⁷εαν δε
παρακουση αυτων ειπε τη εκκλησια εαν δε και της εκκλησιας
καταφρονησει· εσται σοι ωσπερ ο εθνικος και ο τελωνης·
¹⁸Αμην γαρ λεγω υμιν οσα εαν δησητε επι της γης εσται ‖
δεδεμενα εν τω ουρανω και οσα εαν λυσητε επι της γης εσται
λελυμενα εν τω ουρανω ¹⁹Παλιν δε λεγω υμιν οτι εαν δυο
υμων συμφωνησουσιν επι της γης περι παντος πραγματος ου
εαν αιτησοντε γενησεται αυτοις παρα του πατρος μου του εν
τοις ουρανοις ²⁰οπου γαρ εισιν δυο η τρις συνηγμενοι εις το εμον
ονομα εκει ειμι εν μεσω αυτων ²¹Τοτε προσελθων αυτω ο
πετρος ειπεν κυριε ποσακεις αμαρτησει εις εμε ο αδελφος μου
και α|φησω αυτω εως επτακις ²²λεγει αυτω ο ιησους ου λεγω
σοι εως επτακις αλλ εως εβδομηκοντακις επτα· ²³Δια τουτο
ομοιωθη η βασιλεια των ουρανων ανθρωπω βασιλει· ος ηθε-
λησεν συναραι λογον μετα των δουλων αυτου· ²⁴αρξαμενου δε
αυτου συναιριν προσηνεχθη αυτω εις οφιλετης μυριων τα-
λαντων ²⁵μη εχοντος δε αυτου αποδουναι εκελευσεν αυτον ο
κυριος αυτου πραθηναι και την γυναικα αυτου και τα τεκνα και
παντα οσα ειχεν και αποδοθηναι ‖

Desunt folia duo usque ad xix 6.

εισιν δυο αλλα σαρξ μια ο ουν ο θεος συνεζευξεν ανθρωπος

xviii 10 εν ουρανοις 1° parvis litteris inter lineas scriptum

---

xviii 10 om εν ουρανοις 1° Σ id. του εν τοις ουρανοις Σ 19 παλιν λεγω Σ
21 κε in margine additum Σ id. αμαρτηση Σ

μη χωριζετω· ⁷λεγουσιν αυτω τι ουν μωυσης ενετιλατο ημιν δουναι βιβλιον αποστασιου και απολυσαι αυτην· ⁸Λεγει αυτοις οτι μωυσης προς την σκληροκαρδιαν υμων επετρεψεν υμιν απολυσαι τας γυναικας υμων απ αρχης δε ου γεγονεν ουτως· ⁹Λεγω δε υμιν οτι ος αν απολυση την γυναικα αυτου μη επι πορνια ποιει αυτην μοιχευθηναι και ο απολελυμενην γαμων μοιχαται ¹⁰λε|γουσιν αυτω οι μαθηται αυτου ει ουτως εστιν η αιτια του ανθρωπου μετα της γυναικος ου συμφερει γαμησαι ¹¹Ο δε ειπεν αυτοις ου παντες χωρουσιν τον λογον τουτον αλλ οις δεδοται· ¹²εισιν γαρ ευνουχοι οιτινες εκ κοιλειας μητρος εγεννηθησαν ουτως· και εισιν ευνουχοι οιτινες ευνουχισθησαν υπο των ανθρωπων· και εισιν ευνουχοι οιτινες ευνουχισαν εαυτους δια την βασιλειαν των ουρανων· ο δυναμενος χωριν χωρειτω ¹³τοτε προσηνε||

Desunt folia tria usque ad xx 6.

αυτοις τι ωδε εστηκατε οληv την ημεραν αργοι· ⁷λεγουσιν Vat 2
αυτω οτι ουδεις ημας εμισθωσατο· Λεγει αυτοις· υπαγετε και υμις εις τον αμπελωνα και ο εαν η δικαιον λημψεσθε ⁸Οψιας δε γενομενης· λεγει ο κυριος του αμπελωνος τω επιτροπω αυτου καλεσον τους εργατας και αποδος αυτοις τον μισθον· αρξαμενος απο των εσχατων εως των πρωτων· ⁹Και ελθοντες οι περι την ενδεκατην ωραν ελαβον ανα δηναριοι ¹⁰ελθοντες δε και οι πρωτοι ενομισαν οτι πλειον λημψοντε και ελαβον και αυτοι το ανα δηναριον· ¹¹λαβοντες δε εγογγυζον κατα του οικοδεσποτου ¹²λεγοντες οτι ουτοι οι εσχατοι μιαν ωραν εποιησαν και ισους ημιν αυτους εποιησας τοις βαστασασει το βαρος της ημερας και τον καυσωνα· ¹³Ο δε αποκριθεις ειπεν ενι αυτων ετερε ουκ αδικω σε· ουχει δηναριου συνεφωνησας μοι· ¹⁴αρον το σον και υπαγε· θελω δε τουτω τω εσχατω || δουναι ως και σοι· ¹⁵η ουκ εξεστιν μοι ποιησαι ο θελω Vat 3
εν τοις εμοις· η ο οφθαλμος σου πονηρος εστιν οτι εγω αγαθος ειμει ¹⁶ουτως εσονται οι εσχατοι πρωτοι και οι πρωτοι εσχατοι πολλοι γαρ εισιν κλητοι ολιγοι δε εκλεκτοι· ¹⁷και αναβαινων ο ιησους εις ιερολυμα παρελαβεν τους δωδεκα μαθητας κατ ιδειαν εν τη οδω και ειπεν αυτοις ¹⁸ιδου αναβαινομεν εις

---

xix 9 ποιει αυτην μοιχευθηναι] και γαμηση αλλην μοιχαται (haec omnia in rasura) Σ   xx 7 αμπελωνα μου (vide Prolegom p. liii) Σ   13 συνεφωνησα σοι Σ

ιεροσολυμα και ο υιος του ανθρωπου παραδοθησεται τοις αρχιερευσειν και γραμματευσιν | και κατακρινουσιν αυτον θανατω ¹⁹και παραδωσουσιν αυτον τοις εθνεσιν· εις το εμπεξαι· και μαστιγωσαι και σταυρωσαι και τη τριτη ημερα εγερθησεται· ²⁰Τοτε προσηλθεν αυτω η μητηρ των υιων ζεβεδαιου μετα των υιων αυτης προσκυνουσα και αιτουσα τι παρ αυτου· ²¹Ο δε ειπεν αυτη τι θελεις· η δε λεγει αυτω ειπε ινα καθισωσιν ουτοι οι δυο υιοι μου εις εκ δεξιων σου και εις εξ ευωνυμων σου εν τη βασιλεια σου· ²²απο‖κριθεις δε ο ιησους ειπεν ουκ οιδατε τι αιτισθε δυνασθε πιειν το ποτηριον ο εγω μελλω πινειν· η το βαπτισμα ο εγω βαπτιζομαι βαπτισθηναι· λεγουσιν αυτω δυναμεθα· ²³και λεγει αυτοις το μεν ποτηριον μου πιεσθε και το βαπτισμα ο   βαπτιζ   βαπτισθ   θε· το δε   σαι εκ δε   μου και ε   ωνυμω   * εστιν ε   δουναι α   ς ητοιμα   υπο το .   ²⁴και ακ   τες   σ .   ²⁵   ; |
ροσκαλε   ενος αι   ειπεν·   ατε οτι οι   οντες των   ων κατα   ευουσιν   ων· και οι   αλοι κατε   σιαζουσιν   ων· ²⁶ουχ ου   εσται εν   λλ   ος εα   ν υ   γεν
αι υμων διακονος ²⁷και ος εαν θελη εν υμιν ειναι πρωτος εσται υμων δουλος· ²⁸Ωσπερ ο υιος του ανθρωπου ουκ ηλθε διακονηθηναι αλλα διακονησαι και δουναι την ψυχην αυτου λυτρον αντι πολλων   ²⁹Και εκπορευο‖μενων αυτων απο ιεριχω ηκολουθησεν αυτω οχλος πολυς· ³⁰Και ιδου δυο τυφλοι καθημενοι παρα την οδον ακουσαντες οτι ιησους παραγι· εκραξαν λεγοντες ελεησον ημας κυριε ιησου υιε δαυιδ· ³¹οι δε οχλοι επετιμησαν αυτοις ινα σιωπησουσιν· οι δε μιζων εκραζον λεγοντες ελεησον ημας κυριε υιε δαυιδ· ³²και στας ο ιησους εφωνησεν αυτους και ειπεν τι θελετε ποιησω υμιν· ³³λεγουσιν αυτω κυριε ινα ανοιχθωσιν ημων οι οφθαλμοι ³⁴σπλαγχνισ|θεις δε ο ιησους ηψατο των οφθαλμων αυτων· και ευθεως ανεβλεψαν αυτων οι οφθαλμοι και ηκολουθησαν αυτω·
XXI. Και οτε ηγγισαν εις ιεροσολυμα και ηλθον εις βηθσφαγη προς το ορος των ελαιων τοτε απεστιλεν ο ιησους δυο μαθητας ²λεγων αυτοις πορευθητε εις τιν κωμην την απεναντι

xx 21 δυο] 'δ videtur erasum; voluitne υιοι absque δυο?' Σ   23 om μου 3° Σ   26 om δε Σ   xxi 1 βηθφαγη ('post θ rasura unius litterae, cf Mc 11, 1') Σ

υμων και ευθεως ευρησετε ονον δεδεμενην και πωλον μετ αυτης
λυσαντες αγαγετε μοι· ³και εαν τις υμιν ειπη τι ερειτε οτι ο
κυριος αυτων ‖ χρειαν εχει· ευθεως δε αποστελλει αυτους· Vat 5
⁴Τουτο δε ολον γεγονεν ινα πληρωθη το ρηθεν δια του προφητου
λεγοντος ⁵ειπατε τη θυγατρι σιων· ιδου ο βασιλευς σου ερχεται
σοι πραυς και επιβεβηκως επι ονον και επι πωλον υιον υπο-
ζυγιου· ⁶Πορευθεντες δε οι μαθηται και ποιησαντες καθως
προσεταξεν αυτοις ο ιησους ⁷ηγαγον την ονον και τον πωλον·
και επεθηκαν επανω αυτων τα ιματια αυτων και εκαθισεν
επανω ǀ αυτων· ⁸ο δε πλιστος οχλος εστρωσαν εαυτων τα
ιματια εν τη οδω αλλοι δε εκοπτον κλαδους εκ των δενδρων
και εστρωννυον εν τη οδω ⁹Οι δε οχλοι οι προαγοντες και
οι ακολουθουντες εκραζον λεγοντες ωσαννα τω υιω δαυιδ ευλο-
γημενος ο ερχομενος εν ονοματι κυριου ωσαννα εν τοις υψισ-
τοις· ¹⁰Και εισελθοντος αυτου εις ιεροσολυμα εσισθη πασα η
πολις λεγουσα τις εστιν ουτος· ¹¹Οι δε οχλοι ελεγον οτι
ουτος εστιν ιησους ο προ‖φητης ο απο ναζαρετ της γαλιλαιας· Vat 6
¹²Και εισηλθεν ο ιησους εις το ιερον του θεου και εξεβαλεν
παντας τους πωλουντας και αγοραζοντας εν τω ιερω και τας
τραπεζας των κολλυβιστων κατεστρεψεν και τας καθεδρας των
πωλουντων τας περιστερας· ¹³και λεγει αυτοις γεγραπται ο
οικος μου οικος προσευχης κληθησεται υμις δε εποιησαται
αυτον σπηλαιον ληστων· ¹⁴και προσηλθον αυτω χωλοι και
τυφλοι εν τω ιερω και εθεραπευσεν ǀ αυτους· ¹⁵Ιδοντες δε οι
αρχιερεις και οι γραμματεις τα θαυμασια α εποιησεν και τους
παιδας τους κραζοντας εν τω ιερω και λεγοντας ωσαννα τω υιω
δαυιδ ηγανακτησαν ¹⁶και ειπον αυτω ακουεις τι ουτοι λεγουσιν·
ο δε ιησους λεγει αυτοις ναι ουδεποτε ανεγνωτε οτι εκ στοματος
νηπιων και θηλαζοντων κατηρτισω αινον· ¹⁷Και καταλιπων
αυτους εξηλθεν εξω της πολεως εις βηθανιαν και ηυλισθη εκει·
¹⁸πρωιας Δε επαναγων εις την πολιν επεινασεν· ¹⁹και ‖

Desunt folia ut videtur triginta duo usque ad xxvi 57
τεροι συνηχθησαν· ⁵⁸ο δε πετρος Ηκολουθει αυτω απο Lond 1
μακροθεν· εως της αυλης του αρχιερεως· και εισελθων εσω
εκαθητο μετα των υπηρετων ιδειν το τελος ⁵⁹Οι δε αρ-

xxi 5 επι 2° erasum Σ 8 εκ] ε videtur ex κ factum Σ 11 om οτι Σ
13 γεγραπται οτι Σ id. αυτον εποιησατε Σ 15 και τους παιδας κραζοντας
('δας in ras scrip. Codex τους κραζοντας sed τους punctis superpositis im-
probatum') Σ

χιερεις και οι πρεσβυτεροι και ολον το συνεδριον εζητουν ψευδομαρτυριαν κατα του ιησου οπως αυτον θανατωσουσιν· ⁶⁰και ουκ ηυρον πολλων ψευδομαρτυρων προσελθοντων· Υστερον δε προσελθοντες δυο τινες ψευδομαρτυρες ⁶¹ειπον ουτος εφη δυναμε καταλυσαι τον ναον του θεου και δια | †ριων ημερων οικοδομησαι αυτον ⁶²και αναστας ο αρχιερευς ειπεν αυτω ουδεν αποκρινη τι ουτοι σου καταμαρτυρουσιν· ⁶³ο δε ιησους εσιωπα· και αποκριθεις ο αρχιερευς ειπεν αυτω εξορκιζω σε κατα του θεου του ζωντος ινα ημιν ειπης ει συ ει ο χριστος ο υιος του θεου του ζωντος· ⁶⁴λεγει αυτω ο ιησους συ ειπας πλην λεγω Υμιν απαρτι οψεσθε τον υιον του ανθρωπου εκαθημενον εκ δεξιων της δυναμεως και ερχομενον επι των νεφελων του ουρανου· ⁶⁵τοτε ο αρχιερευς διερ||

Desunt folia quattuor usque ad xxvii 26.

Lond 2
τον δε ιησουν φραγελλωσας παρεδωκεν αυτοις ινα σταυρωθη ²⁷Τοτε οι στρατιωται του ηγεμονος παραλαβοντες τον ιησουν εις το πραιτωριον συνηγαγον επ αυτον ολην την σπιραν ²⁸και εκδυσαντες αυτον περιεθηκαν αυτω χλαμυδα κοκκινην ²⁹και πλεξαντες στεφανον εξ απανθων εθηκαν επι την κεφαλην αυτου και καλαμον εν τη δεξια αυτου· και γονυπετησαντες εμπροσθεν αυτου ενεπαιζον αυτω λεγοντες· χαιρε ο βασιλευς των ιουδαιων· ³⁰Και εμπτυσαν|τες εις αυτον ελαβον τον καλαμον και ετυπτον εις την κεφαλην αυτου· ³¹και οτε ενεπεξαν αυτω εξεδυσαν αυτον την χλαμυδα· και ενεδυσαν αυτον τα ιματια αυτου· Και απηγαγον αυτον εις το σταυρωσαι· ³²εξερχομενοι δε ηυρον ανθρωπον κυρηνεον ονοματι σιμονα τουτον ηγγαρευσαν ινα αρη τον σταυρον αυτου· ³³Και ελθοντες εις τοπον λεγομενον γολγοθαν ο εστιν λεγομενον κρανιου τοπος ³⁴Εδωκαν αυτω πιειν οξος μετα χολης μεμιγμενον και γευ||

Desunt folia septem usque ad finem evangelii secundum Matthaeum.

xxvi 60 s. m. addit ουκ ηυρον post προσελθοντων litteris υσ vocis υστερον in υκ mutatis   xxvii 33 λεγομενον 2° in ερμηνευομενον mutatum litteris ερμη extra seriem litterarum additis

xxvi 59 οπως in rasura scriptum Σ   id. θανατωσωσιν (ανα et ωσιν in rasura) Σ
60 πολλων]+δε in margine additum Σ   id. προσελθοντων ου ηυρον (omnia haec excepta syllaba προσ in rasura) Σ
    64 καθημενον Σ

SECUNDUM MARCUM.

Desunt folia viginti ab initio evangelii usque ad v 20.

οσα εποιησεν αυτω ο ιησους και παντες εθαυμαζον· ²¹Και Pet 1
διαπερασαντος του ιησου εν τω πλοιω παλιν εις το περαν
συνηχθη οχλος πολυς προς αυτον και ην παρα την θαλασσαν·
²²και ιδου ερχεται εις των αρχισυναγωγων ονοματι ιαειρος και
ιδων τον ιησουν πιπτει παρα τους ποδας αυτου ²³και παρεκαλει
αυτον πολλα λεγων οτι το θυγατριον μου εσχατως   ινα
ελθ   πειθης   τας χειρας οπως σωθη και ζησεται ²⁴και
απηλθεν μετ αυ|του και ηκολουθει αυτω οχλος πολυς και
συνεθλιβον αυτον   ²⁵Και γυνη τις ουσα εν ρυσει αιματος
ετη δω κα ²⁶πολλα   ουσα υπο   ων ιατρων   .ανησ
   αρ αυτης παντα και μη ν ωφεληθεισα αλλα μαλλον εις το
χιρον ελθουσα ²⁷ακουσασα περι του ιησου ελθουσα εις τον
οχλον οπισθεν ηψατο του ιματιου αυτου· ²⁸ελεγε γαρ εν εαυτη
οτι καν των ιματιων αυτου αψομε σωθησομε· ²⁹και ευθεως
εξηρανθη η πηγη του αιματος αυτης και εγνω τω || σωματι οτι Pet 2
ιατε απο της μασστιγος   ³⁰Και ευθεως ο ιησους επιγνους εν
εαυτω την εξ αυτου δυναμιν εξελθουσαν· επιστραφεις εν τω
οχλω ελεγεν τις μου ηψατο των ιματιων· ³¹και λεγουσιν αυτω
οι μαθηται αυτου· βλεπεις τον οχλον συνθλιβοντα σε και
λεγεις τις μου ηψατο ³²και περιεβλεπετο ιδειν την τουτο ποιη-

v 23 ff membrana lacerata   29 μασστιγος] σ 1° bis scriptum ex errore scribae

v 28 αψωμαι Σ   29 της μαστιγος αυτης Σ

σασαν ³³η δε γυνη φοβηθεισα και τρεμουσα ηδυεια το γεγονος επ
αυτη ηλθεν και προσεπεσεν αυτω και ειπεν αυτω πασαν την
α|ληθειαν· ³⁴ο δε ειπεν αυτη θυγατερ η πιστις σου σεσωκεν σε
πορευου εις ειρηνην και εισθει υγιης απο της μαστιγος σου·
³⁵Ετι αυτου λαλουντος ερχονται απο του αρχισυναγωγου λε-
γοντες οτι η θυγατηρ σου απεθανεν τι σκυλλεις τον διδασ-
καλον· ³⁶Ο δε ιησους ακουσας ευθεως τον λογον λαλουμενον·
λεγει τω αρχισυναγωγω· μη φοβου μονον πιστευε ³⁷και ουκ
αφηκεν ουδενα αυτω συνακολουθησαι ει μη πετρον· και ιακω-
βον και ιωαννην τον || αδελφον ιακωβου· ³⁸και ερχεται εις τον
οικον του αρχισυναγωγου· και θεωρι θορυβον και κλαιοντας και
αλαλαζοντας πολλα· και εισελθων λεγει αυτοις τι θορυβισθαι
και κλαιεται· ²⁹το παιδιον ουκ απεθανεν αλλα καθευδει και
κατεγελων αυτου· ⁴⁰ο δε εκβαλων παντας παραλαμβανει τον
πατερα του παιδιου και την μητερα και τους μετ αυτου και
εισπορευεται οπου ην το παιδιον ανακιμενον ⁴¹και κρατησας της
χειρος του παιδιου λεγει αυτη ταλιθα κουμ· ο εσ|τιν μεθηρμη-
νευομενον το κορασιον σοι λεγω εγειρε ⁴²και ευθεως ανεστη το
κορασιον και περιεπατι ην γαρ ετων δωδεκα και εξεστησαν
εκστασει μεγαλη ⁴³και διεστιλατο αυτοις πολλα ινα μηδεις γνω
τουτο και ειπεν δοθηναι αυτη φαγιν·

VI. Και εξηλθεν εκιθεν και ηλθεν εις την πατριδα αυτου
και ακολουθουσιν αυτω οι μαθηται αυτου και γενομενου σαβ-
βατου· ²ηρξατο εν τη συναγωγη διδασκειν· και πολλοι ακου-
σαντες εξεπλησ||σοντο λεγοντες ποθεν τουτω ταυτα· και τις η
σοφια η δοθεισα αυτω και αι δυναμεις τοιαυται δια των χειρων
αυτου γινονται· ³ουχ ουτος εστιν ο τεκτων· ο υιος μαριας
αδελφος δε ιακωβου και ιωση και ιουδα και σιμωνος· και ουκ
εισιν αι αδελφαι αυτου ωδε προς ημας και εσκανδαλιζοντο εν
αυτω· ⁴Ελεγεν δε αυτοις ο ιησους οτι ουκ εστιν προφητης
ατιμος ει μη εν τη πατριδει αυτου. και εν τοις συγγενευσειν
αυτου και εν τη οικεια αυτου· | ⁵και ουκ εδυνατο εκει ουδεμιαν
δυναμιν ποιησαι ει μη ολιγοις αρρωστοις επειθεις τας χειρας
εθεραπευσεν ⁶και εθαυμαζεν δια την απιστιαν αυτων· Και

v 41 μεθηρμηνευομενον] η 1° in ε mutatum

---

v 36 τον λογον ευθεως Σ   37 αυτω ουδενα Σ   40 κατακειμενον Σ
vi 3 τεκτων· ο] 'inter τε et κτων rasura trium vel quattuor litterarum, itemque
post κτων duarum fere litterarum; post ο erasum σ' Σ

περιηγεν τας κωμας κυκλω διδασκων ⁷Και προσκαλιται τους δωδεκα και ηρξατο αυτους αποστελλειν δυο δυο και εδιδου αυτοις εξουσιαν των πνευματων των ακαθαρτων· ⁸και παρηγγιλεν αυτοις ινα μηδεν ερωσιν εις οδον ει μη ραβδον μονον μη πηραν· μη αρτον· μη εις την ζωνην ∥ χαλκον ⁹αλλα· υπο- Pet 5
δεδεμενους σανδαλεια και μη ενδεδυσθαι δυο χιτωνας ¹⁰Και ελεγεν αυτοις οπου εαν εισελθητε εις οικιαν εκει μενετε εως αν εξελθητε εκιθεν ¹¹Και οσοι εαν μη δεξονται υμας μηδε ακουσωσιν υμων εκπορευομενοι εκειθεν εκτιναξατε τον χουν τον υποκατω των ποδων υμων εις μαρτυριον αυτοις αμην λεγω υμιν ανεκτοτερον εσται σοδομοις η γομορροις εν ημερα κρισεως η τη πολει ∣ εκεινη· ¹²Και εξελθοντες εκηρυσσον ινα ¹³μετανοησουσιν· και δαιμονια πολλα εξεβαλλον· και ηλιφον ελαιω πολλους αρρωστους και εθεραπευοντο ¹⁴Και ηκουσεν ο βασιλευς ηρωδης φανερον γαρ εγενετο το ονομα αυτου· και ελεγεν οτι ιωαννης ο βαπτιζων εκ νεκρων ηγερθη και δια τουτο αι δυμεις ενεργουσειν εν αυτω· ¹⁵Αλλοι δε ελεγον οτι ηλιας εστιν· αλλοι δε ελεγον οτι προφητης εστιν ως εις των προφητων· ∥ ¹⁶ακουσας δε ο ηρωδης ειπεν οτι ον εγω απεκεφαλισα Pet 6
ιωαννην ουτος εστιν· αυτος ηγερθη απο των νεκρων· ¹⁷Αυτος γαρ ο ηρωδης αποστιλας εκρατησεν τον ιωαννην και εδησεν αυτον εν φυλακη δια ηρωδιαδα την γυναικα φιλιππου του αδελφου αυτου οτι αυτην εγαμησεν· ¹⁸Ελεγεν γαρ ο ιωαννης τω ηρωδη οτι ουκ εξεστιν σοι εχειν την γυναικα του αδελφου σου. ¹⁹η δε ηρωδιας ενιχεν αυτω και ηθελεν αυτον αποκτιναι. και ουκ ηδυνατο ²⁰ο γαρ ∣ ηρωδης εφοβιτο τον ιωαννην ιδως αυτον ανδρα δικαιον και αγιον και συνετηρει αυτον· και ακουσας αυτου πολλα εποιει και ηδεως αυτου ηκουεν ²¹Και γενομενης ημερας ευκαιρου οτε ηρωδης τοις γενεσιοις αυτου διπνον εποιει τοις μεγιστασιν αυτου και τοις χιλειαρχοις και τοις πρωτοις της γαλιλαιας ²²και εισελθουσης της θυγατρος αυτης της ηρωδιαδος και ορχησαμενης και αρεσασης τω ηρωδη και τοις συνανακιμενοις ει∥πεν ο βασιλευς τω κορασιω αιτησε Pet 7
με ο εαν θελεις και δωσω σοι ²³και ωμοσεν αυτη οτι ο εαν με

vi 14 δυμεις] sic ex errore scribae

---

vi 9 υποδεδημενους Σ   22 θελης Σ

αιτηση δωσω σοι εως ημισυ της βασιλειας μου· ²⁴η δε εξελθουσα ειπεν τη μητρι αυτης τι αιτησωμε η δε ειπεν την κεφαλην ιωαννου του βαπτιστου ²⁵και εισελθουσα ευθυς μετα σπουδης προς τον βασιλεα· ητησατο λεγουσα· θελω ινα δος μοι εξαυτης επι πινακει την κεφαλην ιωαννου του βαπτιστου· ²⁶και περιλυπος γενομενος ο βασιλευς δια τους ορκους | και τους συνανακιμενους ουκ ηθελησεν αθετησαι αυτην ²⁷και ευθεως αποστιλας ο βασιλευς σπεκουλατορα επεταξεν ενεχθηναι την κεφαλην αυτου· ²⁸Ο δε απελθων απεκεφαλισεν αυτον εν τη φυλακη και ηνεγκεν την κεφαλην αυτου επι πινακει Και εδωκεν αυτην τω κορασιω και το κορασιον εδωκεν αυτην τη μητρι αυτης ²⁹και ακουσαντες οι μαθηται αυτου· ηλθον και ηραν το πτωμα αυτου και εθηκαν αυτο εν μνημιω· ³⁰Και

Pet 8

συναγον‖ται οι αποστολοι προς τον ιησουν και απηγγιλαν αυτω παντα οσα εποιησαν και οσα εδιδαξαν· ³¹Και ειπεν αυτοις δευτε υμις αυτοι κατ ιδιαν εις ερημον τοπον και αναπαυεσθαι ολιγον· ησαν γαρ οι ερχομενοι και οι υπαγοντες πολλοι και ουδε φαγειν ευκαιρουν ³²Και απηλθον εις ερημον τοπον εν τω πλοιω κατ ιδιαν· ³³και ιδον αυτους υπαγοντας και επεγνωσαν αυτους πολλοι και πεζη απο πασων των πολεων· συνεδραμον εκει και προηλθον | αυτοις και συνηλθον προς αυτον· ³⁴και εξελθων ο ιησους ιδεν οχλον πολυν και εσπλανχνισθη επ αυτοις οτι ησαν ως προβατα μη εχοντα ποιμενα· και ηρξατο διδασκειν αυτους πολλα ³⁵Και ηδη ωρας πολλης γενομενης προσηλθον αυτω οι μαθηται αυτου λεγοντες οτι ερημος εστιν ο τοπος· και ηδη ωρα πολλη ³⁶απολυσον αυτους ινα απελθοντες εις τους κυκλω αγρους και κωμας αγορασωσειν εαυτοις αρτους·

Pet 9

τι γαρ φαγουσιν ουκ εχουσιν ³⁷ο δε ‖ αποκριθεις ειπεν αυτοις δοτε αυτοις υμις φαγειν· και λεγουσιν αυτω απελθοντες αγορασωμεν διακοσιων δηναριων αρτους και δωσωμεν αυτοις φαγειν· ³⁸Ο δε λεγει αυτοις ποσους αρτους εχετε υπαγετε και ειδετε και γνοντες λεγουσιν αυτω πεντε και δυο ιχθυας ³⁹και επεταξεν αυτοις ανακλιναι παντας συμποσια συμποσια επι τω χλωρω χορτω ⁴⁰και ανεπεσαν πρασιαι πρασιαι ανα εκατον και ανα πεντηκοντα· ⁴¹και λαβων τους πεντε αρτους και τους | δυο

vi 23 αιτησης Σ   25 εισελθουσα δε Σ   31 αυτοι υμεις Σ   id. ησαν γαρ ερχομενοι Σ   33 προσηλθον Σ   36 εαυτους Σ   37 δωμεν Σ

ιχθυας αναβλεψας εις τον ουρανον ευλογησεν και κατεκλασεν
τους αρτους και εδιδου τοις μαθηταις αυτου ινα παραθωσιν
αυτοις και τους δυο ιχθυας εμερισεν πασιν ⁴²και εφαγον παντες
και εχορτασθησαν ⁴³και ηραν κλασματων δωδεκα κοφινους
πληρεις και απο των ιχθυων ⁴⁴και ησαν οι φαγοντες τους
αρτους πεντακισχειλιοι ανδρες ⁴⁵Και ευθεως ηναγκασεν τους
μαθητας αυτου εμβηναι εις το πλοιον και προαγιν ‖ αυτον εις Pet 10
το περαν προς βηθσαιδαν· εως αυτος απολυση τον οχλον
⁴⁶Και αποταξαμενος αυτοις απηλθεν εις το ορος προσευξασθαι·
⁴⁷Οψιας δε γενομενης ην το πλοιον εν μεσω της θαλασσης και
αυτος μονος επι της γης ⁴⁸και ιδεν αυτους βασανιζομενους εν τω
ελαυνιν· ην γαρ ο ανεμος εναντιος αυτοις και περι τεταρτην
φυλακην της νυκτος ερχεται προς αυτους περιπατων επι της
θαλασσης· και ηθελεν παρελθειν αυτους ⁴⁹οι δε | ιδοντες αυτον
περιπατουντα επι της θαλασσης εδοξαν φαντασμα ειναι και
ανεκραξαν ⁵⁰παντες γαρ αυτον ιδον και εταραχθησαν και ευθεως
ελαλησεν μετ αυτων ο ιησους και λεγει αυτοις θαρσητε εγω
ειμι μη φοβισθε ⁵¹Και ανεβη προς αυτους εις το πλοιον και
εκοπασεν ο ανεμος· και λιαν εν εαυτοις εκ περισσου εξισταντο
και εθαυμαζον ⁵²ου γαρ συνηκαν επι τοις αρτοις· ην γαρ αυτων
η καρδια πεπωρωμενη ⁵³Και διαπερασαντες ηλθον επι την ‖
γην γεννησαρεθ και προσορμισθησαν εκει· ⁵⁴Και εξελθοντων Pat 1
αυτων εκ του πλοιου ευθεως επιγνοντες αυτον ⁵⁵περιδραμοντες
ολην την περιχωρον εκεινην ηρξαντο επι τοις κραβαττοις τους
κακως εχοντας περιφερειν οπου ηκουον οτι εκει εστιν ⁵⁶και
οπου αν εισεπορευετο εις κωμας η πολεις η αγρους εν ταις
αγοραις ετιθουν τους ασθενουντας και παρεκαλουν αυτον ινα
καν κρασπεδου του ιματιου αυτου αψονται και οσοι αν ηπτοντο
αυτου διεσωζοντο |

VII. Και συναγονται προς αυτον οι φαρισαιοι και τινες
των γραμματεων οι ελθοντες απο ιεροσολυμων ²και ιδοντες
τινας των μαθητων αυτου κοιναις χερσιν τουτ εστιν ανιπτοις
εσθιοντας τους αρτους εμεμψαντο ³οι γαρ· φαρισαιοι και
παντες οι ιουδαιοι εαν μη πυγμη νιψονται τας χειρας χειρας
ουκ εσθιουσιν κρατουντες την παραδοσιν των πρεσβυτερων

vi 53 γεννησαρετ Σ 56 καν] 'inter κ et αν erasum ρ' Σ id. κρασπεδου]
pr του Σ vii 3 νιψωνται Σ

⁴καὶ απο αγορας εαν μη βαπτισονται ουκ εσθιουσιν και αλλα πολλα εστιν α παρελαβον κρατειν ‖

Desunt folia duo usque ad vii 20.

εκπορευομενον εκεινο κοινοι τον ανθρωπον· ²¹εσωθεν γαρ εκ της καρδιας των ανθρωπων οι διαλογισμοι οι κακοι εκπορευονται· μοιχειαι· πορνειαι· φονοι· ²²κλοπαι· πλεονεξιαι πονηριαι δολος ασελγεια· οφθαλμος πονηρος· βλασφημεια υπερηφανεια αφροσυνη ²³παντα ταυτα τα πονηρα εσωθεν εκπορευονται και κοινοι τον ανθρωπον ²⁴Και εκειθεν αναστας απηλθεν εις τα μεθορια τυρου και σιδωνος και εισελθων εις οικιαν ουδενα ηθελεν | γνωναι και ουκ ηδυνηθη λαθειν ²⁵ακουσασα γαρ γυνη περι αυτου ης ειχεν το θυγατριον αυτης πνευμα ακαθαρτον ελθουσα προσεπεσεν προς τους ποδας αυτου· ²⁶ην δε η γυνη ελληνις συραφοινικισσα τω γενει· και ηρωτα αυτον ινα το δαιμονιον εκβαλη εκ της θυγατρος αυτης· ²⁷Ο δε ιησους ειπεν ααυτη· αφες πρωτον χορτασθηναι τα τεκνα· ου γαρ καλον εστιν λαβειν τον αρτον των τεκνων και βαλειν τοις κυναριοις· ²⁸η δε απεκριθη και λεγει αυτω ‖ ναι κυριε και γαρ τα κυναρεια υποκατω της τραπεζης εσθειει απο των ψιχειων των παιδιων· ²⁹Και ειπεν αυτη ο ιησους δια τουτον τον λογον υπαγε εξεληλυθεν το δαιμονιον εκ της θυγατρος σου ³⁰και απελθουσα εις τον οικον αυτης ευρεν το δαιμονιον εξεληλυθος· και την θυγατερα βεβλημενην επι της κλινης ³¹Και παλιν εξελθων εκ των οριων τυρου και σιδωνος ηλθεν προς την θαλασσαν της γαλιλαιας ανα μεσον των οριων δεκαπο|λεως ³²και φερουσιν αυτω κωφον μογγιλαλον και παρακαλουσιν αυτον ινα επιθη αυτω τας χειρας ³³και απολαβομενος αυτον απο του οχλου κατ ιδειαν εβαλεν τους δαστυλους αυτου εις τα ωτα αυτου και πτυσας ηψατο της γλωσσης αυτου ³⁴και αναβλεψας εις τον ουρανον εστεναξεν· και λεγει αυτω εφφαθα ο εστιν διανοιχθητι· ³⁵και ευθεως διηνοιχθησαν αυτου αι ακοαι και ελυθη ο δεσμος της γλωσσης αυτου και ελαλει ορθως ³⁶και δι‖εστιλατο αυτοις ινα μηδενι ειπωσιν οσον δε αυτος αυτοις διεστελλετο αυτοι μαλλον περισσοτερον εκηρυσσον ³⁷και υπερπερισως εξεπλησσοντο   Λεγοντες καλως

vii 27 ααυτη ex errore scribae   35 αι ακοαι in rasura litterarum οι οφθαλ

---

vii 24 εδυνηθη Σ   30 εξεληλυθως Σ   33 δακτυλους Σ   34 ανεστεναξεν Σ

παντα πεποιηκεν και τους κωφους ποιει ακουειν και τους αλαλους λαλιν

VIII. Εν εκειναις ταις ημεραις παλιν πολλου οχλου οντος και μη εχοντων τι φαγωσιν προσκαλεσαμενος τους μαθητας λεγει αυτοις ²σπλαγχνιζομε επι τον οχλον οτι ηδη ημεραι τρις προσμενουσιν μοι και ου|κ εχωσιν τι φαγωσιν· ³και εαν απολυσω αυτους νηστεις εις οικον αυτων εγλυθησονται εν τη οδω τινες γαρ αυτων μακροθεν·ηκασιν· ⁴και απεκριθησαν αυτω οι μαθηται αυτου ποθεν τουτοις δυνησεται τις ωδε χωρτασαι αρτων επ ερημιας· ⁵και επηρωτα αυτους ποσους εχετε αρτους οι δε ειπαν επτα· ⁶Και παρηγγιλεν τω οχλω αναπεσειν επι της γης και λαβων τους επτα αρτους ευχαριστησας εκλασεν και εδιδου τοις μαθηταις αυτου ινα πα‖ραθωσειν και παρεθηκαν τω Pat 5 οχλω ⁷και ειχον ιχθυδεια ολιγα και αυτα ευλογησας ειπεν παραθειναι αυτοις ⁸εφαγον δε και εχορτασθησαν και ηραν περισσευματα κλασματων επτα σπυριδας ⁹ησαν δε οι φαγοντες ως τετρακισχειλιοι και απελυσεν αυτους ¹⁰Και εμβας ευθεως εις το πλοιον μετα των μαθητων αυτου ηλθεν εις τα ορη δαλμανουθα ¹¹και   Εξηλθον οι φαρισαιοι και ηρξαντο συνζητειν αυτω ζητουντες παρ αυτου σημιον απο του ουρανου | πιραζοντες αυτον· ¹²Και αναστεναξας τω πνευματι αυτου λεγει τι η γενεα αυτη σημιον επιζητι· αμην λεγω υμιν· ει δοθησεται τη γενεα ταυτη σημιον ¹³και καταλιπων αυτους εμβας παλιν εις το πλοιον· απηλθεν εις το περαν· ¹⁴και επελαθοντο λαβειν αρτους· και ει μη ενα αρτον ουκ ειχον μεθ εαυτων εν τω πλοιω· ¹⁵Και διεστελλετο αυτοις λεγων ορατε βλεπετε απο της ζυμης των φαρισεων και της ζυμης ηρωδου ¹⁶Και ελογιζοντο προς αλληλους ‖ λεγοντες οτι αρτους ουκ Pat 6 εχομεν· ¹⁷και γνους ο ιησους λεγει αυτοις τι διαλογιζεσθε οτι αρτους ουκ εχετε· ουπω νοειτε ουδε συνειετε· πεπωρωμενην εχετε την καρδιαν υμων· ¹⁸οφθαλμους εχοντες ου βλεπετε και ωτα εχοντες ουκ ακουετε· ουπω νοειτε ¹⁹οτε τους πεντε αρτους εκλασα εις τους πεντακισχιλειους· ποσους κοφινους πληρεις κλασματων ηρατε· λεγουσιν αυτω δωδεκα· ²⁰Οτε δε και

viii 17 καρδιαν υμων] υμων bis scriptum, 1° erasum est

---

viii 2 εχουσιν Σ   4 τουτους Σ   10 ορια Σ   16 διελογιζοντο Σ
20 om και Σ

τους επτα εις τους τετρακισχιλειους ποσων σπυ|ριδων πληρωματα κλασματων ηρατε· οι δε ειπον επτα ²¹και ελεγεν πως ουπω συνειετε· ²²Και ερχεται εις βηθσαιδα· και φερουσιν αυτω τυφλον και παρακαλουσιν αυτον ινα αυτου αψηται· ²³Και επιλαβομενος της χειρος του τυφλου εξηγαγεν αυτον εξω της κωμης και πτυσας εις τα ομματα αυτου επιθεις τας χειρας αυτω επηρωτησεν αυτον ει τι βλεπει· ²⁴και Αναβλεψας λεγει βλεπω τους ανθρωπους οτι ως δενδρα ορω περιπατουντας· ²⁵ειτα παλιν || επεθηκεν τας χειρας αυτου επι τους οφθαλμους αυτου και εποιησεν αυτον αναβλεψαι και απεκατεσταθη και ενεβλεψεν τηλαυγως απαντας· ²⁶και απεστιλεν αυτον εις οικον αυτου λεγων μηδε εις την κωμην εισελθης μηδε ειπης τινι εν τη κωμη ²⁷Και εξηλθεν ο ιησους και οι μαθηται αυτου εις τας κωμας καισαριας της φιλιππου· Και εν τη οδω επηρωτα τους μαθητας αυτου λεγων αυτοις τινα με λεγουσιν οι ανθρωποι ειναι ²⁸Οι δε απεκριθησαν· ιωαννην | τον βαπτιστην αλλοι δε ηλιαν αλλοι δε ενα των προφητων· ²⁹Και αυτος λεγει αυτοις υμις δε τινα με λεγετε ειναι· Και αποκριθεις ο πετρος λεγει αυτω συ ει ο χριστος ³⁰και επετιμησεν αυτοις ινα μηδενι λεγωσιν περι τουτου· ³¹και ηρξατο διδασκιν αυτους οτι δει τον υιον του ανθρωπου πολλα παθειν· και αποδοκιμασθηναι· υπο των πρεσβυτερων και αρχιερεων και γραμματεων και αποκτανθηναι και μετα τρις ημερας αναστηναι ³²και παρρησια ελαλει τον λογον ||

Deest folium usque ad ix 1.

τοις αμην λεγω υμιν οτι εισιν τινες των ωδε εστηκοτων οιτινες ου μη γευσονται θανατου εως αν ιδωσιν την βασιλειαν του θεου εληλυθνειαν εν δυναμει· ²και μεθ ημερας εξ παραλαμβανει ο ιησους τον πετρον και τον ιακωβον και ιωαννην και αναφερει αυτους εις ορος υψηλον κατ ιδιαν μονους· και μετεμορφωθη εμπροσθεν αυτων ³και τα ιματια αυτου εγενοντο στιλβοντα λευκα δειαν ως χιων οια γναφευς επι της γης ου δυ|ναται λευκαναι ουτως ⁴και ωφθη αυτοις ηλιας συν μωυσει και ησαν συλλαλουντες τω ιησου ⁵Και αποκριθεις ο πετρος λεγει αυτω ραββει καλον εστιν ημας ωδε ειναι και ποιησωμεν

---

viii 21 ελεγεν]+αυτοις Σ   25 αυτου τας χειρας Σ   29 ο πετρος λεγει] σιμων πετρος ειπεν Σ   30 περι τουτου] περι αυτου Σ   ix 3 δειαν] λιαν Σ

σκηνας τρις συ μιαν και μωυσει μιαν και ηλια μιαν ⁶ου γαρ
ηδει τι λαλησει ησαν γαρ εκφοβοι· ⁷εγενετο δε νεφελη επι-
σκιαζουσα αυτοις και ηλθεν φωνη εκ της νεφελης· ουτος εστιν
ο υιος μου ο αγαπητος αυτου ακουετε· ⁸και εξαπινα περι-
βλεψα‖μενοι· ουκετι ουδενα ειδον ει μη τον ιησουν μονον μεθ Pat 9
εαυτων· ⁹και καταβαινοντων αυτων απο του ορους διεστιλατο
αυτοις ινα μηδενει διηγησοντε· α ιδον ει μη οταν ο υιος του
ανθρωπου εκ νεκρων αναστη· ¹⁰Και τον λογον εκρατησαν
προς εαυτους συνζητουντες τι εστιν το εκ νεκρων αναστηναι·
¹¹Και επηρωτων αυτον λεγοντες οτι λεγουσιν οι γραμματεις οτι
ηλιαν δει ελθειν πρωτον· ¹²Ο δε αποκριθεις ειπεν αυτοις
ηλιας μεν ελθων πρωτος αποκαθιστα | παντα και πως γεγραπ-
ται επι τον υιον του ανθρωπου ινα πολλα παθη και εξουθενηθη·
¹³αλλα λεγω υμιν οτι ηλιας ηδη εληλυθεν· και εποιησαν αυτω
οσα ηθελησαν καθως γεγραπται επ αυτον· ¹⁴Και ελθων
προς τους μαθητας ιδεν οχλον πολυν περι αυτους και γραμ-
ματεις συνζητουντας αυτοις ¹⁵και ευθεως πας ο οχλος ιδων
αυτον εξεθαμβηθη· και προστρεχοντες ησπαζοντο αυτον· ¹⁶και
επηρωτησεν τους γραμματεις· τι συνζητιτε προς αυτους ¹⁷και
απο‖κριθεις εις εκ του οχλου ειπεν διδασκαλε ηνεγκα τον υιον Pat 10
μου προς σε εχοντα πνευμα ααλον ¹⁸και οπου αν αυτον κατα-
λαβη· ρησσει αυτον και αφριζει και τριζι τους οδοντας αυτου
και ξηρενεται· και ειπον τοις μαθηταις σου· ινα αυτο εκ-
βαλωσιν και ουκ ισχυσαν· ¹⁹Ο δε αποκριθεις λεγει αυτω
ω γενεα απιστος εως ποτε προς υμας εσομαι· εως ποτε ανεξομαι
υμων φερετε αυτον προς με· ²⁰και ηνεγκαν αυτον προς αυτον
και ιδων αυτον ευθεως το | πνευμα εσπαραξεν αυτον και πεσων
επι της γης εκυλιετο αφριζων· ²¹Και επηρωτησεν τον πατερα
αυτου ο ιησους ποσος χρονος εστιν αφ ου τουτο γεγονει αυτω
ο δε ειπεν εκ παιδοθεν· ²²και πολλακεις αυτον και εις πυρ
εβαλεν και εις υδατα ινα απολεση αυτον· αλλ ει τι δυνασαι
βοηθησον ημιν σπλαγχνισθεις εφ ημας· ²³Ο δε ιησους ειπεν
αυτω το ει δυνη· παντα δυνατα τω πιστευοντι· ²⁴και ευθεως

ix 17 ααλον sic   23 δυνη] πιστευσαι in margine scriptum eadem manu

---

ix 9 καταβαινοντων δε Σ   11 επηρωτουν Σ   17 πνευμα ααλον]
πνευμα αλαλον text. In margine 'littera α vocis πνευμα erasa; videtur volu-
isse πνευμα λαλον' Σ

Pat 11 κραξας ο πατηρ του παιδιου μετα δακρυ∥ων ελεγεν· πιστευω
κυριε βοηθει μου τη απιστια· ²⁵ιδων δε ο ιησους οτι επισυν-
τρεχει οχλος επετιμισεν τω πνευματι τω ακαθαρτω λεγων αυτω
το πνευμα το αλαλον και κωφον· εγω σοι επιτασσω εξελθε εξ
αυτου και μηκετι εισελθης εις αυτον ²⁶και κραξαν και πολλα
σπαραξαν αυτον εξηλθεν και εγενετο ωσει νεκρος ωστε πολλους
λεγειν οτι απεθανεν· ²⁷Ο δε ιησους κρατησας αυτον της χει-
ρος ηγιρεν αυτον και ανεστη· ²⁸Και ελθοντα αυτον εις οικον
οι μαθηται αυτου | επηρωτων αυτον κατ ιδιαν οτι ημεις ουκ
ηδυνηθημεν εκβαλειν αυτο ²⁹και ειπεν αυτοις τουτο το γενος εν
ουδενει δυναται εξελθειν ει μη εν προσευχη και νηστια ³⁰Και
εκειθεν εξελθοντες παρεπορευοντο δια της γαλιλαιας και ουκ
ηθελεν ινα τις γνω ³¹εδιδασκεν γαρ τους μαθητας αυτου και
ελεγεν αυτοις οτι ο υιος του ανθρωπου παραδιδοται εις χειρας
ανθρωπων και αποκτενουσιν αυτον και αποκτανθεις τη τριτη
Pat 12 ημερα αναστησεται ³²οι δε ην∥γροουν το ρημα και εφοβουντο
αυτον επερωτησαι· ³³Και ηλθεν εις καπερναουμ και εν τη
οικια γεναμενος επηρωτα αυτους τι εν τη οδω προς εαυτους
διελογιζεσθε· ³⁴οι δε εσιωπουν προς αλληλους γαρ διελεχθησαν
εν τη οδω τις μιζων· ³⁵Και καθισας εφωνησεν τους δωδεκα
και λεγει αυτοις ει τις θελει πρωτος ειναι εσται παντων εσχατος
και παντων διακονος ³⁶Και λαβων παιδιον εστησεν αυτο εν
μεσω αυτων και εναγκαλισαμε|νος αυτο ειπεν αυτοις· ³⁷ος εαν εν
των τοιουτων παιδιων δεξηται επι τω ονοματι μου εμε δεχεται
Και ος εαν εμε δεξηται ουκ εμε δεχητε αλλα τον αποστιλαντα
με ³⁸Απεκριθη δε αυτω ιωαννης λεγων διδασκαλε ειδαμεν τινα
εν τω ονοματι σου εκβαλλοντα δαιμονια ος ουκ ακολουθει ημιν
και εκωλυσαμεν αυτον οτι ουκ ακολουθει ημιν· ³⁹Ο δε ιησους
ειπεν μη κωλυετε αυτον· ουδεις γαρ εστιν ος ποιησει δυναμιν επι
Pat 13 τω ο∥νοματι μου και δυνησεται ταχυ κακολογησε με· ⁴⁰ος γαρ·
ουκ εστιν καθ υμων υπερ υμων εστιν· ⁴¹Ος γαρ αν ποτιση
υμας ποτηριον υδατος εν ονοματι οτι χριστου εστε αμην λεγω
υμιν ου μη απολεση τον μισθον αυτου· ⁴²και ος αν σκανδαλιση

ix 37 Post δεξηται rasura litterae, ut videtur, δ

ix 28 επηρωτουν Σ   id. αυτο] αυτον Σ   32 ηγνοουν Σ   37 δεχητε]
δεχεται Σ   38 ιωαννης] pr ο Σ

ενα των μικρων τουτων των πιστευοντων εις εμε· καλον εστιν
αυτω μαλλον ει περικιτε λιθος μυλικος περι τον τραχηλον
αυτου και βεβληται εις την θαλασσαν ⁴³Και εαν σκανδαλιζη σε η χειρ σου απο|κοψον αυτην καλον σοι εστιν κυλλον
εις την ζωην εισελθειν η τας δυο χειρας εχοντα απελθειν εις
την γεενναν εις το πυρ το αζβεστον ⁴⁴οπου ο σκωληξ αυτων ου
τελευτα και το πυρ ου σβεννυτε· ⁴⁵και εαν ο πους σου σκανδαλειζη σε αποκοψον αυτον καλον εστιν σοι εισελθειν εις την
ζωην χωλον η τους δυο ποδας εχοντα βληθηναι εις γεενναν εις
το πυρ το ασβεστον ⁴⁶οπου ο σκωληξ αυτων ου τελευτα και το
πυρ ου σβεννυται· ⁴⁷και εαν ο οφθαλμος σου || σκανδαλιζη σε Pat 14
εκβαλε αυτον καλον σοι εστιν μονοφθαλμον εισελθειν εις την
βασιλειαν του θεου η δυο οφθαλμους εχοντα βληθηναι εις την
γεενναν του πυρος· ⁴⁸Οπου ο σκωληξ αυτων ου τελευτα και
το πυρ ου σβεννυται· ⁴⁹πας γαρ πυρι αλισθησεται και πασα
θυσια αλι αλισθησεται· ⁵⁰Καλον το αλας εαν δε το αλας
αναλον γενηται εν τινι αυτο αρτυσεται εχετε εν εαυτοις αλας
και ειρηνευεται εν αλαηλοις·

X. Κακιθεν αναστας ηλθεν εις | τα ορια της ιουδαιας
δια του περαν του ιορδανου· συμπορευονται παλιν οχλοι προς
αυτον· και ως ιωθει παλιν εδιδασκεν αυτους· ²Και προσελθοντες οι φαρισαιοι επηρωτησαν αυτον ει εξεστιν ανδρι γυναικα απολυσαι πιραζοντες αυτον· ³Ο δε αποκριθεις ειπεν
αυτοις τι υμιν ενετιλατο μωυσης ⁴οι δε ειπον μωυσης επετρεψεν
βιβλιον αποστασιου γραψαι και απολυσαι αυτην· ⁵Και
αποκριθεις ο ιησους ειπεν αυτοις προς την || σκληροκαρδιαν Pat 15
υμων επετρεψεν υμιν την εντολην ταυτην· ⁶απο δε αρχης
κτισεως αρσεν και θηλυ εποιησεν αυτους ο θεος και ειπεν
⁷ενεκεν τουτου καταλιψει ανθρωπος τον πατερα και την
μητερα και προσκολληθησεται τη γυναικει αυτου ⁸και εσονται
οι δυο εις σαρκα μιαν· ωστε ουκετι εισιν δυο αλλα μια σαρξ·
⁹ο ουν ο θεος συνεζευξεν ανθρωπος μη χωριζετω· ¹⁰Και εν
τη οικια παλιν οι μαθηται αυτου περι τουτου επερωτησαν

ix 42 om τουτων Σ   45 σοι εστιν Σ   id. δυο] 'δ super π scriptum' Σ   id. γεενναν] pr την Σ   x 1 και εκειθεν Σ   id. ηλθεν] ερχεται Σ   id. δια του περαν] om δια (ante του rasura trium litterarum) Σ   id. συμπορευονται] pr και Σ   4 om αυτην Σ   7 τον πατερα]+αυτου Σ
10 επηρωτησαν Σ

αυτον· ¹¹Και λεγει αυτοις | ος εαν απολυση την γυναικα
αυτου και γαμηση αλλην μοιχαται· επ αυτην· ¹²και εαν γυνη
απολυση τον ανδρα αυτης και γαμηθη αλλω μοιχαται· ¹³Και
προσεφερον αυτω παιδια ινα αψηται αυτων· οι δε μαθηται
επετιμων τοις προσφερουσιν ¹⁴ιδων δε ο ιησους ηγανακτησεν
και ειπεν αυτοις αφετε τα παιδια ερχεσθαι προς εμε μη κωλυ-
ετε αυτα των γαρ τοιουτων εστιν η βασιλεια του θεου· ¹⁵αμην
λεγω υμιν· ο· εαν μη δεξηται την βασιλει‖αν του θεου ως διον
ου μη εισελθη εις αυτην· ¹⁶και εναγκαλισαμενος αυτα τιθις τας
χειρας επ αυτα κατηλογι αυτα· ¹⁷Και εκπορευομενου αυτου
εις οδον προσδραμων εις και γονυπετησας αυτον επηρωτα αυτον
διδασκαλε αγαθε τι ποιησω ινα ζωην αιωνιον κληρονομησω ¹⁸ο
δε ιησους ειπεν αυτω τι με λεγεις αγαθον ουδεις αγαθος ει μη
εις ο θεος ¹⁹τας εντολας οιδας μη μοιχευσης· μη φονευσης μη
κλεψης· μη ψευδομαρτυρησης μη αποστερησης τιμα | τον
πατερα σου και την μητερα σου ²⁰ο δε αποκριθεις ειπεν αυτω
διδασκαλε ταυτα παντα εφυλαξαμην εκ νεοτητος μου· τι ετι
υστερω ²¹Ο δε ιησους εμβλεψας αυτω ηγαπησεν αυτον και
ειπεν αυτω ει θελεις τελιος ειναι εν σοι υστερει υπαγε οσα εχεις
πωλησον και δος πτωχοις και εξεις θησαυρον εν ουρανω και
δευρο ακολουθει μοι αρας τον σταυρον· ²²Ο δε στυγνασας
επι τω λογω απηλθεν λυπουμενος· ην γαρ εχων κτηματα
πολ‖λα· ²³και περιβλεψαμενος ο ιησους λεγει τοις μαθηταις
αυτου πως δυσκολως οι τα χρηματα εχοντες εις την βασιλειαν
του θεου εισελευσονται· ²⁴οι δε μαθηται εθαμβουντο επι τοις
λογοις αυτου· Ο δε ιησους παλιν αποκριθεις λεγει αυτοις
τεκνια πως δυσκολον εστιν τους πεποιθοτας επι χρημασιν εις
την βασιλειαν του θεου εισελθειν· ²⁵ευκοπωτερον εστιν καμηλον
δια τρυμαλιας ραφιδος εισελθιν η πλουσιον εις την βασιλειαν
του θεου εισελ|θειν· ²⁶οι δε περισως εξεπλησοντο λεγοντες προς
εαυτους και τις δυναται σωθηναι· ²⁷εμβλεψας δε αυτοις ο
ιησους λεγει· παρα ανθρωποις τουτο αδυνατον αλλ ου παρα
θεω παντα γαρ δυνατα εστιν παρα τω θεω· ²⁸Ηρξατο δε ο

x 19 μη αποστερησης τιμα] στερησης τιμα in margine scriptum eadem manu

x 14 με Σ 15 ο] ος Σ id. δ.ον] παιδιον Σ 16 κατηλογι]
ηυλογει (inter αυτα et ηυλογει rasura trium litterarum) Σ 19 om μη
αποστερησης Σ 24 αποκριθεις παλιν Σ

πετρος λεγειν αυτω· ιδου ημεις αφηκαμεν· παντα και ηκολουθησαμεν σοι ²⁹Και αποκριθεις ο ιησους ειπεν· αμην λεγω υμιν· ουδις εστιν ος αφηκεν οικιαν η αδελφους η αδελφας η πατερα η μητερα· η γυναικα η τεκνα· η αγρους ενεκεν εμου και ενε‖κεν του ευαγγελιου ³⁰εαν μη λαβη εκατονταπλασιονα Pat 18 νυν εν τω καιρω τουτω· οικιας· και αδελφους και αδελφας· και πατερας και μητερας· και τεκνα και αγρους. μετα διωγμων και εν τω αιωνι τω ερχομενω ζωην αιωνιον ³¹πολλοι δε εσοντε πρωτοι εσχατοι και οι εσχατοι πρωτοι· ³²Ησαν δε εν τη οδω αναβαινοντες εις ιεροσολυμα και ην προαγων αυτους ο ιησους και εθαμβουντο και ακολουθουντες εφοβουντο· Και παραλαβων παλιν τους ‖ δωδεκα ηρξατο αυτοις λεγειν τα μελλοντα αυτω συμβαινειν ³³οτι ιδου αναβαινομεν εις ιεροσολυμα και ο υιος του ανθρωπου παραδοθησεται τοις αρχιερευσειν και γραμματευσιν και κατακρινουσιν αυτον θανατω και παραδωσουσειν αυτον τοις εθνεσιν ³⁴και εμπαιξουσιν αυτω· και μαστιγωσουσιν και εμπτυσουσιν αυτω και αποκτενουσειν αυτον και τη τριτη ημερα αναστησεται· ³⁵Και προσπορευοντε αυτω ιακωβος και ιω‖αννης υιοι· ζεβεδαιου λεγοντες διδασκαλε θελομεν Pat 19 ινα ο εαν σε αιτησωμεν ποιησης ημιν· ³⁶Ο δε ειπεν αυτοις τι θελετε ποιησαι με υμιν· ³⁷οι δε ειπον αυτω· δος ημιν ινα εις εκ δεξιων σου και εις εξ ευωνυμων σου καθισωμεν εν τη δοξη σου· ³⁸Ο δε ιησους ειπεν αυτοις· ουκ οιδατε τι αιτισθε δυνασθε πιειν το ποτηριον ο εγω πινω η το βαπτισμα ο εγω βαπτιζομαι βαπτισθηναι ³⁹οι δε ειπον αυτω δυναμεθα· ο δε ιησους ειπεν αυτοις το μεν ‖ ποτηριον ο εγω πινω πιεσθε και το βαπτισμα ο εγω βαπτιζομε βαπτισθησεσθε· ⁴⁰το δε καθισαι εκ δεξιων μου και εξ ευωνυμων ουκ εστιν εμον δουναι· αλλ οις ητοιμασται ⁴¹και ακουσαντες οι δεκα ηρξαντο αγανακτιν περι ιακωβου και ιωαννου· ⁴²Ο δε ιησους προσκαλεσαμενος αυτους λεγει αυτοις οιδατε οτι οι δοκουντες αρχειν των εθνων κατακυριευουσιν αυτων· και οι μεγαλοι κατεξουσιαζουσιν αυτων· ⁴³ουχ ουτως δε εσται εν υμιν· αλλ ος ‖

Desunt folia duo usque ad xi 7.

x 34 εμπτυσουσιν] Inter τ et υ rasura litterae ο

7 ★   x 30 διωγμον Σ   36 ο δε ιησους Σ

Pat 20 αυτω τα ιματια αυτων και εκαθισεν επ αυτω ⁸πολλοι δε τα ιματια αυτων εστρωσαν εν τη οδω αλλοι δε στυβαδας εκοπτον εκ των δενδρων και εστρωννυον εν τη οδω· ⁹Και οι προαγοντες και οι ακολουθουντες εκραζον λεγοντες ωσαννα ευλογημενος ο ερχομενος εν ονοματι κυριου ¹⁰ευλογημενη η ερχομενη βασιλεια εν ονοματι κυριου του πατρος ημων δαυιδ ωσαννα εν τοις υψιστοις· ¹¹Και εισηλθεν εις ιεροσολυμα ο ιησους και εις το ιερον και | περιβλεψαμενος παντα οψιας ηδη ουσης της ωρας εξηλθεν εις βηθανιαν μετα των δωδεκα· ¹²Και τη επαυριον εξελθοντων αυτων απο βηθανιας επινασεν ¹³και ιδων συκην απο μακροθεν εχουσαν φυλλα· ηλθεν ει αρα τι ευρησει εν αυτη· και ελθων επ αυτην ουδεν ευρεν ει μη φυλλα μονον· ου γαρ καιρος συκων· ¹⁴Και αποκριθεις ειπεν αυτη· μηκετι εκ σου εις τον αιωνα· μηδεις καρπον φαγοι· και ηκουον οι

Pat 21 μαθηται αυτου· || ¹⁵Και ερχονται παλιν εις ιεροσολυμα· και εισελθων ο ιησους εις το ιερον· ηρξατο εκβαλλιν τους πωλουντας και τους αγοραζοντας εν τω ιερω και τας τραπεζας των κολλυβιστων εξεχεεν και τας καθεδρας των πωλουντων τας περιστερας κατεστρεψεν ¹⁶και ουκ ηφιεν ινα τις διενεγκη· σκευος δια του ιερου ¹⁷και εδιδασκεν λεγων αυτοις ου γεγραπται οτι ο οικος μου οικος προσευχης κληθησεται πασιν τοις εθνεσιν· υμις δε εποιησατε | αυτον σπηλαιον ληστων ¹⁸Και ηκουσαν οι γραμματεις και οι αρχιερεις και εξητουν πως αυτον απολεσωσειν· εφοβουντο γαρ αυτον οτι πας ο οχλος εξεπλησσετο επι τη διδαχη αυτου· ¹⁹Και οτε οψε εγενετο εξεπορευετο εξω της πολεως ²⁰και πρωει παραπορευομενοι ιδον την συκην εξηραμενην εκ ριζων ²¹και αναμνησθεις ο πετρος λεγει αυτω ραββι ιδε η συκη ην κατηρασω εξηρανθη· ²²Και

Pat 22 αποκριθεις ο ιησους λεγει αυτοις εχετε || πιστιν θεου ²³αμην λεγω υμιν οτι ος αν ειπη τω ορει τουτω αρθητι και βληθητι εις την θαλασσαν και μη διακριθη εν τη καρδια αυτου αλλα πιστευση οτι ο λαλει γεινεται εσται αυτω ο εαν ειπη· ²⁴δια τουτο Λεγω υμιν παντα οσα εαν προσευχομενοι αιτισθε

xi 8 εστρωσαν] Inter ε et σ rasura litterae ι   10 κυριου in rasura duarum vel trium litterarum auro scriptarum argento scriptum

xi 13 αρα] 'syllaba ρα supra lineam scripta' Σ   id. καιρος] pr ην Σ
15 εξεχεσεν ('fort. εξεχεεν codex vide Prolegom. p. liv') Σ   23 αμην]+γαρ Σ

πιστευετε οτι λαμβανετε και εσται υμιν· ²⁵Και οταν στη-
κηται προσευχομενοι αφιετε ει τι εχετε κατα τινος ινα και ο
πατηρ υμων ο εν τοις ουρανοις αφη υμιν τα παραπτωματα υμων
²⁶ει δε υμις ουκ α|φιετε· ουδε ο πατηρ υμων ο εν ουρανω αφησει
τα παραπτωματα υμων· ²⁷Και ερχονται παλιν εις ιεροσο-
λυμα· και εν τω ιερω περιπατουντος αυτου· ερχοντε προς
αυτον οι αρχιερεις και οι γραμματεις και οι πρεσβυτεροι· ²⁸και
λεγουσιν αυτω εν ποια εξουσια ταυτα ποιεις και τις σοι την
εξουσιαν ταυτην εδωκεν ινα ταυτα ποιεις· ²⁹Ο δε ιησους
αποκριθεις ειπεν αυτοις επερωτησω υμας καγω ενα λογον και
αποκριθητε μοι και ερω υμιν εν ποια ε‖ξουσια ταυτα ποιω ³⁰το Pat 23
βαπτισμα ιωαννου εξ ουρανου ην η εξ ανθρωπων αποκριθηται
μοι· ³¹οι δε ελογιζοντο προς εαυτους λεγοντες εαν ειπωμεν εξ
ουρανου ερει διατι ουν ουκ επιστευσαται αυτω· ³²αλλ ειπωμεν
εξ ανθρωπων φοβουμεθα τον οχλον παντες γαρ ειχον τον
ιωαννην ως προφητην· ³³και αποκριθεντες τω ιησου λεγουσιν
ουκ οιδαμεν· Και ο ιησους λεγει αυτοις ουδε εγω λεγω υμιν
εν ποια εξουσια ταυτα ποιω

XII. Και ηρξατο λεγειν αυτοις εν παραβολαις ανθρωπος
εφυτευσεν αμπελωνα και περιεθηκεν αυτω φραγμον και ωρυξεν
υποληνιον· και ωκοδομησεν πυργον· και εξεδοτο αυτον γεωργοις
και απεδημησεν ²και απεστιλεν προς τους γεωργους δουλον τω
καιρω ινα παρα των γεωργων λαβη απο τ.. καρπων του αμ-
πελωνος· ³οι δε λαβοντες αυτον εδιραν και απεστιλαν κενον·
⁴και παλιν απεστιλεν προς αυτους αλλον δουλον· κακινον λιθο-
βολησαντες εκεφαλαιωσαν και απεστιλαν ητιμωμενον ‖ ⁵και Pat 24
παλιν αλλον απεστιλεν κακινον απεκτιναν· και πολλους αλλους·
τους μεν δεροντες τους δε αποκτενοντες· ⁶ετι ουν ενα υιον εχων
αγαπητον αυτου απεστιλεν και αυτον προς αυτους εσχατον
λεγων εντραπησοντε τον υιον μου· ⁷εκεινοι δε οι γεωργοι
ιδοντες αυτον ειπον προς εαυτους ουτος εστιν ο κληρονομος
δευτε αποκτινωμεν αυτον και ημων εσται η κληρονομια ⁸και
λαβοντες αυτον απεκτιναν· και εξεβαλον αυτον εξω του | αμ-
πελωνος ⁹τι ουν ποιησει ο κυριος του αμπελωνος· ελευσεται και
απολεσει τους γεωργους εκεινους· και δωσει τον αμπελωνα

xi 28 ποιης Σ   32 ειχον] εχουσιν Σ   xii 1 om και ωκοδομησεν
πυργον Σ   2 του καρπου Σ   4 προς αυτον Σ   7 αποκτεινομεν Σ

αλλοις· ¹⁰ουδε την γραφην ταυτην ανεγνωτε λιθον ον απεδοκι-
μασαν οι οικοδομουντες ουτος εγενηθη εις κεφαλην γωνιας
¹¹παρα κυριου εγενετο αυτη και εστιν θαυμαστη εν οφθαλμοις
ημων· ¹²Και εζητουν αυτον κρατησαι και εφοβηθησαν τον
οχλον εγνωσαν γαρ οτι προς αυτους την παραβολην ειπεν και
αφεν∥τες αυτον απηλθον· ¹³και αποστελουσιν προς αυτον τινας
των φαρισεων και των ηρωδιανων ινα αυτον αγρευσωσιν λογω·
¹⁴Οι δε ελθοντες λεγουσιν αυτω· διδασκαλε οιδαμεν οτι αληθης
ει· και ου μελι σοι περι ουδενος ου γαρ βλεπεις εις προσωπον
ανθρωπων αλλ επ αληθειας την οδον του θεου διδασκεις· ειπε
ουν ημιν· εξεστιν κηνσον καισαρι δουναι η ου δωμεν η μη
δωμεν· ¹⁵Ο δε ειδως αυτων την υποκρισιν ειπεν αυ|τοις τι
με πιραζετε υποκριται φερετοι μοι δηναριον ινα ιδω ¹⁶οι δε
ηνεγκαν και λεγει αυτοις τινος εστιν η ικων αυτη και η επιγραφη
οι δε ειπον αυτω καισαρος· ¹⁷Και αποκριθεις ο ιησους ειπεν
αυτοις αποδοτε τα καισαρος κεσαρει· και τα του θεου τω θεω
και εθαυμασαν επ αυτω· ¹⁸Και ερχοντε σαδδουκαιοι προς
αυτον οιτινες λεγουσιν αναστασιν μη ειναι· και επηρωτησαν
αυτον λεγοντες ¹⁹διδασκαλε μωυσης εγραψεν ημιν οτι εαν τινος
αδελφος ∥

Desunt folia undecim usque ad xiv 25.

λεγω υμιν οτι ουκετι ου μη πιω εκ του γε.νηματος της αμπελου
εως της ημερας εκεινης οταν αυτο πινω καινον . . . η βασιλεια
. . . θεου ²⁶Και υ. . .σαντες εξηλθον εις . . ορος των ελ.. ων
²⁷και λεγε. . .τοις ο ιησους οτι . . .τες σκανδαλ..θησεσθαι εν
εμοι εν τη νυκτι ταυτη· γεγραπτε γαρ παταξω τον ποιμενα· και
διασκορπισθησονται τα προβατα ²⁸αλλα μετα το εγερθηναι με
προαξω υμας εις ..ν γαλιλαιαν ²⁹. . ε πετρος   Εφ. .υτω και
ει παντες σκανδαλισθησοντε | αλλ ουκ εγω   ³⁰Και λεγει αυτω
ο ιησους αμην λεγω σοι οτι συ σημερον εν τη νυκτι ταυτη πριν
η δις αλεκτορα φωνησαι· τρις απαρνηση με   ³¹Ο δε πετρος
εκ περισ. υ ελεγεν μα..ον εαν δεη μ.. .υ. αποθανιν σοι ου μη
σε απαρνησομε· ωσαυτως δε και παντες ελεγον   ³²Και
ερχονται εις χωριον ου το ονομα γεσσημανει·   Και λεγ.. τοις

---

xii 13 αποστελλουσι Σ   14 om η ου Σ   15 ο δε ειδως] ειδως δε Σ
xiv 25 γενηματος Σ

TEXT OF CODEX N.

μαθ   ς αυτου καθ   τε ωδε ε   πελθων προσευχωμαι· ³³και
πα . αλαμβανει τον . ετρον και . ακωβον και || ιωαννην μεθ εαυτου Pat 27
και ηρξατο εκθαμβεισθε και αδημονειν·   ³⁴Και λεγει αυτοις
περιλυπος εστιν η ψυχη μου   θανατου·   ατε ωδε κα
. ρηγορειτε· ³⁵και προελθων μικ   Επεσεν επ   γης και
προ . ηυχετο ινα ε . δυνατον εστιν παρελθη απ αυτου η ωρα·
³⁶και ελεγεν αββα ο πατηρ παντα δυνατα σοι παρενεγκε τουτο
το ποτηριον απ εμου πλην αλλ ου τι εγω θελω αλλα τι συ·
³⁷και ερχεται και ευρ. κει αυτους καθευδοντας και λεγει τω
πετρω σιμων κα|θευδεις· ουκ ισχυσας μιαν ωραν γρηγορησαι·
³⁸γρηγορειτε και προσευχεσθε ινα μη εισελθητε εις πιρασμον·
Το μεν πνευμα προθυμον η δε σαρξ ασθενης   ³⁹Και παλιν
απελθων π   ηυξατο τον αυ   λογον ειπων ⁴⁰και υποστρεψας
ευρεν αυτους καθευδοντας παλιν· ησαν γαρ οι οφθαλμοι αυτων
καταβαρυνομενομενοι και ουκ ηδισαν τι αυτ   οκριθωσ
⁴¹Και ερχεται το τριτον και λε . ει αυτοις κα . ευδεται το . οιπον
και αναπαυεσθαι· || απεχει ηλθεν η ωρα ιδου παραδιδοτε ο υιος Pat 28
του ανθρωπου· εις χιρας των αμαρτωλων· ⁴²εγιρεσθε αγωμεν
ιδου ο παραδιδους με ηγγικεν·   ⁴³Και ευθεως ετι αυτου
λαλουντος παραγινεται ιουδας εις των δωδεκα και μετ αυτου
οχλος πολυς μετα μαχαιρων και ξυλων παρα των αρχιερεων
και γραμματεων και των πρεσβυτερων·   ⁴⁴Δε· δωκει δε ο
παραδιδους αυτον συσσημον λεγων· ον εαν φιλησω αυτος εστιν·
κρατησαται αυτον και απαγαγετε αυτον ασφαλως   ⁴⁵Και
ελθων ευθεως προσελθων τω ιησου λεγει αυτω | ραββι· ραββι·
και κατεφιλησεν αυτον·   ⁴⁶οι δε επεβαλον αυτω τας χειρας
αυτων και εκρατησαν αυτον·   ⁴⁷Εις δε τις των παρεστηκοτων
σπασαμενος την μαχαιραν επαισεν τον δουλον του αρχιερεως
και αφιλεν αυτου το ωτιον·   ⁴⁸Και αποκριθεις ο ιησους ειπεν
αυτοις ως επι ληστην εξηλθατε μετα μαχαιρων και ξυλων
συλλαβιν με· ⁴⁹καθ ημεραν ημην προς υμας εν τω ιερω διδασκων και ουκ εκρατησατε με αλλ ινα πληρωθωσιν αι γραφαι
των προφητων   ⁵⁰Τοτε οι μαθηται αφεντες αυτον εφυγον

---

xiv 32 εως]+ αν Σ   id. προσευξωμαι Σ   35 προελθων επεσεν] προσελθων
επεσεν επι προσωπον Σ   36 το ποτηριον τουτο Σ   id. ου το εγω θελω αλλ οτι
συ Σ   40 om παλιν Σ   43 om ευθεως Σ   id. γραμματεων] pr των Σ
44 συσσημον]+ αυτοις Σ   id. αν Σ   49 om των προφητων Σ   50 τοτε]
οτε text. (in margine 'fort. τοτε codex; vide Prolegom. p. liv') Σ   id. εφυγον]
pr παντες Σ

⁵¹καὶ εἷς ‖ τις νεανίσκος ηκολουθησεν αυτω περιβεβλημενος σινδονα επι γυμνου και κρατουσιν αυτον οι νεανισκοι· ⁵²ο δε καταλιπων την σινδονα γυμνος εφυγεν απ αυτων· ⁵³Και απηγαγον τον ιησουν προς τον αρχιερεα και συνερχοντε αυτων παντες οι αρχιερεις και οι πρεσβυτεροι και οι γραμματεις· ⁵⁴Και ο πετρος απο μακροθεν ηκολουθησεν αυτω εως εσω εις την αυλην του αρχιερεως και ην συνκαθημενος και θερμενομενος μετα των υπηρετων προς το φως· ⁵⁵Οι δε αρχιερεις και ολον το συν|εδριον εζητουν κατα του ιησου μαρτυριαν εις το θανατωσαι αυτον· και ουχ ευρισκον ⁵⁶πολλοι γαρ εψευδομαρτυρουν κατ αυτου και ισαι αι μαρτυριαι ουκ ησαν ⁵⁷Και τιναις ανασταντες εψευδομαρτυρουν κατ αυτου λεγοντες ⁵⁸οτι ημις ηκουσαμεν αυτου λεγοντος οτι εγω καταλυσω τον ναον τουτον τον χιροποιητον· και αλλον αχιροποιητον δια τριων ημερων οικοδομησω ⁵⁹και ουδε ουτως ιση ην η μαρτυρια αυτων ⁶⁰Και αναστας ο αρχιερευς εις μεσον επηρωτησεν τον ιησουν ‖ λεγων· ουκ αποκρινη ουδεν τι ουτοι σου καταμαρτυρουσιν· ⁶¹ο δε εσιωπα και ουδεν απεκρινατο Παλιν ο αρχιερευς επηρωτα αυτον και λεγει αυτω συ ει ο χριστος ο υιος του ευλογητου· ⁶²Ο δε ιησους ειπεν εγω ειμει· και οψεσθαι τον υιον του ανθρωπου εκ δεξιων καθημενον της δυναμεως και ερχομενον μετα των νεφελων του ουρανου· ⁶³Ο δε αρχιερευς διαρηξας τους χιτωνας αυτου λεγει· τι ετι χριαν εχομεν μαρτυρων ⁶⁴ηκουσαται παντες της βλασφημιας αυτου τι υμιν δοκει | Οι δε παντες κατεκριναν αυτον ειναι ενχον θανατου· ⁶⁵Και ηρξαντο τινες εμπτυειν αυτω και περικαλυπτιν το προσωπον αυτου και κολαφιζειν αυτον και λεγειν αυτω προφητευσον ημιν χριστε τις εστιν ο πεσας σε· και οι υπηρεται ραπτισμασιν αυτον ελαβον ⁶⁶Και οντος του πετρου εν τη αυλη κατω ερχεται μια των παιδισκων του αρχιερεως ⁶⁷και ιδουσα τον πετρον θερμενομενον εμβλεψασα αυτω λεγει και συ μετα του ναζαρηνου ιησου ησθα· ‖ ⁶⁸ο δε ηρνησατο λεγων ουκ οιδα ουδε επισταμαι συ τι λεγις Και εξηλθεν εξω εις το προαυλιον και αλεκτωρ εφωνησεν ⁶⁹και η παιδισκη ιδουσα αυτον παλιν ηρξατο λεγειν τοις παρεστηκοσιν οτι ουτος εξ αυτων εστιν· ⁷⁰ο δε παλιν ηρνησατο και μετα μικρον παλιν οι παρεστωτες

xiv 53 αυτω Σ   64 ενοχον Σ   65 ραπισμασιν αυτον εβαλλον Σ

ελεγον τω πετρω αληθως εξ αυτων ει και γαρ γαλιλαιος ει και η λαλια σου δηλοι ⁷¹ο δε ηρξατο αναθεματιζειν και ομνυειν οτι ουκ οιδα τον ανθρωπον ον λεγεται ⁷²και εκ δευτερου αλεκτωρ | εφωνησεν· Και ανεμνησθη ο πετρος το ρημα ο ειπεν αυτω ο ιησους οτι πριν αλεκτορα φωνησε δις· απαρνηση με τρις· και επιβαλων εκλαιεν·

XV. Και ευθεως επι το πρωι συμβουλειον ποιησαντες οι αρχιερεις μετα των πρεσβυτερων και γραμματεων και ολον το συνεδριον δησαντες τον ιησουν Απηγαγον και παρεδωκαν τω πιλατω· ²Και επηρωτησεν αυτον ο πιλατος συ ει ο βασιλευς των ιουδαιων· Ο δε ιησους αποκριθεις ειπεν αυτω συ λεγεις ³και κατηγορουν || αυτου οι αρχιερεις πολλα· αυτος Pat 32 δε ουδεν απεκρινατο· ⁴Ο δε πιλατος παλιν επηρωτησεν αυτον λεγων ουκ αποκρινη ουδεν ειδε ποσα σου καταμαρτυρουσειν ⁵ο δε ιησους ουκετι ουδεν απεκριθη· ωστε θαυμαζειν τον πιλατον· ⁶κατα δε εορτην απελυεν αυτοις ενα δεσμιον ονπερ ητουντο· ⁷ην δε ο Λεγομενος βαραββας μετα των στασιαστων δεδεμενος οιτινες εν τη στασει φονον πεποιηκισαν· ⁸και αναβοησας ο οχλος ηρξατο αιτισθαι καθως αει εποιει | αυτοις ⁹ο δε πιλατος απεκριθη αυτοις λεγων θελετε απολυσω υμιν τον βασιλεα των ιουδαιων· ¹⁰εγινωσκεν γαρ οτι δια φθονον παρεδοκεισαν αυτον οι αρχιερεις· ¹¹Οι δε αρχιερεις ανεσισαν τον οχλον ινα μαλλον τον βαραββαν απολυση αυτοις· ¹²ο δε Πιλατος αποκριθεις παλιν ειπεν αυτοις τι ουν θελεται ποιησω ον λεγεται βασιλεα των ιουδαιων· ¹³οι δε παλιν εκραξαν σταυρωσον αυτον· ¹⁴ο δε Πιλατος λεγει αυτοις τι γαρ κακον εποιησεν οι δε περισσοτερως || εκραξαν σταυρωσον αυτον ¹⁵Ο Pat 33 δε πιλατος βουλομενος τω οχλω το ικανον ποιησαι απελυσεν αυτοις τον βαραββαν και παρεδωκεν τον ιησουν φραγελλωσας ινα σταυρωθη ¹⁶Οι δε στρατιωται απηγαγον αυτον εσω της αυλης ο εστιν πραιτωριον και συνκαλουσιν ολην την σπιραν ¹⁷και ενδυουσιν αυτον πορφυραν και περιτιθεασειν αυτω πλεξαντες ακανθινον στεφανον· ¹⁸και ηρξαντο ασπαζεσθαι αυτον και λεγειν χαιρε ο βασιλευς των ιουδαιων· ¹⁹και ετυπτον αυτου | την κεφαλην καλαμω· και ενεπτυον αυτω· και τιθεντες τα

---

xiv 72 om δις Σ   xv 7 συνστασιαστων Σ   10 παρεδωκισαν Σ
14 λεγει] ελεγεν Σ   19 την κεφαλην αυτου Σ

γονατα προσεκυνουν αυτω ²⁰Και οτε ενεπεξαν αυτω εξεδυσαν αυτον την πορφυραν και ενεδυσαν αυτον τα ιματια τα ιδεια και Εξαγουσιν αυτον ινα σταυρωσουσιν αυτον ²¹και αγγαρευουσιν τινα σιμωνα κυρηνεον ερχομενον απο αγρου τον πατερα αλεξανδρου και ρουφου ινα αρη τον σταυρον αυτου· ²²Και φερουσιν αυτον επι τον γολγοθαν τοπον ο εστιν μεθερμηνευομενος κρανιου τοπος ²³Και εδιδουν αυ∥

Deest folium usque ad versum 33 eiusdem capitis.

ενατης· ³⁴και τη ωρα τη ενατη ανεβοησεν ο ιησους φωνη μεγαλη λεγων· ελωι ελωι λαμα σαβαχθανει ο εστι μεθερμηνευομενον· ο θεος μου ο θεος μου εις τι με εγκατελιπες ³⁵και τινες των παρεστηκοτων ακουσαντες ελεγον ιδου ηλιαν φωνει· ³⁶Δραμων δε εις και γεμισας σπογγον οξους περιθεις καλαμω εποτιζεν αυτον λεγων· αφεται ιδωμεν ει ερχεται ηλιας καθελειν αυτον ³⁷Ο δε ιησους αφεις φωνην μεγαλην εξεπνευσεν ³⁸Και ιδου το καταπετασμα του ναου εσχισθη | εις δυο απο ανωθεν εως κατω· ³⁹ιδων δε ο κεντυριων Ο παρεστηκως εξ εναντιας αυτου οτι ουτως κραξας εξεπνευσεν· ειπεν αληθως ο ανθρωπος ουτος υιος ην θεου ⁴⁰Ησαν δε και γυναικες απο μακροθεν θεωρουσαι εν αις ην και μαρια η μαγδαληνη και μαρια η ιακωβου του μικρου και ιωση μητηρ· και ⁴¹σαλωμη αι κα. οτε ην εν τη γαλιλαια ηκολουθουν αυτω και διηκονουν και αλλαι πολλαι αι συναναβασαι αυτω εις ιεροσολυμα ⁴²Και ηδη οψιας γενομενης ∥

Desunt folia tria usque ad finem evangelii.

---

xv 34 εβοησεν Σ 36 περιθεις [τε καλαμω] (membrana lacerata periit) Σ
40 ην μαρια η μαγδαληνη Σ 41 ηκολουθησαν Σ

SECUNDUM LUCAM.

Desunt folia undecim ab initio evangelii usque ad ii 23.

γεγραπται εν νομω κυριου οτι παν αρσεν διανυγων μητραν αγιον τω κυριω κληθησεται. ²⁴και του δουναι θυσιαν κατα το ειρημενον εν νομω κυριου ζευγος τρυγονων η δυο νεοσσους περιστερων ²⁵Και ην ανθρωπος εν ιερουσαλημ· ω ονομα συμεων. και ο ανθρωπος ουτος δικαιος και ευλαβης προσδεχομενος παρακλησιν του ισραηλ και πνευμα αγιον ην επ αυτον ²⁶και ην αυτω κεχρηματισμενον υπο του πνευματος του αγιου μη ιδειν θανατον πριν η ιδειν τον χριστον κυριου ²⁷και ηλθεν εν τω πνευματι εις το ιερον | και εν τω εισαγαγιν τους γονεις το παιδιον ιησουν του ποιησαι αυτους κατα το ειθισμενον του νομου περι αυτου ²⁸και αυτος εδεξατο αυτο εις τας αγκαλας αυτου και ευλογησε τον θεον και ειπεν. ²⁹νυν απολυεις τον δουλον σου δεσποτα κατα το ρημα σου εν ειρηνη ³⁰οτι ιδον οι οφθαλμοι μου το σωτηριον σου ³¹ο ητοιμασας κατα προσωπον παντων των λαων ³²φως εις αποκαλυψιν εθνων και δοξαν λαου σου ισραηλ· ³³Και ην ο ιωσηφ και η μητηρ θαυμαξοντες επι τοις λαλουμε‖νοις περι αυτου ³⁴και ευλογησεν αυτους συμεων και ειπεν προς μαριαμ την μητερα αυτου ιδου ουτος κειται εις πτωσιν και αναστασιν πολλων εν τω ισραηλ· και εις σημειον αντιλεγομενον ³⁵και σου δε αυτης την ψυχην διελευσεται ρομφαια· οπως αν αποκαλυφθωσιν εκ πολλων καρδιων διαλογισμοι. ³⁶Και ην αννα προφητις θυγατηρ φανουηλ εκ φυλης ασηρ αυτη προβεβηκυια εν ημεραις πολλαις. ζησασα μετα ανδρος ετη επτα απο της παρθενειας αυτης: ³⁷και αυτη χηρα εως ετων | ογδοηκοντα τεσσαρων· η ουκ αφιστατο απο του ιερου νηστειαις και δεησεσι λατρευουσα νυκτα και ημεραν· ³⁸Και αυτη τη ωρα επιστασα ανθωμολογειτο τω θεω και ελαλει περι αυτου πασι τοις προσδεχομενοις λυτρωσιν εν ιερουσαλημ ³⁹Και ως ετελεσαν παντα κατα τον νομον κυριου υπεστρεψαν εις την γαλιλαιαν εις την πολιν εαυτων ναζαρετ· ⁴⁰Το δε παιδιον ηυξανε και εκραταιουτο πνευματι πληρουμενον σοφιας και χαρις θεου ην ει. αυτο ⁴¹Και επορευοντο οι γονεις αυ||του κατ ετος ειερουσαλημ τη εορτη του πασχα· ⁴²Και οτε εγενετο ετων δωδεκα αναβαντων αυτων εις ιερουσαλημ κατα το εθος της εορτης ⁴³και τελιωσαντων τας ημερας· εν τω υποστρεφιν αυτους απεμεινεν ιησους ο παις εν ιεροσολυμοις και ουκ εγνω ιωσηφ και η μητηρ αυτου· ⁴⁴νομισαντες δε εν τη συνοδια αυτον ειναι ηλθον ημερας οδον και ανεζητουν αυτον εν τοις συγγενευσι και τοις γνωστοις· ⁴⁵και μη ευροντες αυτον υπεστρεψαν εις ιερουσαλημ ζητουντες αυτον ⁴⁶Και εγενετο μ.|θ ημερας τρεις ευρον αυτον εν τω ιερω καθεζομενον εμμεσω των διδασκαλων και ακουοντα αυτων. και επερωτωντα αυτους ⁴⁷Εξισταντο δε παντες οι ακουοντες αυτου επι τη συνεσει και ταις αποκρισεσιν ..... ⁴⁸και ιδοντες αυτον εξεπλαγησαν. και προς αυτον η μητηρ αυτου ειπεν· τεκνον τι εποιασας ημιν ουτως: ιδου ο πατηρ σου και εγω οδυνωμενοι εζητουμεν σε ⁴⁹Και ειπεν προς αυτους· τι οτι εζητειτε με ουκ ηδειτε οτι εν τοις του || πατρος μου δει ειναι με· ⁵⁰και αυτοι ου συνηκαν το ρημα ο ελαλησεν αυτοις· ⁵¹Και κατεβη μετ αυτων· και ηλθεν εις ναζαρατ· και ην υποτασσομενος αυτοις: και η μητηρ αυτου διετηρει παντα τα ρηματα ταυτα εν τη καρδια αυτης· ⁵²και ιησους προεκοπτεν σοφια και ηλικια και χαριτι παρα θεω και ανθρωποις·

III. Εν ετει πεντεκαιδεκατω της ηγεμονιας τιβεριου καισαρος ηγεμονευοντος ποντιου πιλατου της ιουδαιας· και τετραρχουντος της γαλιλαιας ηρωδου φιλιππου δε | του αδελφου αυτου τετραρχουντος της ιτουραιας και τραχωνιτιδος χωρας και λυσανιου ²της σαβιλινης τετραρχουντος· επι αρχιερεως αννα και καιαφα εγενετο ρημα θεου επι ιωαννην τον ζαχαριου υιον εν τη ερημω ³Και ηλθεν εις πασαν περιχωρον του ιορδανου κηρυσσων βαπτισμα μετανοιας εις αφεσιν αμαρτιων. ⁴Ως γεγραπται εν βιβλω λογων ησαιου του προφητου λεγοντος

iii 2 της σαβιλινης ex errore scribae

φωνη βοωντος εν τη ερημω ετοιμασαται την οδον κυριου ευθειας
ποιει   ‖ ⁵τριβους αυτου πασα φαραγξ· πληρωθησεται· και Pet 53
παν ορος και βουνος ταπεινωθησονται και εσται τα σκολια
εις ευθειαν και αι τραχειαι εις οδους λειας ⁶και οψεται πασα
σαρξ· το σωτηριον του θεου· ⁷Ελεγεν ουν τοις   .νοις
οχλοις βαπτισθηναι υπ αυτου· γεννηματα εχιδνων τις υπεδειξεν
υμιν φυγιν απο της μελλουσης οργης· ⁸ποιησαται ουν καρπους
αξιους της μετανοιας και μη αρξησθε λεγειν εν εαυτοις πατερα
εχομεν τον | γαρ υμιν οτι δυναται ο θεος εκ των
λιθων τουτων εγειραι τεκνα τω αβρααμ   ⁹Ηδη δε και η
αξινη προς την ριζαν των δενδρων κειται· παν ουν δενδρον
μη ποιουν καρπον καλον εκκοπτεται και εις πυρ βαλλεται·
¹⁰Και επηρωτων αυτον οι οχλοι λεγοντες τι ποιησωμεν·
¹¹Αποκριθεις δε ελεγεν αυτοις ο εχων δυο χιτωνας μεταδοτω
τω μη εχοντι και ο εχων βρωματα ομοιως ποιειτω·   ¹²Ηλθον
δε και τελωναι βαπτισθηναι και ειπον προς αυτον δι‖δασκαλε Pet 54
τι ποιησωμεν·   ¹³Ο δε ειπεν προς αυτους μηδεν πλεον παρα
το διατεταγμενον υμιν πρασσετε   ¹⁴Επηρωτων δε αυτον και
στρατευομενοι λεγοντες και ημεις τι ποιησωμεν· και ειπεν προς
αυτους μηδενα διασεισητε μηδε συκοφαντησητε και αρκεισθαι
τοις οψονειοις υμων·   ¹⁵Προσδοκωντος δε του λαου και δια-
λογιζομενων παντων εν ταις καρδιαις αυτων περι του ιωαννου
μηποτε αυτος ειη ο χριστος   ¹⁶Απεκρινατο ο ιωαννης πασιν
λεγων· εγω μεν | υδατι βαπτιζω υμας· ερχεται δε ο ισχυροτερος
μου ου ουκ ειμι ικανος λυσαι τον ιμαντα των υποδηματων αυτου
αυτος υμας βαπτισει εν πνευματι αγιω και πυρι·   ¹⁷ου το
πτυον εν τη χειρι αυτου και διακαθαριει την αλωνα αυτου·
και συναξει τον σιτον εις την αποθηκην αυτου το δε αχυρον
κατακαυσει πυρι ασβεστω·   ¹⁸Πολλα μεν ουν και ετερα
παρακαλων ευηγγελιζετο τον λαον·   ¹⁹Ο δε ηρωδης ο τετραρ-
χης ελεγχομενος υπ αυτου περι ηρωδιαδος της ‖ γυναικος του Pet 55
αδελφου αυτου και περι παντων ων εποιησεν πονηρων ο ηρωδης
²⁰προσεθηκεν και τουτο επι πασιν· και κατεκλισεν τον ιωαννην
εν τη φυλακη   ²¹Εγενετο δε εν τω βαπτισθηναι απαντα τον
λαον και ιησου βαπτισθεντος και προσευχομενου· ανεωχθηναι
τον ουρανον ²²και καταβηναι το πνευμα το αγιον σωματικω
ειδει ωσει περιστεραν επ αυτον· και φωνην εξ ουρανου γενεσθαι
λεγουσαν· συ ει ο υιος μου ο αγαπητος εν σοι ευδοκησα

²³Και αυτος ην | ο ιησους ωσει ετων τριακοντα αρχομενος ως ενομιζετο· ²⁴υιος του ιωσηφ του ηλι του ματθαν του λευι του μελχι του ιωαννα του ιωσηφ ²⁵του ματταθιου του αμως του ναουμ του εσλιμ· του ναγγαι ²⁶του μααθ του ματταθιου του σεμεει του ιωσηφ του ιουδα ²⁷του ζοροβαβελ του σαλαθιηλ του νηρι ²⁸του μελχι του αδδι του κωσαμ του ελμαδαμ του ηρ ²⁹του ιωση του ελιεζερ του ιωριμ ‖ του ματθαν του λευι ³⁰του συμεων του ιουδα του ιωσηφ του ιωανα του ελιακιμ ³¹του μελεα του μαιναν του ματθαν του ναθαν του δαβιδ ³²του ιεσσαι του ωβηδ του σαλμων του νααδσων ³³του αμιναδαβ του αραμ του αρνι του εσρωμ του φαρες του ιουδα ³⁴του ιακωβ του ισαακ του αβρααμ του θαρρα του ναχωρ ³⁵του σερουχ του ραγαυ του φαλεκ του σαλα ³⁶του καιναν | του αρφαξαδ του σημ του νωε του λαμεχ ³⁷του μαθουσαλα του ενωχ του ιαρεδ του μελελεηλ του καιναν ³⁸του ενως του σηθ του αδαμ του θεου.

IV. Ιησους δε πληρης πνευματος αγιου υπεστρεψεν απο του ιορδανου και ηγετο υπο του πνευματος εις την ερημον ²ημερας τεσσερακοντα πειραζομενος υπο του διαβολου και ουκ εφαγεν ουδεν εν ταις ημεραις εκειναις· Και συντελεσθεισων αυτων υστερον επινασεν ³και ειπεν ‖

Desunt folia duo usque ad iv 19.

ενιαυτον κυριου δεκτον ²⁰και πτυξας το βιβλιον αποδους τω υπηρετη εκαθισεν και παντων εν τη συναγογη οι οφθαλμοι ησαν ατενιζοντες αυτω· ²¹Ηρξατο δε λεγιν προς αυτους οτι σημερον πεπληρωται η γραφη ταυτη εν τοις ωσιν υμων· ²²Και παντες εμαρτυρουν αυτω και εθαυμαζον επι τοις λογοις της χαριτος τοις εκπορευομενοις εκ του στοματος αυτου· και ελεγον ουχι υιος ουτος εστιν ιωσηφ· ²³και ειπεν προς αυτους παντως ερειτε μοι την | παραβολην ταυτην ιατρε θεραπευσον σεαυτον· οσα ηκουσαμεν γενομενα εν καπερναουμ· ποιησον και ωδε εν τη πατριδι σου· ²⁴Ειπεν δε αμην λεγω υμιν οτι ουδεις προ-

iii 24 ιωσηφ 1°] του ιακωβ parvis litteris inter lineas additum 26 σεμεει] in rasura p. m. ιωσηχ id. ιωσηφ] in rasura p. m. σεμει id. ιουδα] p. m. ιωδα In summa pagina parvis litteris του ιωανναν του ρησα additum 32 του ωβηδ] του βοοϛ parvis litteris inter lineas additum 33 του αρνι punctis deletum 35 τοι φαλεκ] του εβερ parvis litteris inter lineas additum iv 20 συναγογη] ο in ω mutatum 21 ταυτη ex errore scribae 23 καπερναουμ] πε in rasura litterarum φα

φητης δεκτος εστιν εν τη πατριδι αυτου· ²⁵Επ αληθειας δε λεγω υμιν πολλαι χηραι ησαν εν ταις ημεραις ηλιου εν τω ισραηλ οτε εκλεισθη ο ουρανος επι ετη τρια και μηνας εξ· ως εγενετο λιμος μεγας επι πασαν την γην· ²⁶και προς ουδεμιαν αυτων επεμφθη ηλιας ει μη εις σαρεφθα της σιδω ‖

Deest folium usque ad iv 36.

εγενετο θαμβος επι παντας και συνελαλουν προς αλληλους Pet 58 λεγοντες τις ο λογος ουτος οτι εν εξουσια και δυναμει επιτασσει τοις ακαθαρτοις πνευμασι και εξερχονται· ³⁷και εξεπορευετο ηχος περι αυτου· εις παντα τοπον της περιχωρου· ³⁸Αναστας δε απο της συναγωγης εισηλθεν εις την οικιαν σιμωνος πενθερα δε του σιμωνος ην συνεχομενη πυρετω μεγαλω Και ηρωτησαν αυτον περι αυτης· ³⁹και επιστας επανω αυτης επετιμησεν τω πυρετω | και αφηκεν αυτην· παραχρημα δε αναστασα διηκονει αυτω· ⁴⁰Δυνοντος δε του ηλιου παντες οσοι ειχον ασθενουντας νοσοις ποικιλαις ηγαγον αυτους προς αυτον· ο δε ενι εκαστω αυτων τας χειρας επιθεις εθεραπευσεν αυτους· ⁴¹εξηρχετο δε και δαιμονια απο πολλων κραζοντα και λεγοντα οτι συ ει ο χριστος ο υιος του θεου και επιτιμων ουκ εια αυτα λαλειν οτι ηδεισαν τον χριστον αυτον ειναι ⁴²Γενομενης δε ημερας εξελθων επορευθη εις ερημον τοπον και οι οχλοι ‖

Desunt folia duo usque ad v 12.

με καθαρισαι ¹³και εκτινας την χειρα ηψατο αυτου ειπων θελω Pet 59 καθαρισθητι και ευθεως η λεπρα απηλθεν απ αυτου ¹⁴και αυτος παρηγγιλεν αυτω μηδενι ειπειν· αλλα απελθων δειξον σεαυτον τω ιερει και προσενεγκε περι του καθαρισμου σου καθως προσεταξεν μωυσης εις μαρτυριον αυτοις· ¹⁵Διηρχετο δε μαλλλον ο λογος περι αυτου και συνηρχοντο οχλοι πολλοι ακουειν και θεραπευεσθε υπ αυτου απο των ασθενιων αυτων· ¹⁶Αυτος δε ην υπο | χωρων εν ταις ερημοις και προσευχομενος· ¹⁷Και εγενετο εν μια των ημερων και αυτος ην διδασκων και ησαν καθημενοι φαρισαιοι και νομοδιδασκαλοι οι ησαν εληλυθοτες εκ πασης κωμης της γαλαιας και ιουδαιας και ιερουσαλημ και δυναμις κυριου ην εις το ιασθαι αυτους ¹⁸Και ιδου ανδρες

v 15 μαλλλον ex errore scribae   17 γαλαιας] s. m. correxit γαλιλαιας

φεροντες επι κλινης ανθρωπον ος ην παραλελυμενος και εζητουν αυτον εισενεγκειν και θειναι ενωπιον αυτου· ¹⁹και μη ευροντες ποιας εισενεγκωσιν || αυτον δια τον οχλον αναβαντες επι το δωμα δια των κεραμων· καθηκαν αυτον συν τω κλινιδιω εις το μεσον εμπροσθεν του ιησου ²⁰Και ιδων την πιστιν αυτων ειπεν αυτω ανθρωπε αφεωνται σοι αι αμαρτιαι σου· ²¹Και ηρξαντο διαλογιζεσθαι οι γραμματεις και οι φαρισαιοι λεγοντες τις εστιν ουτος ος λαλει· βλασφημιας τις δυναται αφιεναι αμαρτιας ει μη μονος ο θεος ²²Επιγνους δε ο ιησους τους διαλογισμους αυτων· αποκρι|θεις ειπεν προς αυτους τι διαλογιζεσθε εν ταις καρδιαις υμων ²³τι εστιν ευκοπωτερον ειπειν αφεωνται σοι αι αμαρτιαι· η ειπειν εγειρε και περιπατει· ²⁴ινα δε ειδητε· οτι εξουσιαν εχει ο υιος του ανθρωπου επι της γης αφιεναι αμαρτιας ειπεν τω παραλυτικω σοι λεγω εγειρε και αρας το κλινιδιον σου πορευου εις τον οικον σου ²⁵Και παραχρημα αναστας ενωπιον αυτων αρας εφ ο κατεκειτο απηλθεν εις τον οικον αυτου δοξαζων τον θεον ²⁶και εκστασις || ελαβεν απαντας και εδοξαζον τον θεον και επλησθησαν φοβου λεγοντες οτι ιδομεν παραδοξα σημερον ²⁷Και μετα ταυτα εξηλθεν και εθεασατο τελωνην· ονοματι λευειν καθημενον επι τω τελονιω και ειπεν αυτω ακολουθει μοι ²⁸και καταλιπων παντα αναστας ηκολουθησεν αυτω ²⁹Και εποιησεν δοχην μεγαλην λευις αυτω εν τη οικια αυτου και ην οχλος πολυς τελωνων και αμαρτωλων οι ησαν μετ αυτων κατακειμενοι· ³⁰Και εγογγυζον | οι γραμματεις αυτων και οι φαρισαιοι προς τους μαθητας αυτου λεγοντες διατι μετα τελωνων και αμαρτωλων εσθιετε και πινετε· ³¹Και αποκριθεις ο ιησους ειπεν προς αυτους ου χριαν εχουσιν οι υγιαινοντες ιατρου αλλ οι κακως εχοντες ³²ουκ εληλυθα καλεσαι δικαιους αλλα αμαρτωλους εις μετανοιαν· ³³Οι δε ειπαν προς αυτον· διατι οι μαθηται ιωαννου νηστευουσιν πυκνα και δεησεις ποιουνται· ομοιως και οι των φαρισαιων οι δε σοι εσθιουσι· και πι ||

Desunt folia viginti tria usque ad ix 8.

τινων οτι ιωαννης εγηγερται εκ νεκρων· υπο τινων δε οτι ηλιας εφανη αλλων δε οτι προφητης εις των αρχαιων ανεστη· ⁹και

v 19 ποιας] s. m. correxit πως   26 εκστασις] στασις infra lineam scriptum

ειπεν ηρωδης ιωαννην εγω απεκεφαλισα· τις δε εστιν ουτος περι
ου εγω ακουω τοιαυτα και εζητει ιδειν αυτον ¹⁰Και υπο-
στρεψαντες οι αποστολοι διηγησαντο αυτω· οσα εποιησαν·
Και παραλαβων αυτους υπεχωρησεν κατ ιδειαν εις τοπον
ερημον πολεως καλουμενης βηδσαιδα ¹¹οι δε οχλοι γνοντες
ηκολουθησαν αυτω και δεξαμενος | αυτους ελαλει αυτοις τα
περι της βασιλειας του θεου και τους χριαν εχοντας θεραπειας
ιατο·   ¹²Η δε ημερα ηρξατο κλινειν·   Προσελθοντες δε οι
δωδεκα ειπον αυτω απολυσον τον οχλον ινα απελθοντες εις τας
κυκλω κωμας και τους αγρους καταλυσωσιν και ευρωσειν επι-
σιτισμον οτι ωδε εν ερημω τοπω εσμεν. ¹³Ειπεν δε προς
αυτους δοτε αυτοις υμις φαγειν· οι δε ειπον ουκ εισιν ημιν
πλιον ει μη πεντε αρτοι και δυο ιχθυες ει μητι πορευθεντες
ημις· || αγορασωμεν εις παντα τον λαον τουτον βρωματα· ¹⁴ησαν Pet 67
γαρ ωσει ανδρες πεντακισχειλιοι·   Ειπεν δε προς τους μαθη-
τας αυτου κατακλινατε αυτους κλισιας ανα πεντηκοντα· ¹⁵και
εποιησαν ουτως και ανεκλιναν παντας·   ¹⁶Λαβων δε τους
πεντε αρτους και τους δυο ιχθυας αναβλεψας εις τον ουρανον
ευλογησεν αυτους και κατεκλασεν και εδιδου τοις μαθηταις
παραθειναι τω οχλω· ¹⁷και εφαγον παντες και εχορτασθη|σαν
και ηρθη το περισσευσαν αυτοις κλασματων κωφινοι δωδεκα·
¹⁸Και εγενετο εν τω ειναι αυτον καταμονας προσευχομενον συνη-
σαν αυτω οι μαθηται αυτου· και επηρωτησεν αυτους λεγων τινα
με λεγουσιν οι οχλοι ειναι· ¹⁹οι δε αποκριθεντες ειπον ιωαννην
τον βαπτιστην αλλοι δε ηλιαν αλλοι δε οτι προφητης τις των
αρχαιων ανεστη   ²⁰Ειπεν δε αυτοις υμις δε τινα με λεγετε
ειναι Αποκριθεις δε σιμων πετρος ειπεν τον χριστον του
θεου ο δε επι ||

Deest folium usque ad ix 28.

και παραλαβων πετρον και ιωαννην και ιακωβον· ανεβη εις Pet 68
το ορος προσευξασθαι· ²⁹και εγενετο εν τω προσευχεσθαι
αυτον το ειδος του προσωπου αυτου ετερον και ο ιματισ-
μος αυτου λευκος εξαστραπτων ³⁰και ιδου ανδρες δυο συν-
ελαλουν αυτω οιτινες ησαν μωυσης και ηλιας ³¹οι οφθεντες
εν δοξη ελεγον δε την εξοδον αυτου ην ημελλεν πληρουν εν

ix 15 ανεκλιναν] p. m. ανεκλινας   31 δε deletum est

ιερουσαλημ· ³²Ο δε πετρος και οι συν αυτω διαγρηγορησαν-
τειαγρηγορησαντες δε ιδον την δοξαν αυτου· και τους | δυο
ανδρας τους συνεστωτας αυτω· ³³Και εγενετο εν τω διαχωρι-
ζεσθαι αυτους απ αυτου ειπεν ο πετρος προς τον ιησουν επι-
στατα καλον εστιν ημας ωδε ειναι και ποιησωμεν σκηνας τρις
μιαν σοι και μιαν μωυσει· και μιαν ηλια μη ειδως ο λεγι
³⁴ταυτα δε αυτου λεγοντος ιδου νεφελη φωτινη επεσκιασεν αυτους
εφοβηθησαν δε εν τω εκεινους εισελθειν εις την νεφελην ³⁵και
φωνη εγενετο εκ της νεφελης λεγουσα ουτος εστιν ο υιος μου
ο αγαπητος αυτου ακουετε ||

Desunt folia tria usque ad ix 58.

Pet 62 κλιναι ⁵⁹ειπεν δε προς ετερον ακολουθει μοι ο δε ειπεν· κυριε
επιτρεψον μοι απελθοντι πρωτον θαψαι τον πατερα μου·
⁶⁰Ειπεν δε αυτω ο ιησους αφες τους νεκρους θαψαι τους εαυτων
νεκρους συ δε απελθων διαγγελλε την βασιλειαν του θεου
⁶¹ειπεν δε   Και ετερος ακολουθησω σοι κυριε πρωτον δε επι-
τρεψον μοι αποταξασθαι τοις εις τον οικον μου·   ⁶²Ειπεν δε
ο ιησους προς αυτον· ουδεις επιβαλων την χειρα αυτου επ
αροτρον και βλεπων εις τα οπισω ευθετος εστιν εις την βασι-
λειαν | του θεου

X. Μετα δε τα.τα ανεδιξε· ο κυριος και ετερους εβδο-
μηκοντα· και   Απεστιλεν αυτους ανα δυο προ προσωπου
αυτου εις πασαν πολιν και τοπον ου ημελλεν αυτος ερχεσθαι·
²ελεγεν   Ουν προς αυτους ο μεν θερισμος πολυς οι δε εργατε
ολιγοι· δεηθητε ουν του κυριου του θερισμου οπως εκβαλη
εργατας εις τον θερισμον αυτου·   ³Υπαγετε ιδου εγω απο-
στελλω υμας ως αρνας εν μεσω λυκων·   ⁴Μη βασταζετε
βαλλαντιον ||

Deest folium usque ad x 12.

Pet 63 ρον εσται η τη πολει εκεινη   ¹³Ουαι σοι χωραζιν ουαι σοι
βηθσαειδα· οτι ει εν τυρω και σιδωνει εγενοντο· αι δυναμεις·
αι γενομεναι εν υμιν παλαι αν εν σακκω και σποδω καθημενοι
μετενοησαν ¹⁴πλην τυρω και σιδωνει ανεκτοτερον εσται εν τη

ix 32 διαγρηγορη[σαντειαγρηγορη]σαντες[δε]ιδον litterae uncis inclusae erasae
sunt   littera ε 1° in δ mutata   x 13 codex ενοντο ͨͧ   14 rasura litt. λε post πλην

κρισει η υμιν· ¹⁵Και συ καπερναουμ· η εως του ουρανου υψωθεισα εως αδου καταβιβασθηση ¹⁶Ο ακουων υμων εμου ακουει και ο αθετων υμας εμε αθετει· ο δε εμε αθετων αθετει τον αποστιλαντα με· ¹⁷Υπεστρεψαν δε οι εβδομηκοντα μετα χαρας λεγοντες κυριε και τα δαιμονια υποτασσεται ημιν εν τω ονοματι σου· ¹⁸Ειπεν δε αυτοις εθεωρουν τον σαταναν ως αστραπην εκ του ουρανου πεσοντα ¹⁹ιδου διδωμει υμιν την εξουσιαν του πατιν επανω οφεων και σκορπιων και επι πασαν την δυναμιν του εχθρου και ουθεν υμας ου μη αδικηση· ²⁰πλην εν τουτω μη χαιρετε οτι τα πνευματα υμιν υποτασσεται· χαιρετε δε οτι τα ονοματα υμων εγραφη εν τοις ουρανοις ²¹Εν Pet 64 αυτη τη ωρα ηγαλλιασατο ο ιησους τω πνευματι και ειπεν εξομολογουμαι σοι πατερ κυριε του ουρανου και της γης οτι απεκρυψας ταυτα απο σοφων και συνετων και απεκαλυψας αυτα νηπιοις· ναι ο πατηρ οτι ουτως εγενετο ευδοκια εμπροσθεν σου· ²²και στραφεις προς τους μαθητας ειπεν· Παντα μοι παρεδοθη υπο του πατρος μου· και ουδεις γινωσκει τις εστιν ο πατηρ ει μη ο υιος και τις εστιν ο υιος ει μη ο πατηρ και ω εαν βουληται ο υιος αποκαλυψαι· ²³Και στραφεις προς τους μαθητας κατ ιδειαν ειπεν μακαριοι οι οφθαλμοι οι βλεποντες α βλεπετε ²⁴λεγω γαρ υμιν οτι πολλοι προφηται και βασιλεις ηθελησαν ιδιν α υμις βλεπετε και ουκ ιδαν· και ακουσαι α ακουετε και ουκ ηκουσαν· ²⁵Και ιδου νομι..ς τις· ανεστη εκπιραζων αυτον και λεγων διδασκαλε τι ποιησας ζωην αιωνιον κληρονομησω· ²⁶ο δε ειπεν προς αυτον εν τω νομω τι γεγραπται πως αναγινωσκεις ²⁷Ο δε αποκριθεις ειπε . Pet 65 .γαπησις κυριον τον θεον σου εξ ολης της καρδιας σου· και εξ ολης της ψυχης σου· και εξ ολης της ισχυος σου και εξ ολης της διανοιας σου· και τον πλησιον σου ως εαυτον ²⁸ειπεν δε αυτω ορθως απεκριθης τουτο ποιει και ζηση· ²⁹Ο δε θελων δικαιουν εαυτον· ειπεν προς τον ιησουν και τις εστιν μου πλησιον ³⁰υπολαβων δε ο ιησους ειπεν· Ανθρωπος τις· κατεβαινεν απο ιερουσαλημ εις ιεριχω και λησταις περιεπεσεν· οι και εκδυσαντες αυτον και πληγας επιθεντες απηλθον αφεντες ειμηθανη τυγχανοντα· ³¹κατα συγκυριαν δε ιερευς τις κατεβαινεν εν τη οδω εκεινη· και ιδων αυτον αντιπαρηλθεν

x 22 vide prolegg.

³²ὁμοίως δε και λευιτης γενομενος κατα τον τοπον ελθων και ιδων αντιπαρηλθεν· ³³σαμαριτις δε τις οδευων ηλθεν κατ αυτον και ιδων αυτον εσπλαγχνισθη ³⁴και προσελθων κατεδησεν τα τραυματα αυτου επιχεων ελαιον και οινον· επιβιβασας δε αυτον επι το ιδιον κτηνος ηγαγεν αυτον εις πανδοχιον και επεμεληθη αυτου· και ‖

Desunt folia tria usque ad xi 14.

Pet 179 λαλησεν ο κωφος και εθαυμασαν οι οχλοι· ¹⁵Τινες δε εξ αυτων ειπον εν βεελζεβουλ· αρχοντι των δαιμονιων· εκβαλλει τα δαιμονια· ¹⁶Ετεροι δε πιραζοντες σημιον παρ αυτου εζητουν εξ ουρανου ¹⁷Αυτος δε ιδως αυτων τα διανοηματα ε..εν αυτοις π..α βασιλεια εφ..υτην μερισθεισα ερημουται· και οικος επι οικον πιπτι· ¹⁸ει δε και ο σατανας εφ εαυτον διεμερισθη· πως σταθησεται η βασιλεια αυτου· οτι λεγετε εν βεελζεβουλ εκβαλειν με τα δαι|μο.ια· ¹⁹ει δε εγω εν .εελζεβουλ εκβαλλω τα δαιμονια· οι υιοι υμων εν τινει εκβαλουσιν· δια τουτο αυτοι υμων εσονται κριται· ²⁰ει δε εγω εν δακτυλω θεου εκβαλλω τα δαιμονια αρα εφθασεν εφ υμας η βασιλεια του θεου ²¹οταν ο ισχυρος καθωπλισμενος φυλασει την εαυτου αυλην εν ειρηνη εστιν τα υπαρχοντα αυτου· ²²επαν δε ο ισχυροτερος αυτου· επελθων νικηση αυτον την πανοπλιαν αυτου αιρει εφ η επεποιθει και τα σκυλα αυτου διαδιδωσιν ²³ο μη ων μετ εμου κατ εμου ‖

Desunt folia sex usque ad xii 12.

Pet 182 ειπειν· ¹³Ειπεν δε τις αυτω εκ του οχλου διδασκαλε ειπε τω αδελφω μου· μερισασθαι μετ εμου την κληρονομιαν· ¹⁴Ο δε ειπεν αυτω ανθρωπε τις με κατεστησεν δικαστην η μεριστην εφ υμας ¹⁵Ειπεν δε προς αυτους ορατε και φυλασσεσθε απο πασης πλεονεξειας οτι ουκ εν τω περισευειν τινι η ζωη αυτου εστιν εκ των υπαρχοντων αυτου· ¹⁶Ειπεν δε παραβολην προς αυτους λεγων· Ανθρωπου τινος πλουσιου ευφορησεν η χωρα ¹⁷και διελογιζετο | εν εαυτω λεγων τι ποιησω οτι ουκ εχω που συναξω τους καρπους μου· ¹⁸Και ειπεν τουτο ποιησω καθελω μου τας αποθηκας και μιζονας οικοδομησω και συναξω εκει παντα τα γενηματα μου και τα αγαθα μου ¹⁹και ερω τη ψυχη μου ψυχη εχεις πολλα αγαθα αποκειμενα εις

xi 20 υμας] υ in η mutatum

ετη πολλα· αναπαυου· φαγε· πιε ευφραινου ²⁰Ειπεν δε αυτω
ο θεος αφρων ταυτη τη νυκτι· την ψυχην σου απαιτουσιν απο
σου α δε ητοιμασας τινι εσται ουτως ο θησαυριζων εαυ ‖

Deest folium usque ad xii 29.

ριζεσθε· ³⁰ταυτα γαρ παντα τα εθνη επιζητει· υμων δε ο πατηρ
οιδεν· οτι χρηζετε τουτων απαντων ³¹πλην ζητιτε την βασι-
λειαν του θεου και ταυτα παντα προστεθησεται υμιν· ³²Μη
φοβου το μικρον ποιμνιον οτι ευδοκησεν ο πατηρ υμων δουναι
υμιν την βασιλειαν· ³³Πωλησαται τα υπαρχοντα υμων και
δοτε ελεημοσυνην   Ποιησατε εαυτοις βαλλαντια μη παλαι-
ουμενα θησαυρον ανεγλιπτον εν τοις ουρανοις· οπου κλεπτης
ουκ εγ|γιζει· ουδε σης διαφθειρει· ³⁴οπου γαρ εστιν ο θησαυρος
υμων και η καρδια υμων εσται ³⁵Εστωσαν αι οσφυες υμων
περιεζωσμεναι· και οι λοιχνοι καιομενοι· ³⁶και υμις ομοιοι
ανθρωποις προσδεχομενοις τον κεν εαυτων ποτε αναλυση εκ
των γαμων ινα ελθοντος και κρουσαντος ευθεως ανοιξωσιν
αυτω   ³⁷Μακαριοι οι δουλοι εκινοι ους ελθων ο κυριος
ευρησει γρηγορουντας αμην λεγω υμιν οτι περιζωσεται και
ανακλινει αυ‖τους και παρελθων διακονησι αυτοις· ³⁸και εαν
ελθη εν τη δευτερα φυλακη και εν τη τριτη φυλακη ελθη και
ευρη ουτως μακαριοι εισιν οι δουλοι εκινοι·   ³⁹Τουτο δε γινω-
σκεται οτι ει ηδη ο οικοδεσποτης ποια ωρα ο κλεπτης ερχεται
εγρηγορησεν αν και ουκ αν αφηκεν διορυγηναι τον οικον αυτου
⁴⁰και υμις ουν γινεσθαι ετοιμοι οτι η ωρα ου δοκιται ο υιος του
ανθρωπου ερχεται·   ⁴¹Ειπεν δε αυτω ο πετρος κυριε προς
ημας την την παραβολην ταυτην λεγεις | η και προς παντας·
⁴²ειπεν δε   Ο κυριος τις αρα εστιν ο πιστος οικονομος ο
φρονιμος ον καταστησει ο κυριος επι της θεραπιας αυτου του
δουναι εν καιρω το σιτομετριον· ⁴³μακαριος ο δουλος εκινος ον
ελθων ο κυριος αυτου ευρησει ποιουντα ουτως ⁴⁴αληθως λεγω
υμιν οτι επι πασιν τοις υπαρχουσιν αυτου καταστησει αυτον·
⁴⁵Εαν δε ειπη ο δουλος εκινος εν τη καρδια εαυτου χρονιζει ο
κυριος μου ερχεσθαι· και αρξηται τυπτιν τους παιδας και τας
παιδισκας· αισ‖θιειν τε και πινιν και μεθυ.κεσθαι· ⁴⁶ηξει ο
κυριος του δουλου εκινου εν ημερα η ου προσδο και εν ωρα η

xii 36 κεν] κε aureis litteris scriptum : ν argento scriptum et charact. minore
41 την bis scriptum   46 προσδο ex errore scribae

ου γινωσκει και διχοτομηση αυτον· και το μερος αυτου μετα των απιστων θηση· ⁴⁷Εκινος δε ο δουλος ο γνους το θελημα του κυριου εαυτου και μη ετοιμασας μηδε ποιησας προς το θελημα αυτου δαρησεται πολλας ⁴⁸ο δε μη γνους ποιησας δε αξια πληγων δαρησεται ολιγας παντι δε εδοθη πολυ πολυ ζητηθησεται παρ αυτου και ω παρεθεντο πολυ περισ|σοτερον αιτησουσιν αυτον ⁴⁹πυρ ηλθον βαλειν επι την γην και τι θελω ει ηδη ανηφθη ⁵⁰βαπτισμα δε εχω βαπτισθηναι και πως συνεχομε εως οτου τελεσθη ⁵¹δοκιται οτι ειρηνην παρεγενομην δουναι εν τη γη· ουχει λεγω υμιν αλλ η διαμερισμον ⁵²εσονται γαρ απο του νυν πεντε εν οικω ενι διαμεμερισμενοι· τρις επι δυσιν και δυο επι τρισιν ⁵³διαμερισθησεται πατηρ επι υιω και υιος επι πατρι· μητηρ επι θυγατρι· και θυγατηρ επι μητρι πενθερα επι την νυμφην εαυ||της· και νυμφη επι την πενθεραν αυτης ⁵⁴Ελεγε δε και τοις οχλοις οταν ιδητε νεφελην ανατελλουσαν απο δυσμων ευθεως λεγεται οτι ομ.. ης ερχετα γινεται ου .. ς ⁵⁵και οταν τον πνεο. γεται οτ σων εσται και γινεται ⁵⁶υποκριται το προσωπον του ουρανου και της γης οιδατε δοκιμαζειν τον δε καιρον τουτον πως ου δοκιμαζεται· ⁵⁷τι δε και αφ εαυτων ου κρινεται το δικαιον· ⁵⁸Ως γαρ υπαγις μετα του αντιδικου σοι επ αρχοντα εν τη οδω δος ε. γασιαν απηλλαχθαι απ αυτου μηποτε κατασυρη σε προς τον κριτην και ο κριτης σε παραδω τω πρακτωρει και ο πρακτωρ σε βαλη εις φυλακην ⁵⁹λεγω σοι ου μη εξελθης εκιθεν εως ου και το εσχατον λεπτον .. οδως

XIII. ρησαν δε τιναις εν αυτω τω καιρω απαγγελλοντες αυτω περι των γαλιλαιων ων το αιμα πιλατος εμιξεν μετα των θυσιων αυτων ²Και αποκριθεις ο ιησους πεν αυτοις δοκιται οτι οι γαλιλαι||οι ουτοι τωλοι πα ˙ ᵀας τους γαλιλαιους εγενοντο οτι τοιαυτα πεπονθασιν· ³ουχει λεγω υμιν αλλ εαν μη μετανοητε παντες ομοιος ωσαυτως απολισθε ⁴Η εκινοι οι δεκα και οκτω εφ ους επεσεν ο πυργος εν τω σιλωαμ και . πεκτινεν αυτους· δοκιτε οτι ουτοι οφιλεται εγενοντο παρα παντας τους κατοικουντας εν ιερουσαλημ· ⁵ουχι λεγω υμιν αλλ εαν μη μετανοητε παντες ομοιως απολισθαι· ⁶Ελεγεν δε ταυτην την παρα|βολην συκην ειχεν τις εν τω αμπελωνει αυτου πεφυτευμενην και ηλθεν ζητων καρπον εν αυτη και ουχ ευρεν· ⁷Ειπεν δε προς τον αμπελουργον ιδου

τρια ετη ερχομε ζητων καρπον εν τη συκη   ευρισκω
εκκοψον αυτην ινατι και την γην καταργι·   ⁸Ο δε αποκρι-
θεις λεγει αυτω· κυριε αφες αυτην και τουτ   ετος   οτου
σκαψω περι αυτην και βαλω κοπρια ⁹καν μεν ποιηση καρπον
ει δε μηγε εις το   εις αυτην   ¹⁰Ην δε διδασκ   Pet 74
εν μια των ... αγωγων εν τοις σαββασιν· ¹¹και ιδου γυνη πνευ-
μα εχουσα ασθενιας ετη δεκα και οκτω· και ην συνκυπτουσα
και μη δυναμενη ανακυψαι εις το παντελες· ¹²ιδων δε αυτην
ο ιησους προσεφ...σεν και ειπεν αυτη· γυναι απολελυσαι της
ασθενιας σου ¹³και επεθηκεν αυτη τας χειρας και παραχρημα
ανωρθωθη και εδοξαζεν τον θεον   ¹⁴Αποκριθεις δε ο αρχι-
συναγωγος αγανακτων οτι τω σαββατω εθεραπευσεν ο ιησους
ελεγεν τω οχλω· εξ ημε|ραι εισιν εν αις δι εργαζεσθε εν ταυταις
ουν ερχομενοι θεραπευεσθε και μη τη ημερα του σαββατου·
¹⁵Απεκριθη ουν ο ιησους και ειπεν αυτω υποκριτα εκαστος
υμων τω σαββατω ου λυει τον βουν αυτου η τον ονον απο της
φατνης και απαγαγων ποτιζει· ¹⁶ταυτην δε θυγατερα αβρααμ·
ουσαν ην εδησεν ο σατανας ιδου δεκα και οκτω ετη ⌒υκ εδει
λυθηναι απο του δεσμου τουτου τη ημερα του σαββατου
¹⁷Και ταυτα λεγοντος αυτου κατησχυνοντο παντες οι αν‖τικει-′Pet 75
μενοι αυτω· και πας ο οχλος εχαιρεν επι πασιν τοις ενδοξοις
τοις γινομενοις υπ αυτου·   ¹⁸Ελεγεν δε αυτοις τινει ομοια
εστιν η βασιλεια των ουρανων η τινι ομοιωσω αυτην   ¹⁹Ομοια
εστι κοκκω σιναπεως ον λαβων ανθρωπος εβαλεν εις κηπον
εαυτου και ηυξησεν και εγενετο εις δενδρον μεγα και τα πετινα
του ουρανου κατεσκηνωσεν εν τοις κλαδοις αυτου   ²⁰Παλιν
ειπεν τινι ομοιωσω την βασιλειαν του θεου ²¹ομοια εστιν ζυμη
ην λαβουσα γυνη | εκρυψεν εις αλευρου σατα τρια εως ου
εζυμωθη ολον   ²²Και διεπορευετο κατα πολις και κωμας
διδασκων και ποριαν ποιουμενος εις ιερουσαλημ   ²³Ειπεν δε
τις αυτω κυριε ει ολιγοι οι σωζομενοι ο δε ειπεν προς αυτους
²⁴αγωνιζεσθε εισελθειν δια της στενης πυλης οτι πολλοι λεγω
υμιν ζητησουσιν εισελθειν και ουκ ισχυσωσιν·   ²⁵Αφ ου αν
εγερθη ο οικοδεσποτης και αποκλιση την θυραν και αρξησθε
εξω εσταναι και κρουειν την θυραν λεγοντες κυριε ‖ κυριε Pet 76
ανοιξον ημειν· και αποκριθεις ερει υμιν ουκ οιδα υμας ποθεν

xiii 18   codex ητιν

εσται· ²⁶τοτε αρξησθαι λεγειν· εφαγομεν ενωπιον σου και επιομεν και εν ταις πλατιαις ημων εδιδαξας· ²⁷Και αποκριθεις ερει· λεγω υμιν ουκ οιδα υμας ποθεν εστε αποστητε απ εμου παντες εργαται της αδικειας· ²⁸εκει εστε ο κλαυθμος και ο βρυγμος των οδοντων Οταν οψησθαι αβρααμ και ισαακ και ιακωβ· και παντας τους προφητας εν τη βασιλεια του θεου υμας δε εκβαλλομε|νους εξω ²⁹και ηξουσιν απο ανατολων και δυσμων· και βορρα και νωτου και ανακληθησονται εν τη βασιλεια του θεου· ³⁰και ιδου Εισιν εσχατοι οι εσονται πρωτοι· και εισιν πρωτοι οι εσονται εσχατοι· ³¹εν αυτη τη ημερα προσηλθον τινες φαρισαιοι λεγοντες αυτω εξελθε και πορευου εντευθεν οτι ηρωδης ζητι σε αποκτιναι· ³²Και αποκριθεις ειπεν αυτοις πορευθεντες ειπατε τη αλωπηκει ταυτη ιδου εκβαλλω δαιμονια και ιασεις επιτε||λω σημερον και αυριον και τη τριτη τελειουμε ³³πλην δει με σημερον και αυριον και τη εχομενη πορευεσθαι· οτι ουκ ενδεχεται προφητην απολεσθε εξω ιερουσαλημ· ³⁴Ιερουσαλημ· ιερουσαλημ· η αποκτινουσα τους προφητας και λιθοβολουσα τους απεσταλμενους προς αυτην ποσακεις ηθελησα επισυναξαι τα τεκνα σου ον τροπον ορνις την εαυτης νοσσιαν υπο τας πτερυγας και ουκ ηθελησαται ³⁵ιδου αφιεται υμιν ο οικος υμων ερημος λεγω δε υμιν οτι ου μη | με ιδητε εως αν ηξει οτε ειπητε ευλογημενος ο ερχομενος εν ονοματι κυριου

XIV. Και εγενετο εν τω ελθειν αυτον εις οικον τινος των αρχοντων των φαρισαιων σαββατου φαγιν αρτον και αυτοι ησαν παρατηρουμενοι αυτον ²και ιδου ανθρωπος τις· ην υδρωπικος ενπροσθεν αυτου· ³Και αποκριθεις ο ιησους ειπε προς τους νομικους και φαρισαιους λεγων· ει εξεστι τω σαββατω θεραπευειν· οι δε ησυχασαν· ⁴και επιλαβομενος ιασατο αυτον και απελυσεν || ⁵και αποκριθεις προς αυτους ειπεν τινος υμων υιος η βους εις φρεαρ ενπεσιται και ουκ ευθεως ανασπαση αυτον εν τη ημερα του σαββατου· ⁶και ουκ ισχυσαν ανταποκριθηναι αυτω προς ταυτα· ⁷ελεγεν δε Προς τους κεκλημενους παραβολην επεχων πως τας πρωτοκλισιας εξελεγοντο λεγων προς αυτους· ⁸οταν κληθης υπο τινος εις γαμους μη κατακλιθης εις την πρωτοκλισειαν· μηποτε εντιμωτερος σου η κεκλημενος υπ αυτου ⁹και ελθων ο σε και αυτον | καλεσας ερι σοι δος τουτω τοπον και τοτε αρξη μετα εσχυνης τον εσχατον τοπον κατεχειν· ¹⁰αλλ οταν κληθης πορευθεις αναπεσε εις τον εσχατον τοπον ινα οταν ελθη ο κεκληκως σε ερι σοι φιλε προσαναβηθει ανωτερον τοτε εστε σοι δοξα ενωπιον παντων των συνανακειμενων σοι· ¹¹Οτι πας ο υψων εαυτον ταπεινωθησεται· και ο ταπινων εαυτον υψωθησεται· ¹²Ελεγεν δε και τω κεκληκοτι αυτον· οταν ποιης αριστον η δειπνον μη ‖ φωνει τους φιλους σου· μηδε τους αδελφους σου· μηδε τους συγγενεις σου· μηδε γιτονας πλουσιους· μηποτε και αυτοι σε αντικαλεσουσειν και γενηται σοι ανταποδωμα ¹³αλλ οταν ποιης δοχην καλει πτωχους· αναπιρους· χωλους τυφλους ¹⁴και μακαριος εση οτι ουκ εχουσιν ανταποδουναι σοι ανταποδοθησεται δε σοι εν τη αναστασει των δικαιων· ¹⁵Ακουσας δε τις των συνανακιμενων ταυτα ειπεν αυτω μακαριος ος φαγεται αρτον εν τη βασιλεια | του θεου ¹⁶Ο δε ειπεν αυτω ανθρωπος τις εποιησεν διπνον μεγα και εκαλεσεν πολλους ¹⁷και απεστιλεν τον δουλον αυτου τη ωρα του διπνου ειπιν τοις κεκλημενοις ερχεσθε οτι ηδη ετοιμα εστιν παντα· ¹⁸και ηρξαντο απο μιας παραιτισθαι παντες Ο πρωτος ειπεν αυτω αγρον ηγορασα και εχω αναγκην εξελθειν και ιδειν αυτον ερωτω σε εχε με παρητημενον· ¹⁹και Ο ετερος ειπεν ζευγη βοων ηγορασα πεντε και πορευομαι δοκιμασαι αυτα ερωτω σε εχε με παρη-‖τημενον· ²⁰και Ετερος ειπεν γυναικα εγημα· και δια τουτο ου δυναμε ελθειν· ²¹και παραγεναμενος ο δουλος εκινος απηγγιλεν τω κυριω αυτου ταυτα· Τοτε οργισθεις ο οικοδεσποτης ειπεν τω δουλω αυτου· εξελθε ταχεως εις τας πλατιας και ρυμας της πολεως· και τους πτωχους και αναπιρους· και χωλους και τυφλους εισαγαγε ωδε ²²Και ειπεν ο δουλος κυριε γεγονεν ως επεταξας και ετι τοπος εστιν· ²³και ειπεν ο κυριος προς τον δουλον· εξελθε εις τας | τας οδους και φραγμους και αναγκασον εισελθειν ινα γεμισθη ο οικος· ²⁴Λεγω γαρ υμιν οτι ουδεις των ανδρων εκινων των κεκλημενων γευσηται μου του διπνου· ²⁵Συνεπορευοντο δε αυτω οχλοι πολλοι· και στραφεις ειπεν προς αυτους· ²⁶ει τις ερχεται προς με και ου μισει τον πατερα αυτου και την μητερα· και την γυναικα· και τα τεκνα και τους αδελφους· και τας αδελφας ετι δε και την εαυτου ψυχην· ου δυναται μου ειναι μαθητης ‖ ²⁷και οστις ου βασταζει τον σταυρον εαυτου και ερχεται οπισω μου ου δυναται ειναι μου

xiv 23 τας 1° erasum

μαθητης· ²⁸Τις γαρ εξ υμων θελων πυργον οικοδομησε· ουχει πρωτον καθεισας ψηφιζει την δαπανην ει εχει τα εις απαρτισμον ²⁹ινα μηποτε θεντος αυτου θεμελιον και μη ισχυοντος εκτελεσαι παντες οι θεωρουντες αρξονται αυτω εμπεζειν ³⁰λεγοντες οτι ουτος ο ανθρωπος ηρξατο οικοδομιν και ουκ εισχυσεν εκτελεσαι· ³¹η τις βασιλευς πορευομενος συνβαλειν ετερω βασιλει συνβαλειν εις πολεμον· ου|χει καθεισας πρωτον βουλευεται ει δυνατος εστιν εν δεκα χιλειασιν απαντησαι τω μετα εικοσι χιλειαδων ερχομενω επ αυτον· ³²ει δε μηγε ετι αυτου πορρω οντος πρεσβιαν αποστιλας ερωτα τα προς ειρηνην ³³Ουτως ουν πας εξ υμων· ος ουκ αποτασσεται πασιν τοις εαυτου υπαρχουσιν ου δυναται μου ειναι μαθητης· ³⁴Καλον το αλας εαν δε και το αλας μωρανθη εν τινει αρτυθησεται· ³⁵ουτε εις γην· ουτε εις κοπριαν ευθετον εστιν· εξω βαλλουσιν αυτο ο εχων ω‖τα ακουειν ακουετω·

XV. Ησαν δε εγγιζοντες αυτω παντες οι τελωναι και οι αμαρτωλοι ακουειν αυτου· ²και διεγογγυζον οι φαρισαιοι και οι γραμματεις λεγοντες· οτι ουτος αμαρτωλους προσδεχεται και συναισθειει αυτοις   ³Ειπεν δε προς αυτους την παραβολην ταυτην λεγων· ⁴τις ανθρωπος εξ υμων εχων εκατον προβατα και απολεσας εν εξ αυτων ου καταλειπει τα ενενηκοντα εννεα εν τη ερημω και πορευετε επι το απολωλος εως ου ευρη αυτο· ⁵και ευρων | επιτιθησειν επι τους ωμους αυτου χαιρων ⁶και ελθων εις τον οικον συνκαλειτε τους φιλους και τους γιτονας αυτου λεγων αυτοις συγχαρητε μοι οτι ευρον το προβατον μου το απολωλος· ⁷λεγω υμιν· οτι ουτως χαρα εσται εν τω ουρανω επι ενι αμαρτωλω μετανοουντι η επι ενενηκοντα εννεα δικαιοις· οιτινες ου χριαν εχουσιν μεταννυας·   ⁸Η τις γυνη δραχμας εχουσα δεκα εαν απολεση δραχμην μιαν· ουχει απτει λυχνον και σαροι την οικιαν και ζητει επι‖μελως εως οτου ευρη ⁹και ευρουσα συγκαλει τας φιλας και τας γιτονας λεγουσα συνχαρηται μοι· οτι ευρον την δραχμην ην απωλεσα· ¹⁰ουτως λεγω υμιν χαρα γινεται εν ουρανω ενωπιον των αγγελων του θεου επι ενι αμαρτωλω μετανοουντι·   ¹¹Ειπεν δε ανθρωπος τις ειχεν δυο υιους· ¹²και ειπεν ο νεωτερος αυτων τω πατρι πατερ δος μοι το επιβαλλος της ουσιας και δειειλεν αυτοις τον βιον ¹³και μετ ου πολλας ημερας συναγαγων απαντα ο νεωτερος

xiv 31 συνβαλειν bis scriptum   xv 12 ν μερος supra επιβαλλος της scriptum

υιος απεδημησεν | εις χωραν μακραν· κακει διεσκορπισεν την ουσιαν αυτου ζων ασωτως ¹⁴δαπανησαντος δε αυτου παντα εγενετο λιμος ισχυρος κατα την χωραν εκινην· και αυτος ηρξατο υστερισθαι· ¹⁵και   Πορευθεις εκολληθη ενι των πολιτων της χωρας εκινης και επεμψεν αυτον εις τους αγρους αυτου βοσκειν χοιρους ¹⁶και επεθυμει γεμισε την κοιλιαν αυτου απο των κερατιων ων ησθιον οι χοροι και ουδεις εδιδου αυτω ¹⁷εις εαυτον δε ελθων ειπεν πωσοι μισθειοι του πατρος μου ‖ περισσευουσιν Pet 84 αρτων εγω δε ωδε λιμω απολλυμαι ¹⁸αναστας πορευσομε προς τον πατερα μου και ερω αυτω πατερ ημαρτον εις τον ουρανον και ενωπιον σου ¹⁹και ουκετι ειμι αξιος κληθηναι υιος σου ποιησον με ως ενα των μισθιων σου ²⁰και αναστας ηλθεν προς τον πατερα αυτου·   Ετι δε αυτου μακραν απεχοντος ιδεν αυτον ο πατηρ αυτου και εσπλαγχνισθη και δραμων επεπεσεν επι τον τραχηλον αυτου και κατεφιλησεν αυτον·   ²¹Ειπεν δε αυτω ο υιος πατερ ημαρτον εις τον ου|ρανον και ενωπιον σου· και ουκετι ειμει αξιος κληθηναι υιος σου·   ²²Ειπεν δε ο πατηρ προς τους δουλους αυτου εξενεγκατε στολην την πρωτην και ενδυσατε αυτον· και δοτε δακτυλιον εις την χειρα αυτου· και υποδηματα εις τους ποδας ²³και ενεγκοντες τον μοσχον τον σιτευτον θυσατε και φαγοντες ευφρανθωμεν ²⁴οτι ουτος ο υιος μου νεκρος ην και ανεζησεν· και απολωλως ην και ηυρεθη· και ηρξαντο ευφρενεσθαι· ²⁵ην δε ο υιος   Αυτου ο πρεσβυτερος εν αγρω ‖ και ως ερχομενος ηγγισεν τη οικεια ηκουσεν συμφωνιας Pet 85 και χορων· ²⁶και προσκαλεσαμενος ενα των παιδων επυνθανετο το τι αν ειη ταυτα ²⁷ο δε ειπεν αυτω οτι ο αδελφος σου ηκει· και εθυσεν ο πατηρ σου τον μοσχον τον σιτευτον οτι υγιενοντα αυτον απελαβεν· ²⁸ωργισθη δε και ουκ ηθελεν εισελθειν·   Ο ουν πατηρ αυτου εξελθων παρεκαλει αυτον·   ²⁹Ο δε αποκριθεις ειπεν τω πατρι αυτου ιδου τοσαυτα ετη δουλευω σοι και ουδεποτε εντολην σου παρηλθον και εμοι ουδεποτε εδωκας | εριφον ινα μετα των φιλων μου ευφρανθω ³⁰οτε δε ο υιος σου ουτος ο καταφαγων σου τον βιον μετα των πορνων ηλθεν εθυσας αυτω τον μοσχον τον σιτευτον·   ³¹Ο δε ειπεν αυτω τεκνον συ παντοτε μετ εμου ει· και παντα τα εμα σα εστιν· ³²ευφρανθηναι δε και χαρηναι εδει· οτι ο αδελφος σου ουτος νεκρος ην και ανεζησεν και απωλωλως ην και ηυρεθη·

32 correxit s. m. απολωλως

XVI. Ελεγεν δε και προς τους μαθητας αυτου· ανθρωπος τις ην πλουσιος ος ειχεν οικονομον και ουτος διεβληθη αυτω ‖ ως διασκορπιζων τα υπαρχοντα αυτου· ²και φωνησας αυτον ειπεν αυτω· τι τουτο ακουω περι σου αποδος τον λογον της οικονομιας· σου· ου γαρ δυνηση ετι οικονομειν· ³Ειπεν δε εν εαυτω ο οικονομος τι ποιησω οτι ο κυριος μου αφερειτε την οικονομιαν απ εμου· σκαπτιν ουκ ισχυω επετιν αισχυνομε ⁴εγνων τι ποιησω ινα οταν μετασταθω εκ της οικονομιας δεξονται με εις τους οικους εαυτων· ⁵Και προσκαλεσαμενος ενα εκαστον των χρεοφιλετων | του κυριου εαυτου ελεγεν τω πρωτω ποσον οφιλεις τω κυριω μου ⁶ο δε ειπεν εκατον βατους ελεου· και ειπεν αυτω δεξε σου τα γραμματα και καθισας ταχεως γραψον πεντηκοντα· ⁷Επιτα ετερω ειπεν· συ δε ποσον οφιλεις ο δε ειπεν εκατον κορους σιτου και λεγει αυτω δεξε σου τα γραμματα· και καθισας ταχεως γραψον ογδοηκοντα· ⁸Και επηνεσεν ο κυριος τον οικονομον της αδικειας οτι φρονιμως εποιησεν· οτι οι υιοι του αιωνος τουτου φρονιμωτεροι εισιν υπερ τους ‖ υιους του φωτος εις την γενεαν την εαυτων· ⁹καγω υμιν λεγω ποιησατε εαυτοις φιλους εκ του μαμωνα της αδικειας· ινα οταν εκλιπη δεξωνται υμας εις τας αιωνιους σκηνας· ¹⁰Ο πιστος εν ελαχιστω και εν πολλω πιστος εστιν και ο εν ελαχιστω αδικος· και εν πολλω αδικος εστιν· ¹¹ει ουν εν τω αδικω μαμωνα πιστοι ουκ εγενεσθε· το αληθινον τις υμιν πιστευσει ¹²και ει εν τω αλλοτριω πιστοι ουκ εγενεσθε το υμετερον τις υμιν δωσει ¹³Ουδεις οικετης | δυναται δυσιν κυριοις δουλευειν· ει γαρ τον ενα μισησει και τον ετερον αγαπησει· η ενος ανθεξεται και του ετερου καταφρονησαι· ου δυνασθαι θεω δουλευειν και μαμωνα· ¹⁴Ηκουον δε ταυτα παντα και οι φαρισαιοι φιλαργυροι υπαρχοντες και εξεμυκτηριζον αυτον· ¹⁵Και ειπεν αυτοις υμις εσται οι δικαιουντες εαυτους ενωπιον των ανθρωπων ο δε θεος γινωσκει τας καρδιας υμων· οτι το εν ανθρωποις υψηλον βδελυγμα ενωπιον του θεου ‖ ¹⁶Ο νομος και οι προφηται εως ιωαννου απο τοτε η βασιλεια του θεου ευαγγελειζετε και πας εις αυτην βιαζεται ¹⁷Ευκοπωτερον δε εστιν τον ουρανον και την γην παρελθειν η του νομου μιαν κερεαν πεσειν· ¹⁸Πας ο απολυων την

xvi 13 codex καταφρονῆσαι

γυναικα εαυτου και γαμων ετεραν μοιχευει· και πας ο απολελυμενην απο ανδρος γαμων μοιχευει· ¹⁹Ανθρωπος δε τις ην πλουσιος και ενεδιδυσκετο πορφυραν και βυσσον ευφρενομενος καθ ημεραν λαμπρως ²⁰πτω|χος δε τις ην ονοματι λαζαρος· ος εβεβλητο προς τον πυλωνα αυτου ειλκωμενος ²¹και επιθυμων χορτασθηναι απο των ψιχειων των πιπτοντων απο της τραπεζης του πλουσιου. αλλα και οι κυνες ερχομενοι απελιχον τα ελκη αυτου· ²²εγενετο δε αποθανιν τον πτωχον και απενεχθηναι αυτον υπο των αγγγελων εις τον κολπον αβρααμ· απεθανεν δε και ο πλουσιος και εταφη ²³και εν τω αδη επαρας τους οφθαλμους αυτου υπαρχων εν βασανοις ορα τον αβρααμ απο μακροθεν || και λαζαρον εν τοις κολποις αυτου· Pet 89 ²⁴και αυτος φωνησας ειπεν πατερ αβρααμ· ελεησον με και πεμψον λαζαρον· ινα βαψη το ακρον του δακτυλου αυτου υδατος και καταψυχη την γλωσσαν μου· οτι οδυνωμαι εν τη φλογει ταυτη· ²⁵ειπεν δε   Αβρααμ τεκνον μνησθητι οτι απελαβες τα αγαθα σου εν τη ζωη σου· και λαζαρος· ομοιως τα κακα· νυν δε ωδε παρακαλειται συ δε οδυνασε ²⁶και επι πασιν τουτοις μεταξυ υμων και ημων· χασμα μεγα εστηρικται οπως οι θελοντες διαβηναι | ενθεν προς υμας μη δυνονται μηδε οι εκιθεν προς ημας διαπερωσιν· ²⁷Ειπεν δε ερωτω ουν σε πατερ αβρααμ· ινα πεμψης αυτον εις τον οικον του πατρος μου· ²⁸εχω γαρ πεντε αδελφους οπως διαμαρτυρηται αυτοις ινα μη και αυτοι ελθωσιν εις τον τοπον τουτον της βασανου· ²⁹Λεγει δε αυτω· αβρααμ· εχωσι μωυσεα και τους προφητας ακουσατωσαν αυτων· ³⁰ο δε ειπεν· ουχει πατηρ αβραμ· αλλ εαν τις απο νεκρων πορευθη προς αυτους μετανοησουσιν· ³¹ειπεν δε αυτω || ει μωυσεως και των προφητων ουκ ακουουσιν· ουδε Pet 90 εαν τις εκ νεκρων αναστη πισθησονται·

XVII. Ειπεν δε προς τους μαθητας ανενδεκτον εστιν του μη ελθιν τα σκανδαλα· ουαι δε δι ου ερχεται· ²λυσιτελες αυτω ει μυλος ονικος περικειται περι τον τραχηλον αυτου και ερριπτε εν τη θαλασση η ινα σκανδαλιση ενα των μικρων τουτων   ³Προσεχετε εαυτοις εαν αμαρτη εις σε ο αδελφος σου επιτιμησον αυτω· και εαν μετανοηση | αφες αυτω·   ⁴Και εαν επτακεις της ημερας αμαρτηση εις σε και επτακεις της

25 τεκνον] littera τ supra μ et ε inter lineas scripta

ημερας επιστρεψη λεγων μετανοω αφησις αυτω· ⁵Και ειπον
οι αποστολοι τω κυριω προσθες ημιν πιστιν ⁶ειπεν δε ο ιησους
ει εχεται πιστιν ως κοκκον σιναπεως ελεγεται αν τη συκαμινω
ταυτη. εκριζωθητι και φυτευθητι εν τη θαλασση και υπηκου-
σεν αν υμιν· ⁷τις δε εξ υμων δουλον   Εχων αροτριωντα
η ποιμενοντα ος εισελθοντι εκ του αγρου ερει αυτω ευ‖θεως.
παρελθων αναπεσαι· ⁸αλλ ουχει ερι αυτω ετοιμασον τι διπνησω
και περιζωσαμενος διακονι μοι εως αν φαγω και πιω και μετα
ταυτα φαγεσαι και πιεσαι συ· ⁹μη χαριν εχει τω δουλω εκινω
οτι εποιησεν τα διαταχθεντα ου δοκω· ¹⁰ουτως και υμις οταν
ποιησητε παντα τα διαταχθεντα υμιν λεγεται δουλοι αχριοι
εσμεν· οτι ο οφιλομεν ποιησε πεποιηκαμεν   ¹¹Και εγενετο
εν τω πορευεσθαι αυτον εις ιερουσαλημ και αυτος διηρχετο δια
μεσου σαμαρι‖ας και γαλιλαιας ¹²και εισερχομενου αυτου εις
τινα κωμην υπηντησαν αυτω δεκα λεπροι ανδρες οι εστησαν
πορρωθεν ¹³και αυτοι ηραν φωνην λεγοντες ιησου επιστατα
ελεησον ημας ¹⁴και ειδων ειπεν αυτοις· πορευθεντες επιδιξατε
εαυτους τοις ιερευσειν· και εγενετο εν τω υπαγειν αυτους
εκαθερισθησαν· ¹⁵εις δε εξ αυτων ιδων οτι ιαθη υπεστρεψεν
μετα φωνης μεγαλης δοξαζων τον θεον ¹⁶και επεσεν επι προσ-
ωπον παρα τους ποδας αυτου ‖ ευχαριστων αυτω και αυτος
ην σαμαριτης·   ¹⁷Αποκριθεις δε ο ιησους ειπεν· ουχει· οι
δεκα εκαθερισθησαν· οι δε εννεα που ¹⁸ουχ ευρεθησαν υπο-
στρεψαντες δουναι δοξαν τω θεω ει μη ο αλλογενης ουτος
¹⁹και ειπεν αυτω αναστας πορευου· η πιστις σου σεσωκεν σε·
²⁰Επερωτηθεις δε υπο των φαρισαιων ποτε ερχεται η βασιλεια
του θεου απεκριθη αυτοις και ειπεν· ουκ ερχεται η βασιλεια
του θεου μετα παρατηρησεως· ²¹ουδε ερουσιν ιδου ωδε η ιδου εκει
ιδου γαρ η βασιλεια του θεου | εντος υμων εστιν·   ²²Ειπεν
δε προς τους μαθητας ελευσονται ημεραι οτε επιθυμησηται
μιαν των ημερων του υιου του ανθρωπου ιδειν και ουκ οψεσθαι·
²³Και ερουσιν υμιν ιδου ωδε η ιδου εκει ο χριστος μη πιστευση-
ται· μηδε απελθητε· μηδε διωξηται·   ²⁴Ωσπερ γαρ η αστραπη
αστραπτουσα· εκ της υπ ουρανον εις την υπ ουρανον λαμπει
ουτως εσται και ο υιος του ανθρωπου εν τη ημερα αυτου·
²⁵Πρωτον δε δει αυτον πολλα παθειν και αποδοκιμασθηναι απο

xvii 6   ελεγεται] + rasura litterarum αι

της γενεας ταυτης ‖ ²⁸και καθως εγενετο εν ταις ημεραις νωε
ουτως εστε και εν ταις ημεραις του υιου του ανθρωπου· ²⁷ησθιον·
επινον· εγαμουν εξεγαμιζοντο αχρι ης ημερας εισηλθεν νωε
εις την κιβωτον και ηλθεν ο κατακλυσμος και απωλεσεν απαν-
τας·   ²⁸Ομοιως και ως εγενετο εν ταις ημεραις λωτ· ησθιον
επινον ηγοραζον· επωλουν· εφυτευον ωκοδομουν· ²⁹η δε ημερα
εξηλθεν λωτ απο σοδομων εβρεξε πυρ και θιον απ ουρανου
και απωλεσεν απαντας ³⁰κατα τα αυτα εσται η ημερα εν η ο
υιος | του ανθρωπου αποκαλυπτεται·   ³¹Εν εκινη τη ημερα
ος εσται επι του δωματος και τα σκευη αυτου εν τη οικεια
μη καταβατω αραι αυτα· και ο εν τω αγρω ομοιως μη επι-
στρεψατω εις τα οπισω·   ³²Μνημονευεται της γυναικος λωτ
³³Ος εαν ζητηση την ψυχην αυτου σωσαι απολεσει αυτην·
και ος εαν απολεσει αυτην ζωογονησει αυτην·   ³⁴Λεγω υμιν
ταυτη τη νυκτι· δυο εσονται επι κλινης μιας εις παραλημφθη-
σεται και ο ετερος αφε‖θησεται· ³⁵δυο εσονται αληθουσαι Pet 94
επι το αυτο μια παραλημφθησεται και η ετερα αφεθησεται·
³⁷Και αποκριθεντες λεγουσιν αυτω που κυριε ο δε ειπεν αυτοις
οπου το σωμα εκει συναχθησονται οι αετοι·

XVIII.   Ελεγεν δε και παραβολην αυτοις προς το διν παν-
τοτε προσευχεσθαι αυτους και μη εγκακιν ²λεγων   Κριτης
τις· ην εν τινει πολει τον θεον μη φοβουμενος· και ανθρωπον
μη εντρεπομενος· ³χηρα δε τις ην εν τη πολει εκινη και ηρχετο
προς | αυτον λεγουσα εκδικησον με απο του αντιδικου μου ⁴και
ουκ ηθελεν επι χρονον·   Μετα δε ταυτα ειπεν εν εαυτω ει
και τον θεον ου φοβουμαι και ανθρωπον ουκ εντρεπομαι· ⁵δια
γε το παρεχειν μοι κοπους την χηραν ταυτην εκδικησω αυτην
ινα μη εις τελος ερχομενη με υποπιαζη·   ⁶Ειπεν δε ο κυριος
ακουσατει τι ο κριτης της αδικειας λεγει ⁷ο δε θεος ου μη
ποιηση την εκδικησιν των εκλεκτων αυτου των βοωντων προς
αυτον ημερας ‖ και νυκτος και μακροθυμων επ αυτοις ⁸ναι λεγω Pet 95
υμιν οτι εν ταχει ποιησει την εκδικησιν αυτων· πλην ο υιος
του ανθρωπου ελθων αρα ευρησει την πιστιν επι της γης·
⁹Ειπεν δε και προς τινας τους πεποιθοτας εφ εαυτοις οτι εισιν
δικαιοι και εξουδενωντας τους λοιπους την παραβολην ταυτην
¹⁰Ανθρωποι δυο ανεβησαν εις το ιερον προσευξασθαι· ο εις
φαρισαιος και ο ετερος τελωνης   ¹¹Ο ουν φαρισαιος σταθεις
προς εαυτον ταυτα προσηυχετο | ο θεος ευχαριστω σοι οτι ουκ

ειμει ωσπερ οι λοιποι των ανθρωπων αρπαγες· αδικοι· μοιχοι· η και ως ουτος ο τελωνης ¹²νηστευω δις του σαββατου αποδεκατω παντα οσα κτωμαι· ¹³και ο τελωνης μακροθεν εστως ουκ ηθελεν ουδε τους οφθαλμους εις τον ουρανον επαραι· αλλ᾽ ετυπτεν εις το στηθος αυτου λεγων ο θεος ιλασθητι μοι τω αμαρτωλω· ¹⁴Λεγω υμιν κατεβη ουτος δεδικαιωμενος εις τον οικον αυτου η γαρ εκινος· οτι πας ο υψων εαυτον ταπινωθησε‖ται ο δε ταπινων εαυτον υψωθησεται· ¹⁵Προσεφερον δε αυτω και τα βρεφη ινα αυτων απτηται ιδοντες δε οι μαθηται επετιμησαν αυτοις· ¹⁶Ο δε ιησους προσκαλεσαμενος αυτα ειπεν αφεται τα παιδια ερχεσθαι προς με και μη κωλυετε αυτα των γαρ τοιουτων εστιν η βασιλεια του θεου ¹⁷αμην γαρ Λεγω υμιν· ος εαν μη δεξηται· την βασιλειαν του θεου ως παιδιον ου μη εισελθη εις αυτην· ¹⁸Και επηρωτησεν αυτον τις αρχων λεγων· διδασκαλε αγαθε τι ποιησας ζωην | αιωνιον κληρονομησω· ¹⁹Ειπεν δε αυτω ο ιησους τι με λεγεις αγαθον· ουδεις αγαθος ει μη εις ο θεος ²⁰τας εντολας οιδας· μη μοιχευσης μη φονευσης μη κλεψης· μη ψευδομαρτυρης· τιμα τον πατερα σου και την μετερα σου ²¹ο δε ειπεν παντα ταυτα εφυλαξαμην εκ νεοτητος μου· ²²ακουσας Δε ταυτα ο ιησους ειπεν αυτω· ετι εν σοι λιπει παντα οσα εχεις πωλησον και δος πτωχοις και εξεις θησαυρον εν ουρανω και δευρο ακολουθει μοι ²³ο δε ακουσας ταυτα περιλυπος εγενετο ‖ ην γαρ πλουσιος σφοδρα· ²⁴ιδων δε αυτον ο ιησους περιλυπον γεναμενον· ειπεν πως δυσκολως οι τα χρηματα εχοντες εισελευσονται εις την βασιλειαν του θεου ²⁵ευκοπωτερον εστι καμηλον δια τρυμαλειας ραφιδος εισελθειν η πλουσιον εις την βασιλειαν του θεου εισελθειν ²⁶ειπον δε οι ακουσαντες και τις δυναται σωθηναι· ²⁷ο δε ειπεν τα αδυνατα παρα ανθρωποις δυνατα εστιν παρα τω θεω ²⁸Ειπεν δε ο πετρος ιδου ημις αφηκ . μεν παντα και . κολουθησα . εν σοι | ²⁹ο δε ειπεν Αυτοις αμην λεγω υμιν· οτι ουδεις εστιν ος αφηκεν οικιαν· η γονεις· η αδελφους· η γυναικα η τεκνα ενεκεν της βασιλειας του θεου ³⁰ος ου μη απολαβη πολλαπλασιονα εν τω καιρω τουτω και εν τω αιωνι τω ερχομενω ζωην αιωνιον κληρονομησει· ³¹Παραλαβων δε τους δωδεκα ειπεν προς αυτους ιδου αναβαινομεν εις ιεροσολυμα και τελεσθησεται παντα τα γεγραμμενα δια των προφητων τω υιω του ανθρωπου ³²παραδο‖

Desunt folia triu usque ad xix 17.

σιαν εχων επανω δεκα πολεων· ¹⁸και ηλθεν Ο δευτερος Pet 98
λεγων· κυριε η μνας σου εποιησε πεντε μνας ¹⁹ειπεν δε και
τουτω και συ γινου επανω πεντε πολεων· ²⁰και ετερος ηλθεν
λεγων κυριε ιδου η μνας σου ην ειχον αποκιμενην εν σου-
δαριω ²¹εφοβουμην γαρ σε οτι ανθρωπος αυστηρος ει· ερεις
ο ουκ εθηκας· και θεριζεις ο ουκ εσπειρας· και συναγεις οθεν
ου διεσκορπισας· ²²Λεγει αυτω εκ του στοματος σου κρινω
σε πονηρε δουλε ηδεις οτι εγω ανθρωπος αυστηρος | ειμει· αιρων
ο ουκ εθηκα και θεριζων ο ουκ εσπιρα· και συναγων οθεν ου
διεσκορπισα· ²³και διατι ουκ εδωκας μου το αργυριον μου επι
τραπεζαν και εγω ελθων συν τοκω αν επραξα αυτο· ²⁴και τοις
παρεστωσιν ειπεν· αρατε απ αυτου· την μναν και δοτε τω τας
δεκα μνας εχοντι· ²⁵και ειπον αυτω κυριε εχει δεκα μνας·
²⁶Λεγω γαρ υμιν· οτι παντι τω εχοντι δοθησεται· απο δε του
μη εχοντος και ο εχει αρθησεται απ αυτου ²⁷Πλην τους
εχθρους μου εκινους τους μη || θελησαντας με βασιλευσαι επ Pet 99
αυτους αγαγεται ωδε και κατασφαξαται αυτους εμπροσθεν
μου· ²⁸Και ειπων ταυτα επορευετο εμπροσθεν αναβαινων
εις ιεροσολυμα· ²⁹Και εγενετο ως ηγγισεν εις βηθφαγη και
βηθανιαν· προς το ορος το καλουμενον ελαιων απεστιλεν δυο
των μαθητων αυτου ³⁰ειπων υπαγεται εις την κατεναντι κωμην
εν η εισπορευομενοι ευρησεται πωλον δεδεμενον εφ ον ουδεις
πωποτε ανθρωπων εκαθισεν λυσαντες αυτον αγαγεται μοι·
³¹και | εαν τις υμας ερωτα διατι λυετε ουτως ερειτε αυτω οτι ο
κυριος αυτου χριαν εχει· ³²Απελθοντες δε οι απεσταλμενοι
ευρον καθως ειπεν αυτοις· ³³λυοντων δε αυτων τον πωλον· ειπον
οι κυριοι αυτου προς αυτους· τι λυετε τον πωλον ³⁴οι δε ειπον
οτι ο κυριος αυτου χριαν εχει· ³⁵και ηγαγον αυτον προς τον
ιησουν και επιριψαντες εαυτων τα ιματια επι τον πωλον
επεβιβασαν τον ιησουν ³⁶πορευομενου δε αυτου ηδη υπεστρων-
νυον τα ιματια εαυτων εν τη οδω· ³⁷εγγιζοντος δε αυτου η||δη Pet 100
προς τη καταβασει· του ορους των ελαιων ηρξαντο απαν το
πληθος των μαθητων χαιροντες αινειν τον θεον φωνη μεγαλη
περι πασων ων ιδον δυναμεων ³⁸λεγοντες ευλογημενος ο ερχο-

xix 21 ει] p. m. εε   23 μου το αργυριον μου] sic

μενος βασιλευς εν ονοματι κυριου ειρηνη εν ουρανω και δοξα
εν υψιστοις ³⁹Και τινες των φαρισαιων απο του οχλου
ειπον προς αυτον· διδασκαλε επιτιμησον τοις μαθηταις σου
⁴⁰Και αποκριθεις ειπεν αυτοις αμην λεγω υμιν οτι εαν ουτοι
σιωπησουσιν οι λιθοι κεκραξονται· ⁴¹και ως | ηγγισεν ιδων την
πολιν εκλαυσεν επ αυτη ⁴²λεγων· οτι ει εγνως και συ και γε
εν τη ημερα σου· ταυτη τα προς ειρηνην σου· νυν δε εκρυβη
απο οφθαλμων σου· ⁴³οτι ηξουσιν ημεραι επι σε και παραβα-
λουσιν οι εχθροι σου χαρακα σοι· και περικυκλωσουσιν σε και
συνεξουσι σε παντοθεν· ⁴⁴και εδαφιουσι σε και τα τεκνα σου
εν σοι· και ουκ αφησουσιν εν σοι λιθον επι λιθω· ανθ ων ουκ
εγνως τον καιρον της επισκοπης σου· ⁴⁵Και εισελθων εις το
Pet 101 ιερον ηρξατο εκβαλλειν || τους πωλουντας και αγοραζοντας ⁴⁶λε-
γων αυτοις γεγραπται οτι ο οικος μου οικος προσευχης εστιν υμις
δε αυτον εποιησαται σπηλαιον ληστων· ⁴⁷Και ην διδασκων
καθ ημεραν εν τω ιερω· οι δε αρχιερεις και οι γραμματεις εξητουν
αυτον απολεσαι και οι πρωτοι του λαου ⁴⁸και ουχ ευρισκον το
τι ποιησωσιν ο λαος γαρ απας εξεκρεματο αυτου ακουων·

XX. Και εγενετο εν μια των ημερων εκινων διδασκοντος
τον λαον εν τω ιερω και ευαγγελιζομενου επεστησαν· οι |
αρχιερεις και οι γραμματεις συν τοις πρεσβυτεροις ²και ειπον
προς αυτον λεγοντες ειπε ημιν εν ποια εξουσια ταυτα ποιεις
η τις εστιν ο δους σοι την εξουσιαν ταυτην· ³Αποκριθεις
δε ο ιησους ειπεν προς αυτους ερωτησω υμας καγω ενα λογον
και ειπαται μοι ⁴το βαπτισμα το ιωαννου ποθεν ην εξ ουρανου
η εξ ανθρωπων ⁵οι δε διελογισοντο προς αληλους λεγοντες εαν
ειπωμεν εξ ουρανου ερει ημιν διατι ουν ουκ επιστευσαται αυτω
Pet 102 ⁶εαν δε ειπωμεν || εξ ανθρωπων πας ο λαος καταλιβασει ημας
πεπισμενος γαρ εστιν ιωαννην προφητην ειναι· ⁷Και απε-
κριθησαν μη ειδεναι ποθεν· ⁸Και ο ιησους ειπεν αυτοις
ουδε εγω λεγω υμιν εν ποια εξουσια ταυτα ποιω· ⁹Ηρξα
δε προς τον λαον λεγιν την παραβολην ταυτην· ανθρωπος
εφυτευσεν αμπελωνα· και εξεδοτο αυτον γεωργοις και απεδη-
μησε χρονους ικανους ¹⁰και εν τω χρονω απεστιλεν προς τους
γεωργους δουλον ινα απο του καρπου του αμπελωνος δωσιν αυτω·
Οι δε γεωργοι δι|ραντες αυτον εξαπεστιλαν κενον· ¹¹και προσεθ-
ετο πεμψαι ετερον δουλον οι δε κακεινον διραντες και ατιμασαντες

xx 9 ηρξα] sic ex errore scribae

εξαπεστιλαν καινον· ¹²Και προσεθετο πεμψαι τριτον οι δε και τουτον τραυματισαντες εξεβαλον ¹³Ειπεν δε ο κυριος του αμπελωνος τι ποιησω πεμψω τον υιον μου τον αγαπητον ισως τουτον ιδοντες εντραπησονται· ¹⁴Ιδοντες δε αυτον οι γεωργοι ειπον προς εαυτους λεγοντες ουτος εστιν ο κληρονομος αποκτινωμεν αυτον ινα ημων γενηται || η κληρονομια ¹⁵και Pet 103 εκβαλοντες αυτον εξω του αμπελωνος απεκτιναν τι ουν ποιησει ο κυριος του αμπελωνος ¹⁶ελευσεται και απωλεσει τους γεωργους τουτους και τον αμπελωνα εκδωσει αλλοις γεωργοις Ακουσαντες δε ειπον μη γενοιτο· ¹⁷ο δε εμβλεψας αυτοις ειπεν τι ουν εστιν το γεγραμμενον τουτο· λιθον ον απεδοκιμασαν οι οικοδομουντες ουτος εγενηθη εις κεφαλην γωνιας· ¹⁸πας ο πεσων επ εκινον τον λιθον συνθλασθησεται· εφ ον δ αν πεση λικ|μησει αυτον· ¹⁹Και εζητησαν οι αρχιερεις και οι γραμματεις επιβαλειν επ αυτον τας χειρας εν αυτη τη ωρα και εφοβηθησαν τον οχλον· εγνωσαν γαρ οτι προς αυτους την παραβολην ταυτην ειπεν· ²⁰Και παρατηρησαντες απεστιλαν ενκαθετους υποκρινομενους εαυτους ειναι δικαιους ινα επιλαβωνται αυτου λογον εις το παραδουναι αυτον τη αρχη και τη εξουσια του ηγεμονος· ²¹Και επηρωτησαν αυτον λεγοντες διδασκαλε· οιδαμεν οτι ορθως λε||γεις και διδασκεις και ου λαμβανεις προσ- Pet 104 ωπον ανθρωπου αλλ· επ αληθειας την οδον του θεου διδασκεις ²²ειπε ουν ημιν εξεστιν καισαρι φορον δουναι· η ου ²³Κατανοησας δε αυτων την πανουργιαν ειπε αυτοις τι με πιραζετε ²⁴επιδειξαται μοι δηναριον τινος εχει ικονα και επιγραφην· οι δε ειπον καισαρος ²⁵Και αποκριθεις ο ιησους ειπεν αυτοις αποδοτε τοινυν τα καισαρος καισαρι και τα του θεου τω θεω ²⁶και ουκ ισχυσαν επιλαβεσθαι αυτου ρηματος εναντιον του λαου | και θαυμασαντες επι τη αποκρισι αυτου εσιγησαν· ²⁷Προσελθοντες δε τινες των σαδδουκαιων οι λεγοντες μη ειναι αναστασιν επηρωτησαν αυτον ²⁸λεγοντες· διδασκαλε μωυσης εγραψεν ημιν· εαν τινος αδελφος αποθανη εχων γυναικα· και ουτος ατεκνος αποθανη ινα λαβη ο αδελφος αυτου την γυναικα· και εξαναστηση σπερμα τω αδελφω αυτου· ²⁹Επτα ουν αδελφοι ησαν· και ο πρωτος λαβων γυναικα απεθανεν ατεκνος ³⁰και ε||

xx 24 τινος εχει] s. m. habet οι δε εδιξαν και ει τινος in rasura vocum τινος εχει

Desunt folia quattuor usque ad xxi 22.

ραι εκδικησεως αυται εισιν του πλησθηναι παντα τα γεγραμμενα ²³Ουαι δε ταις εν γαστρι εχουσαις και ταις θηλαζουσαις εν εκιναις ταις ημεραις· Εσται γαρ αναγκη μεγαλη επι της γης και οργη τω λαω τουτω ²⁴και πεσουνται εν στοματι μαχαιρας και αιχμαλωτισθησονται εις παντα τα εθνη και ιερουσαλημ εσται πατουμενη υπο εθνων αχρι ου πληρωθωσιν καιροι εθνων· ²⁵Και εσται σημια εν ηλιω και σεληνη και αστροις και επι της γης συνοχη εθνων εν απορια ηχους | θαλασσης και σαλου ²⁶αποψυχωντων των ανθρωπων απο φοβου και προσδοκιας των επερχομενων τη οικουμενη· αι γαρ δυναμεις των ουρανων σαλευθησονται· ²⁷Και τοτε οψονται τον υιον του ανθρωπου ερχομενον επι των νεφελων του ουρανου μετα δυναμεως και δοξης πολλης ²⁸Αρχομενων δε τουτων γινεσθαι ανακυψατε και επαραται τας κεφαλας υμων· διοτι εγγιζει η απολυτρωσις υμων· ²⁹Και ειπεν παραβολην αυτοις ειδετε την συκην και παντα τα δενδρα· ³⁰οταν || προβαλουσιν ηδη βλεποντες αφ εαυτων γινωσκεται οτι ηδη εγγυς το θερος εστιν· ³¹ουτως και υμις οταν ιδητε ταυτα γινομενα τοτε γινωσκεται οτι εγγυς εστιν η βασιλεια του θεου ³²Αμην λεγω υμιν ου μη παρελθη η γενεα αυτη εως αν παντα γενηται ³³ο ουρανος και η γη παρελευσονται οι δε λογοι μου ου μη παρελθωσιν· ³⁴Προσεχεται δε εαυτοις μηποτε βαρυθωσιν υμων αι καρδιαι εν κρεπαλη και μεθη και μεριμναις βιωτικαις και εφνειδιον· επι|στη εφ υμας η ημερα εκινη· ³⁵ως παγις γαρ επελευσεται επι παντας τους καθημενους επι προσωπον πασης της γης ³⁶Αγρυπνιτε ουν εν παντι καιρω δεομενοι ινα καταξιωθηται εκφυγιν παντα ταυτα τα μελλοντα γινεσθαι και σταθηναι εμπροσθεν του υιου του ανθρωπου ³⁷Ην δε τας ημερας εν τω ιερω διδασκων τας δε νυκτας εξερχομενους ηυλιζετο εις το ορος το καλουμενον ελαιων· ³⁸και πας ο λαος ορθριζεν προς αυτον εν τω ιερω ακουειν || αυτου·

XXII. Ηγγιζεν δε η εορτη των αζυμων η λεγομενη πασχα· ²και εζητουν οι αρχιερεις και οι γραμματεις το πως ανελωσιν αυτον· εφοβουντο γαρ τον λαον ³Εισηλθεν δε σατανας εις ιουδαν τον επικαλουμενον ισκαριωτην οντα εκ του αριθμου των δωδεκα· ⁴και απελθων συνελαλησεν τοις αρχιερευσειν και γραμματευσειν και στρατηγοις το πως αυτον παραδω αυτοις

⁵και εχαρησαν· και συνεθεντο αυτω αργυριον δουναι ⁶και απο τοτε εζητι ευ|καιριαν του παραδουναι αυτον αυτοις ατερ οχλου· ⁷ηλθεν δε   Η ημερα των αζυμων εν η εδει θυεσθαι το πασχα· ⁸και απεστιλεν πετρον και ιωαννην ειπων πορευθεντες ετοιμασαται ημιν το πασχα ινα φαγωμεν   ⁹Οι δε ειπον αυτω που θελεις ετοιμασωμεν ¹⁰ο δε ειπεν αυτοις ιδου εισελθοντων υμων εις την πολιν συναντησει υμιν ανθρωπος κεραμιον υδατος βασταζων ακολουθησαται αυτω εις την οικειαν ου εαν εισπορευεται ¹¹και ερειτε τω οικοδεσποτη της οικιας. λε||γει ο δι- Pet 108 δασκαλος που εστιν το καταλυμα οπου το πασχα μετα των μαθητων μου φαγω ¹²και εκεινος διξει υμιν αναγαιον μεγα εστρωμενον κακει ετοιμασατε· ¹³απελθοντες δε ηυρον καθως ειρηκεν αυτοις και ητοιμασαν το πασχαχα·   ¹⁴Οτε δε εγενετο η ωρα ανεπεσεν και οι δωδεκα αποστολοι συν αυτω·   ¹⁵Και ειπεν προς αυτους επιθυμια επεθυμησα τουτο το πασχα φαγειν μεθ υμων προ του με παθειν·   ¹⁶Λεγω γαρ υμιν ουκετι ου μη φαγω εξ αυτου εως οτου πλη|ρωθη εν τη βασιλεια του θεου ¹⁷Και δεξαμενος ποτηριον ευχαριστησας ειπεν·   λαβεται τουτο και διαμερισαται εαυτοις ¹⁸λεγω γαρ υμιν οτι ου μη πιω εκ του γενηματος της αμπελου εως οτου η βασιλεια του θεου ελθη· ¹⁹και λαβων αρτον ευχαριστησας εκλασεν και εδωκεν αυτοις λεγων· τουτο εστιν το σωμα μου το υπερ υμων διδομενον τουτο ποιειται εις την εμην αναμνησιν· ²⁰ωσαυτως και το   Ποτηριον μετα το διπνησαι λεγων || τουτο το ποτηριον η καινη διαθηκη εν Pet 109 τω αιματι μου το υπερ υμων εκχυνομενον· ²¹πλην ιδου η χειρ του παραδιδοντος με μετ εμου επι της τραπεζης ²²και ο μεν υιος του ανθρωπου πορευεται κατα το ωρισμενον πλην ουαι τω ανθρωπω εκινω δι ου παραδιδοτε   ²³Και αυτοι ηρξαντο συνζητιν προς εαυτους το τις αρα ειη εξ αυτων ο τουτο μελλων πρασσειν·   ²⁴Εγενετο δε και φιλονικεια εν αυτοις· το τις αυτων δοκει ειναι μιζων   ²⁵Ο δε ειπεν αυτοις οι βασιλεις των | εθνων κατακυριευουσιν αυτων· και οι εξουσιαζοντες αυτων ενεργεται καλουνται ²⁶υμις δε ουχ ουτως· αλλ ο μιζων εν υμιν γενεσθω ως ο νεωτερος και ο ηγουμενος ως ο διακονων· ²⁷τις γαρ μιζων ο ανακιμενος η ο διακονων ουχει ο ανακιμενος εγω δε ειμει εν μεσω υμων ως ο διακονων ²⁸υμις δε εσται οι διαμεμενη-

xxii 13 πασχαχα] χα bis scriptum ad finem columnae et ad init sequentis

κοτες μετ εμου εν τοις πιρασμοις μου· ²⁹καγω διατιθεμαι υμιν
καθως διεθετο μοι ο πατηρ μου βασιλειαν ³⁰ινα εσ∥θειεται και
πινηται μετ εμου επι της τραπεζης μου εν τη βασιλεια μου.
Και καθησεσθε επι θρονων κρινοντες τας δωδεκα φυλας του
ισραηλ· ³¹Ειπεν δε ο κυριος σιμων σιμων ιδου ο σατανας
εξετησατο υμας του σινιασαι ως τον σιτον· ³²εγω δε εδεηθην
περι σου ινα μη εκλιπη η πιστις σου· και συ   Ποτε επι-
στρεψας στηριξον τους αδελφους σου·   ³³Ο δε ειπεν αυτω
κυριε μετα σου ετοιμος ειμει και εις φυλακην και εις θανατον
πορευεσθαι· ³⁴ο δε | εφη λεγω σοι πετρε ου μη φωνηση σημερον
αλεκτωρ· πριν η τρις απαρνηση μη ειδεναι με·   ³⁵Και ειπεν
αυτοις οτε απεστιλα υμας ατερ βαλλαντιου και πηρας και
υποδηματων μη τινος υστερησαται· οι δε ειπον ουθενος   ³⁶Ει-
πεν ουν αυτοις αλλα νυν ο εχων βαλλαντιον αρατω ομοιως και
πηραν και ο μη εχων πωλησει το ιματιον αυτου και αγοραση
μαχαιραν·   ³⁷Λεγω γαρ υμιν οτι ετι τουτο το γεγραμμενον
δει τελεσθηναι εν εμοι το και μετα α∥νομων ελογισθη και γαρ τα
περι εμου τελος εχει·   ³⁸Οι δε ειπον κυριε ιδου μαχαιρε δυο
ωδε· ο δε ειπεν αυτοις ικανον εστιν·   ³⁹Και εξελθων επορευθη
εις το ορος των ελαιων κατα το εθος· ηκολουθησαν δε αυτω και
οι μαθηται αυτου·   ⁴⁰Γενομενος δε επι τω τοπω ειπεν αυτοις
προσευχεσθαι μη εισελθιν εις πιρασμον   ⁴¹Και αυτος απεσ-
πασθη απ αυτων ωσει λιθου βολην και θεις τα γονατα προσηυ-
χετο ⁴²λεγων· πατηρ ει βουλει παρενεγκειν το ποτηριον τουτο
απ εμου | πλην· μη το θελημα μου αλλα το σον γενεσθω
⁴⁵Και αναστας απο της προσευχης ελθων προς τους μαθητας
ευρεν αυτους κοιμουμενους· απο της λυπης   ⁴⁶Και ειπεν
αυτοις τι καθευδεται αναστοντες προσευχεσθαι ινα μη εισελθητε
εις πιρασμον   ⁴⁷Ετι αυτου λαλουντος ιδου οχλος και ο λεγο-
μενος ιουδας εις των δωδεκα προηρχετο· αυτους· και ηγγισεν τω
ιησου φιλησαι αυτον·   ⁴⁸Ο δε ιησους ειπεν αυτω ιουδα φιλη-
ματι τον υιον του ανθρωπου παραδιδως ⁴⁹ιδοντες δε οι περι
αυτον το ∥

Deest folium usque ad vers 57.

αυτον λεγων· γυναι ουκ οιδα αυτον· ⁵⁸και μετα βραχυ ετερος ιδων

xxii 45   κοιμουμενους] ου 1° deleto, ω sec manu supra scriptum

αυτον εφη και συ εξ αυτων ει· ο δε πετρος ειπεν ανθρωπε ουκ ειμει ⁵⁹Και διαστασης ωσει ωρας μιας αλλος τις δειισχυριζετο λεγων επ αληθιας και ουτος μετ αυτου ην και γαρ γαλιλαιος εστιν· ⁶⁰ειπεν δε ο πετρος ανθρωπε ουκ οιδα ο λεγεις· και παραχρημα ετι λαλουντος αυτου εφωνησεν αλεκτωρ· ⁶¹Και στραφεις ο κυριος ενεβλεψεν τω πετρω· και υπεμνησθη ο πετρος του λογου του ιησου ως ειπεν αυτω | οτι πριν αλεκτορα φωνησαι απαρνηση με τρις· ⁶²και εξελθων εξω ο πετρος εκλαυσεν πικρως· ⁶³Και οι ανδρες οι συνεχοντες τον ιησουν ενεπαιζον αυτω δεροντες ⁶⁴και περικαλυψαντες αυτον ετυπτον αυτου το προσωπον και επηρωτων αυτον λεγοντες προφητευσον τις εστιν ο παισας σε· ⁶⁵και ετερα πολλα βλασφημουντες ελεγον εις αυτον ⁶⁶Και ως εγενετο ημερα συνηχθη το πρεσβυτεριον του λαου· αρχιερεις τε και γραμματεις και ηγαγον αυτον εις το συνεδριον εαυτων λε||γοντες ⁶⁷ει συ ει ο χριστος ειπε ημιν· Pet 113 Ειπεν δε αυτοις εαν υμιν ειπω ου μη πιστευσητε· ⁶⁸εαν δε και ερωτησω ου μη αποκριθηται μοι η απολυσητε· ⁶⁹απο του νυν Εσται ο υιος του ανθρωπου καθημενος εκ δεξιων της δυναμεως του θεου ⁷⁰ειπον δε παντες συ ουν ει ο υιος του θεου ο δε προς αυτους εφη· υμις λεγεται οτι εγω ειμι ⁷¹Οι δε ειπον τι ετι χριαν εχομεν μαρτυριας αυτοι γαρ ηκουσαμεν απο του στοματος αυτου·

XXIII. Και ανασταν απαν το πληθος αυτων ηγαγον αυτον επι τον πιλατον· ²ηρξαν|το δε κατηγοριν αυτου λεγοντες τουτον ευρομεν· διαστρεφοντα το εθνος ημων και κωλυοντα καισαρει φορους διδοναι· λεγοντα εαυτον χριστον βασιλεα ειναι· ³Ο δε πιλατος επηρωτησεν αυτον λεγων συ ει ο βασιλευς των ιουδαιων ο δε αποκριθεις αυτω εφη συ λεγεις· ⁴ο δε πιλατος ειπεν προς Τους αρχιερεις και τους οχλους ουδεν ευρισκω αιτιον εν τω ανθρωπω τουτω· ⁵Οι δε επισχυον λεγοντες οτι ανασειει τον λαον διδασκων καθ ολης της ιουδαιας· αρξαμενος απο της || γαλιλαιας εως ωδε· ⁶πιλατος δε ακουσας γαλγλαιας επη- Pet 114 ρωτησεν ει ο ανθρωπος γαλιλαιος εστιν ⁷και επιγνους οτι εκ της εξουσιας ηρωδου εστιν· ανεπεμψεν αυτον προς ηρωδην οντα και αυτον εν ιεροσολυμοις εν ταυταις ταις ημεραις· ⁸ο δε Ηρωδης

---

xxiii 4 ειπεν] rasura litterae ο post π   6 γαλγλαιας] γαλ extra seriem litterarum scriptum; γα ad fin lineae, λ ad init sequentis

ιδων τον ιησουν εχαρη λειαν ην γαρ θελων εξ ικανου χρονου
ιδειν αυτον δια το ακουειν πολλα περι αυτου και ηλπιζεν τι
σημιον ιδειν υπ αυτου γινομενον· ⁹επηρωτα δε αυτον εν λογοις
ικανοις αυτος δε ουδεν απεκρινατο αυτω· ¹⁰ιστηκεισαν | δε οι
αρχιερεις και οι γραμματεις ευτονως κατηγορουντες αυτου·
¹¹Εξουθενησας δε αύτον και ο ηρωδης συν τοις στρατευμασιν
αυτου και εμπεξας περιβαλων αυτον εσθητα λαμπραν ανεπεμψεν
αυτον πιλατω· ¹²εγενοντο δε φιλοι ο τε πιλατος και ο ηρωδης εν
αυτη τη ημερα μετ αλληλων προυπηρχον γαρ εν εχθρα οντες
προς εαυτους· ¹³πιλατος δε συγκαλεσαμενος τους αρχιερεις και
τους αρχοντας και τον λαον ¹⁴ειπεν προς αυτους προσηνεγκατε
Pet 115   μοι || τον ανθρωπον τουτον ως αποστρεφοντα τον λαον και ιδου
εγω ενωπιον υμων ανακρινας ουδεν ευρον εν τω ανθρωπω τουτω
αιτιον ων κατηγορειτε κατ αυτου· ¹⁵αλλ ουτε   Ηρωδης ανε-
πεμψα γαρ υμας προς αυτον· και ιδου ουδεν αξιον θανατου
εστιν πεπραγμενον εν αυτω ¹⁶παιδευσας ουν αυτον απολυσω·
¹⁷Συνηθιαν δε ειχεν απολυειν αυτοις ενα κατα εορτην·   ¹⁸Ανε-
κραξαν δε παν πληθει λεγοντες· αιρε τουτον απολυσον δε ημιν
τον βαραββαν· ¹⁹οστις ην δια στασιν τινα γεναμενην | εν τη
πολει και φονον βεβλημενος εις φυλακην·   ²⁰Παλιν ουν ο
πιλατος προσεφωνησεν θελων απολυσαι τον ιησουν ²¹οι δε
επεφωνουν λεγοντες σταυρωσον σταυρωσον αυτον   ²²Ο δε
τριτον ειπεν προς αυτους τι γαρ κακον εποιησεν ουτος· ουδεν
αιτιον θανατου ευρον εν αυτω παιδευσας ουν αυτον απολυσω
²³Οι δε επεκιντο φωναις μεγαλαις αιτουμενοι αυτον σταυρωθηναι·
και κατισχυον αι φωναι αυτων και των αρχιερεων·   ²⁴Ο δε
Pet 116   πιλατος ε||πεκρινε γενεσθαι το αιτημα αυτων· ²⁵απελυσεν δε τον
δια στασιν και φονον βεβλημενον εις την φυλακην ον ητουντο
τον δε ιησουν παρεδωκεν τω θεληματι αυτων·   ²⁶Και ως
απηγαγον αυτον επιλαβομενοι σιμωνος τινος κυρηναιου ερχο-
μενου απ αγρου επεθηκαν αυτω τον σταυρον φερειν οπισθεν του
ιησου   ²⁷Ηκολουθει δε αυτω πολυ πληθος του λαου· και
γυναικων αι εκοπτοντο και εθρηνουν αυτον   ²⁸Στραφις δε
προς αυτας ο ιησους ειπεν θυγατερες ιερουσαλημ | μη κλαιετε
επ εμε πλην εφ εαυτας κλαιεται και επι τα τεκνα υμων· ²⁹οτι
ιδου ερχονται ημεραι εν αις ερουσιν μακαριαι αι στιραι και αι

xxiii 12   προυπηρχον] χον inter lineas scriptum eadem manu

κοιλιαι αι ουκ εγεννησαν και μαστοι οι ουκ εθηλασαν· ³⁰τοτε
αρξωνται λεγειν τοις ορεσιν πεσατε εφ ημας και τοις βουνοις
καλυψατε ημας· ³¹οτι ει εν τω υγρω ξυλω ταυτα ποιουσιν εν
τω ξηρω τι αν γενηται· ³²Ηγοντο δε και ετεροι δυο κακουργοι
συν αυτω ανερεθηναι· ³³και οτε   Απηλθον επι τον τοπον
τον καλουμενον κρα‖νιον εκει εσταυρωσαν αυτον· και τους
κακουργους· ον μεν εκ δεξιων ον δε εξ ευωνυμων   ³⁴Ο δε
ιησους ελεγεν πατερ αφες αυτοις ου γαρ οιδασιν τι ποιουσιν
Διαμεριζομενοι δε τα ιματια αυτου εβαλλον κληρους ³⁵και ιστη-
κει ο λαος θεωρων· εξεμυκτηριζον δε και οι αρχοντες συν αυτοις
λεγοντες· αλλους εσωσεν σωσατο εαυτον ει ουτος εστιν ο χριστος
ο του θεου εκλεκτος· ³⁶ενεπεζον δε αυτω και οι στρατιωται προσ-
ερχομενοι και οξος προσφεροντες αυτω ³⁷και λεγοντες | ει συ ει
ο βασιλευς των ιουδαιων σωσον σεαυτον·   ³⁸Ην δε και επι-
γραφη γεγραμμενη επ αυτω γραμμασιν ελληνικοις και ρωμαικοις
και εβραικοις· ουτος εστιν ιησους ο βασιλευς των ιουδαιων·
³⁹Εις δε των κρεμασθεντων κακουργων· εβλασφημει αυτον λεγων·
ει συ ει ο χριστος σωσον σεαυτον και ημας·   ⁴⁰Αποκριθεις δε
ο ετερος επετιμα αυτω λεγων ουδε φοβη συ τον θεον οτι εν τω
αυτω κριματι ει· ⁴¹και ημις μεν δικαιως αξια γαρ ων επραξα-
μεμοι ‖

Desunt folia tria usque ad xxiv 13.

χουσαν σταδιους εκατον εξηκοντα απο ιερουσαλημ η ονομα
εμμαους· ¹⁴και αυτοι ωμιλουν προσ αλληλους περι παντων
των συμβεβηκοτων τουτων   ¹⁵Και εγενετο εν τω ομιλειν
αυτους και συνζητιν· και αυτος ο ιησους εγγισας συνεπορευετο
αυτοις ¹⁶οι δε οφθαλμοι αυτων εκρατουντο του μη επιγνωναι
αυτον· ¹⁷ειπεν δε προς αυτους· τινες οι λογοι ουτοι ους αντι-
βαλλεται προς αλληλους περιπατουντες και εστε σκυθρωποι·
¹⁸Αποκριθεις δε εις ονοματι κλεοπας ειπεν | προς αυτον· συ μονος
παροικεις ιερουσαλημ· και ουκ εγνως τα γενομενα εν αυτη εν
ταις ημεραις ταυταις·   ¹⁹Και ειπεν αυτοις ποια· οι δε ειπον
αυτω τα περι ιησου του ναζωραιου· ος εγενετο ανηρ προφητης·
δυνατος εν εργω και λογω εναντιον του θεου και παντος του

xxiii 41 επραξαμεμοι] sic p. m. litteris οι erasis, μ 2° in ν mutatum   xxiv 13
εκατον et punctis impositis et obelis per singulas litteras ductis improbatum
est. Verisimile est puncta quibus improbaret ipsam primam manum posuisse

λαου ²⁰ οπως τε παρεδωκαν αυτον οι αρχιερεις και οι αρχοντες ημων εις κριμα θανατου και εσταυρωσαν αυτον ²¹ ημις·δε ηλπιζομεν οτι αυτος εστιν ο μελλων λυτρουσθαι τον ισραηλ· αλλα γε συν πασιν τουτοις τριτην ταυτην ‖

Desunt folia duo usque ad xxiv 39.

Vind 2 πνευμα σαρκα και οστα ουκ εχει καθως εμε θεωρειτε εχοντα· ⁴⁰και τουτο ειπων εδιξεν αυτοις τας χειρας και τους ποδας· ⁴¹Ετι δε απιστουντων αυτων απο της χαρας και θαυμαζοντων ειπεν αυτοις εχεται τι βρωσιμον ενθαδε ⁴²οι δε επεδωκαν αυτω ιχθυος οπτου μερος και απο μελισσιου κηριου· ⁴³και λαβων ενωπιον αυτων εφαγεν· ⁴⁴Ειπεν δε αυτοις ουτοι οι λογοι μου ους ελαλησα προς υμας ετι ων συν υμιν οτι δει πληρωθηναι παντα τα γεγραμμενα | εν τω νομω μωυσεως και προφηταις και ψαλμοις περι εμου· ⁴⁵τοτε διηνοιξεν αυτων τον νουν του συνιεναι τας γραφας· ⁴⁶και   Ειπεν αυτοις οτι ουτως γεγραπται και ουτως εδει παθειν τον χριστον και αναστηναι εκ νεκρων τη τριτη ημερα ⁴⁷και κηρυχθηναι επι τω ονοματι αυτου μετανοιαν και αφεσιν αμαρτιων εις παντα τα εθνη αρξαμενοι απο ιερουσαλημ ⁴⁸υμις δε εσται μαρτυρες τουτων· ⁴⁹Και ιδου εγω αποστελλω την επαγγελιαν του πατρος μου εφ υμας υμις δε κα‖

Deest folium usque ad finem evangelii.

xxiv 47 κηρυχθηναι] super litteras κη linea ducta est, quemadmodum super κν et similia duci solet. Hoc loco igitur per errorem ducta est

SECUNDUM IOHANNEM.

Desunt folia duo ab initio evangelii usque ad i 21.

ου· ²²ειπον ουν αυτω τις ει ινα αποκρισειν δωμεν τοις πεμψασιν ημας τι λεγεις περι σεαυτου. ²³Εφη εγω φωνη βοωντος εν τη ερημω ευθυναται την οδον κυριου καθως ειπεν ησαιας ο προφητης ²⁴Και οι απεσταλμενοι ησαν εκ των Φαρισεων ²⁵και ηρωτησαν αυτον και ειπον αυτω. τι ουν βαπτιζεις ει συ ουκ ει ο χριστος ουδε ηλιας ουδε ο προφητης ²⁶Απεκριθη αυτοις ο ιωαννης λεγων εγω βαπτιζω υμας εν υδατι. μεσος δε υμων εστηκεν ον υμις ουκ οιδαται ²⁷ο οπισω | μου ερχομενος ου ουκ ειμει αξιος ινα λυσω αυτου τον ιμαντα του υποδηματος αυτος υμας βαπτισει εν πνευματι αγιω και πυρει ²⁸ταυτα εν βηθανια εγενοντο περαν του ιορδανου οπου ην ιωαννης βαπτιζων. ²⁹Τη επαυριον βλεπι τον ιησουν ερχομενον προς αυτον και λεγει. ιδε ο αμνος του θεου ο ερων την αμαρτιαν του κοσμου. ³⁰Ουτος εστιν περι ου εγω ειπον οπισω μου ερχεται ανηρ ος εμπροσθεν μου γεγονεν οτι πρωτος μου ην ǁ ³¹καγω ουκ ειδιν αυτον αλλ ινα φαναιρωθη τω ισραηλ· δια τουτο ηλθον εγω εν τω υδατι βαπτιζων. ³²Και εμαρτυρησεν ιωαννης λεγων οτι τεθεαμαι το πνευμα καταβαινον ως περιστεραν εξ ουρανου και εμινεν επ αυτον ³³καγω ουκ ειδιν αυτον αλλ ο πεμψας με βαπτειζιν εν υδατι εκεινος μοι ειπεν εφ ον αν ιδης το πνευμα καταβαινον και μενον επ αυτον ουτος εστιν ο βαπτιζων εν τω πνεματι τω αγιω ³⁴καγω εωρακα και

Pet 118

Pet 119

i 27 ο οπισω] s. m. habet in rasura vocum ο οπισω, αυτος εστιν ο οπισω (ιν ο οπισω extra seriem litterarum)   ου ουκ ειμει] litt. ου ουκ ει erasis, s. m. habet ος εμπροσθεν μου γεγονεν ου ουκ ειμει (προσθεν μου γεγονεν ου ουκ ει extra seriem litterarum)   31 ειδιν] s. m. ηδιν   33 ειδιν] s. m. ηδιν

μεμαρτυρηκα οτι ουτος εστιν ο υιος του θεου | ³⁵Τη επαυριον παλιν ειστηκει ο ιωαννης και εκ των μαθητων αυτου δυο ³⁶και εμβλεψας τω ιησου περιπατουντι λεγει ιδε ο αμνος του θεου ³⁷και ηκουσαν αυτου οι δυο μαθηται λαλουντος και ηκολουθησαν τω ιησου ³⁸στραφεις δε ο ιησους και θεασαμενος αυτους ακολουθουντας λεγει αυτοις τι ζητιται ³⁹οι δε ειπον αυτω ραββι ο λεγεται μεθερμηνευομενον διδασκαλε που μενις ⁴⁰λεγει αυτοις ερχεσθαι και ιδεται ηλθον ουν και ιδον που μενει και παρ αυτω εμιναν την ημεραν ||

Desunt folia duo usque ad ii 6.

Pet 120 ναι κατα τον καθαρισμον των ιουδαιων χωρουσαι ανα μετρητας δυο η τρις· ⁷Λεγει αυτοις ο ιησους γεμισαται τας υδριας υδατος και εγεμισαν αυτας εως ανω: ⁸και λεγει Αυτοις αντλησαται νυν και φερεται τω αρχιτρικλινω. οι δε ηνεγκαν ⁹Ως δε εγευσατο ο αρχιτρικλινος το υδωρ οινον γεγενημενον και ουκ ηδει ποθεν εστιν οι δε διακονοι ηδεισαν οι ηντληκοτες το υδωρ· φωνι τον νυμφιον ο αρχιτρικλινος ¹⁰και λεγει αυτω πας ανθρωπος πρωτον τον καλον | οινον τιθησιν και οταν μεθυσθωσιν τοτε τον ελασσω. συ τετηρηκας τον καλον οινον εως αρτι. ¹¹Ταυτην εποιησεν αρχην των σημιων ο ιησους εν κανα της γαλιλαις και εφανερωσεν την δοξαν αυτου και επιστευσαν εις αυτον οι μαθηται αυτου· ¹²Μετα τουτο κατεβη εις καπερναουμ αυτος και η μητηρ αυτου και οι αδελφοι αυτου. και οι μαθηται αυτου. και εκει εμιναν ου πολλας ημερας ¹³Και εγγυς ην το πασχα των ιουδαιων. Και ανεβη ο ιησους

Pet 121 εις ιεροσολυμα ¹⁴και ηυρεν || εν τω ιερω τους πωλουντας βοας. και προβατα. και περιστερας και τους κερματιστας καθημενους ¹⁵και ποιησας ως φραγελλιον εκ σχυνιων παντας εξεβαλεν εκ του ιερου τα τε προβατα και τους βοας και των κολλυβιστων εξεχεεν το κερμα και τας τραπεζας ανεστρεψεν ¹⁶και τοις τας περιστερας πωλουσειν ειπεν αρατε ταυτα εντευθεν. μη ποιειται τον οικον του πατρος μου οικον εμποριου. ¹⁷Εμνησθησαν δε οι μαθηται αυτου οτι γεγραμμενον | εστιν ο ζηλος του οικου σου καταφαγεται με ¹⁸Απεκριθησαν οι ιουδαιοι και ειπαν αυτω. τι σημιοι· διγνυεις ημιν οτι ταυτα ποιεις. ¹⁹Απεκριθη

ii 17 με additum

ο ιησους και ειπεν αυτοις λυσαται τον ναον τουτον και εν τρισιν ημεραις εγερω αυτον. ²⁰ειπαν ουν οι ιουδαιοι τεσσερεκοντα και εξ ετεσιν ωκοδομηθη ο ναος ουτος και συ εν τρισιν ημεραις εγερεις αυτον. ²¹εκινος δε ελεγε περι του ναου του σωματος αυτου ²²Οτε ουν ηγερθη εκ νεκρων εμνησθησαν οι μαθηται αυτου οτι τουτο ‖ ελεγεν και επιστευσαν τη γραφη και τω λογω ω ειπεν Pet 122 ο ιησους ²³Ως δε ην εν τοις ιεροσολυμοις εν τω πασχα εν τη εορτη πολλοι επιστευσαν εις το ονομα αυτου θεωρουντες αυτου τα σημια α εποιει ²⁴Αυτος δε ο ιησους ουκ επιστευεν εαυτον αυτοις δια το αυτον γινωσκιν παντας ²⁵και οτι ου χριαν ειχεν ινα τις μαρτυρηση περι του ανθρωπου αυτος γαρ εγινωσκεν τι ην εν τω ανθρωπω

III. Ην δε ανθρωπος εκ των φαρισαιων νικοδημος ονομα αυτω αρχων των ιουδαιων ²Ουτος ηλθεν προς τον ιησουν νυκτος | και ειπεν αυτω ραββι οιδαμεν οτι απο θεου εληλυθας διδασκαλος ουδις γαρ δυναται ταυτα τα σημια ποιειν α συ ποιεις εαν μη η ο θεος μετ αυτου ³Απεκριθη ο ιησους και ειπεν αυτω αμην αμην λεγω σοι εαν μη τις γεννηθη ανωθεν ου δυναται ιδειν την βασιλειαν του θεου ⁴Λεγει προς αυτον νικοδημος πως δυναται ανθρωπος γεννηθηναι γερων ων μη δυναται εις την κοιλιαν της μητρος αυτου δευτερον εισελθιν και γεννηθηναι· ⁵Απεκριθη ο ιησους αμην αμην λεγω σοι εαν μη ‖ τις γεννηθη εξ υδατος και πνευματος ου δυναται εισελθειν Pet 123 εις την βασιλειαν του θεου ⁶το γεγεννημενον εκ της σαρκος σαρξ· εστιν. και το γεγεννημενον εκ του πνευματος πνευμα εστιν. ⁷μη θαυμασης οτι ειπον σοι δει υμας γεννηθηναι ανωθεν. ⁸το πνευμα οπου θελει πνει και την φωνην αυτου ακουεις· αλλ ουκ οιδας ποθεν ερχεται και που υπαγει· ουτως εστιν πας ο γεγεννημενος εκ του πνευματος ⁹Απεκριθη νικοδημος και ειπεν αυτω πως δυναται ταυτα γενεσθαι: | ¹⁰Απεκριθη ο ιησους και ειπεν αυτω συ ει ο διδασκαλος του ισραηλ και ταυτα οι γινωσκεις. ¹¹Αμην αμην λεγω σοι. οτι ο οιδαμεν λαλουμει και ο εωρακαμεν μαρτυρουμεν και την μαρτυριαν ημων ουδις λαμβανει ¹²ει τα επιγια ειπον υμιν και ου πιστευεται πως εαν ειπω υμιν τα επουρανια πιστευεται ¹³και ουδεις αναβεβηκεν εις τον ουρανον ει μη ο εκ του ουρανου καταβας ο υιος του ανθρωπου ο ων εν τω ουρανω. ¹⁴Και καθως μωυσης υψωσεν τον οφιν εν ‖

Deest folium usque ad vers 22.

Pet 124 Μετα ταυτα ηλθεν ο ιησους και οι μαθηται αυτου εις την ιουδαιαν γην και εκει διετριβεν μετ αυτων και εβαπτιζεν· ²³Ην δε και ο ιωαννης βαπτιζων εν αινων εγγυς του σαλειμ· οτι υδατα πολλα ην εκει. και παρεγινοντο και εβαπτιζοντο ²⁴Ουπω γαρ ην βεβλημενος εις την φυλακην ο ιωαννης. ²⁵Εγενετο ουν ζητησις εκ των μαθητων ιωαννου μετα ιουδαιου περι καθαρισμου ²⁶και ηλθον προς τον ιωαννην και ειπαν αυτω ραββι. ος ην μετα σου περαν του ιορδανου | ω συ μεμαρτυρηκας ιδε ουτος βαπτιζει και παντες ερχονται προς αυτον. ²⁷Απεκριθη ο ιωαννης και ειπεν ου δυναται ανθρωπος λαμβανειν ουδεν εαν μη η δεδομενον αυτω εκ του ουρανου· ²⁸Αυτοι υμεις μοι μαρτυρειτε οτι ειπον ουκ ειμι εγω ο χριστος αλλ οτι απεσταλμενος ειμι εμπροσθεν εκεινου. ²⁹Ο εχων την νυμφην νυμφιος εστιν· ο δε φιλος του νυμφιου· ο εστηκως και ακουων αυτου. χαρα χαιρει δια την φωνην του νυνφιου αυτη ουν η χαρα η εμη πεπληρωται ³⁰εκει∥

Deest folium usque ad iv 5.

Pet 125 μενην συχαρ· πλησιον του χωριου ου εδωκεν ιακωβ ιωσηφ τω υιω αυτου· ⁶ην δε εκει πηγη του ιακωβ Ο ουν ιησους κεκοπιακως εκ της οδοιποριας εκαθεζετο ουτως επι τη πηγη· ωρα ην ως εκτη· ⁷Ερχεται γυνη εκ της σαμαρειας αντλησαι υδωρ Λεγει αυτη ο ιησους δος μοι πιειν ⁸οι γαρ μαθηται αυτου απεληλυθεισαν εις την πολιν ινα τροφας αγορασωσιν ⁹Λεγει ουν αυτω η γυνη η σαμαριτις· πως συ ιουδαιος ων παρ εμου πιειν αιτεις γυναι|κος σαμαριτιδος ουσης. ου γαρ συνχρωνται ιουδαιοι σαμαρειταις· ¹⁰Απεκριθη ο ιησους και ειπεν αυτη ει ηδεις την δωρεαν του θεου και τις εστιν ο λεγων σοι δος μοι πιειν· συ αν ητησας αυτον και εδωκεν σοι υδωρ ζων· ¹¹Λεγει αυτω η γυνη κυριε ουτε αντλημα εχεις και το φρεαρ εστιν βαθυ· ποθεν ουν εχεις το υδωρ το ζων ¹²μη συ μειζων ει του πατρος ημων ιακωβ· ος εδωκεν ημιν το φρεαρ· και αυτος εξ αυτου επιεν και οι υιοι
Pet 126 αυτου και τα θρεμματα αυτου ∥ ¹³Απεκριθη ο ιησους και ειπεν αυτη πας ο πινων εκ του υδατος τουτου διψησει παλιν· ¹⁴ος δ αν πιη εκ του υδατος ου εγω δωσω αυτω· ου μη διψησει

iii 29 νυνφιου] νυν per compendium extra seriem litterarum scriptum

εις τον αιωνα αλλα το υδωρ ο εγω δωσω αυτω γενησεται εν αυτω πηγη υδατος αλλομενου εις ζωην αιωνιον ¹⁵Λεγει προς αυτον η γυνη κυριε δος μοι τουτο το υδωρ ινα μη διψω μηδε ερχομαι ενθαδε αντλειν· ¹⁶Λεγει αυτη ο ιησους υπαγε φωνησον τον ανδρα σου και ελθε ενθαδε· ¹⁷Απεκριθη η γυνη και ειπεν αυτω ουκ εχω ανδρα· | Λεγει αυτη ο ιησους καλως ειπας οτι ανδρα ουκ εχω ¹⁸πεντε γαρ ανδρας εσχες· και νυν ον εχεις ουκ εστιν σου ανηρ· τουτο αληθες ειρηκας· ¹⁹Λεγει αυτω η γυνη κυριε θεωρω οτι προφητης ει συ· ²⁰οι πατερες ημων εν τω ορει τουτω προσεκυνησαν και υμεις λεγετε οτι εν ιεροσολυμοις εστιν ο τοπος οπου προσκυνειν δει· ²¹Λεγει αυτη ο ιησους γυναι πιστευσον μοι οτι ερχεται ωρα οτε ουτε εν τω ορει τουτω· ουτε εν ιεροσολυμοις προσκυνησεται τω ‖ πατρι ²²υμεις προσκυνειτε ο ουκ οιδατε· ημεις προσκυνουμεν Pet 127 ο οιδαμεν οτι η σωτηρια εκ των ιουδαιων εστιν· ²³αλλ ερχεται ωρα και νυν εστιν· οτε οι αληθινοι προσκυνηται προσκυνησουσιν τω πατρι εν πνευματι και αληθεια· και γαρ ο πατηρ τοιουτους ζητει τους προσκυνουντας αυτον ²⁴Θεος ο θεος και τους προσκυνουντας αυτον εν πνευματι και αληθεια δει προσκυνειν· ²⁵Λεγει αυτω η γυνη· οιδαμεν οτι μεσσιας ερχεται ο λεγομενος χριστος οταν ελθη εκεινος αναγγελει ημιν | παντα· ²⁶Λεγει αυτη ο ιησους εγω ειμι ο λαλων σοι· ²⁷Και επι τουτω ηλθον οι μαθηται αυτου και εθαυμαζον οτι μετα γυναικος ελαλει· ουδεις μεντοι ειπεν τι ζητεις η τι λαλεις μετ αυτης ²⁸Αφηκεν ουν την υδριαν αυτης η γυνη· και απηλθεν εις την πολιν και λεγει τοις ανθρωποις· ²⁹δευτε ειδετε ανθρωπον ος ειπεν μοι παντα οσα εποιησα· μητι ουτος εστιν ο χριστος ³⁰Εξηλθον ουν εκ της πολεως και ηρχοντο προς αυτον· ³¹Εν δε τω μεταξυ· ηρωτουν αυτον οι μαθηται αυτου λεγον‖τες ραββι Pet 128 φαγε ³²Ο δε ειπεν αυτοις εγω βρωσιν εχω φαγειν ην υμεις ουκ οιδατε· ³³Ελεγον ουν οι μαθηται προς αλληλους μητις ηνεγκεν αυτω φαγειν· ³⁴λεγει αυτοις ο ιησους εμον βρωμα εστιν ινα ποιησω το θελημα του πεμψαντος με και τελειωσω αυτου το εργον ³⁵ουχ υμεις λεγετε οτι ετι τετραμηνος εστιν και ο θερισμος ερχεται· ιδου λεγω υμιν επαρατε τους οφθαλμους υμων και θεασασθε τας χωρας οτι λευκαι εισιν προς θερισμον

iv 24 θεος 1°] θεος auro scriptum et erasum. s. m. habet πνευμα   27 επι τουτω] + τω λογω extra seriem litt.

ηδη· | ³⁶και ο θεριζων μισθον λαμβανει και συναγει καρπον εις ζωην αιωνιον ινα ο σπειρων ομου χαιρη και ο θεριζων· ³⁷εν γαρ τουτω ο λογος εστιν αληθινος οτι αλλος εστιν ο σπιρων και αλλος ο θεριζων· ³⁸εγω απεστειλα υμας θεριζειν· ο ουχ· υμεις κεκοπιακατε· αλλοι κεκοπιακασιν και υμεις εις τον κοπον αυτων εισεληλυθατε ³⁹εκ δε της πολεως εκεινης πολλοι επιστευσαν εις αυτον των σαμαρειτων δια τον λογον της γυναικος μαρτυρουσης οτι ειπεν μοι παντα || οσα εποιησα· ⁴⁰Ως ουν ηλθον προς αυτον οι σαμαρειται· ηρωτουν αυτον μειναι παρ αυτοις· και εμινεν εκει δυο ημερας· ⁴¹και πολλω πλειους επιστευσαν εις αυτον δια τον λογον αυτου· ⁴²τη δε γυναικι ελεγον οτι ουκετι δια την σην λαλιαν πιστευομεν· αυτοι γαρ ακηκοαμεν και οιδαμεν οτι ουτος εστιν αληθως ο σωτηρ του κοσμου ο χριστος ⁴³Μετα δε τας δυο ημερας εξηλθεν εκειθεν και απηλθεν εις την γαλιλαιαν· ⁴⁴Αυτος γαρ ο ιησους εμαρτυρησεν οτι προφητης | εν τη ιδια πατριδι τιμην ουκ εχει· ⁴⁵Οτε ουν ηλθεν εις την γαλιλαιαν εδεξαντο αυτον οι γαλιλαιοι παντα εορακοτες οσα εποιησεν εν ιεροσολυμοις εν τη εορτη και αυτοι γαρ ηλθον εις την εορτην ⁴⁶Ηλθεν ουν παλιν ο ιησους εν κανα της γαλιλαιας οπου εποιησεν το υδωρ οινον· Ην δε τις βασιλικος ου ο υιος ησθενι εν καφαρναουμ· ⁴⁷ουτος ακουσας οτι ιησους ηκει εκ της ιουδαιας εις την γαλιλαιαν· απηλθεν προς αυτον και ηρωτα αυτον ινα καταβη και ιασηται αυτου || τον υιον ημελλεν γαρ αποθνησκιν· ⁴⁸Ειπεν ουν ο ιησους προς αυτον εαν μη ιημεια και τερατα ιδητε ου μη πιστευσηται· ⁴⁹Λεγει προς αυτον ο βασιλικος κυριε καταβηθει πριν η αποθανιν το παιδιον μου ⁵⁰Λεγει αυτω ο ιησους πορευου ο υιος σου ζη και επιστευσεν ο ανθρωπος τω λογω ω ειπεν αυτω ο ιησους και επορευετο· ⁵¹Ηδη δε αυτου καταβαινοντος ιδου οι δουλοι αυτου· υπηντησαν αυτω λεγοντες οτι ο υιος σου ζη· ⁵²επυθετο ουν την ωραν παρ αυτων εν η κομψοτερον εσχεν· ειπον | ουν αυτω· οτι εχθες ωραν εβδομην· αφηκεν αυτον ο πυρετος· ⁵³εγνω ουν ο πατηρ αυτου οτι εν εκινη τη ωρα εν η ειπεν αυτω ο ιησους οτι ο υιος σου ζη· και επιστευσεν αυτος και η οικια αυτου ολη· ⁵⁴Τουτο παλιν δευτερον σημιον εποιησεν ο ιησους ελθων εκ της ιουδαιας εις την γαλιλαιαν·

iv 46 καφαρναουμ] s. m. καπερναουμ   48 ιημεια] s. m. habet σημεια id. τερατα] τα inter lineas scriptum   53 ο ιησους inter lineas scriptum

V. Μετα ταυτα ην εορτη των ιουδαιων· και ανε ο ιησους εις ιεροσολυμα· ²εστιν δε εν τοις ιεροσολυμοις επι τη προβατικη κολυμβηθρα η επιλεγομενη εβραιστει βησθεσδα πεντε στοας εχουσα ‖

Deest folium usque ad vers 10 eiusdem capitis.

εστιν· και ουκ εξεστι σοι αραι τον κραβαττον σου ¹¹Ο δε Pet 131 απεκριθη αυτοις Ο ποιησας με υγιη εκεινος μοι ειπεν αρον τον κραβαττον σου και περιπατει ¹²Ηρωτησαν ουν αυτον· τις εστιν ο ανθρωπος ο ειπων σοι αρον τον κραβατον σου και περιπατει· ¹³ο δε ιαθεις ουκ ηδει· τις εστιν· ο γαρ ιησους εξενευσεν οχλου οντος εν τω τοπω· ¹⁴Μετα ταυτα ευρισκει αυτον ο ιησους εν τω ιερω και λεγει αυτω ιδου υγιης γεγονας μηκετι αμαρτανε ινα μη χιρον σοι τι γενηται· ¹⁵απηλ|θεν ουν ο ανθρωπος και ανηγγιλεν τοις ιουδαιοις οτι ιησους εστιν ο ποιησας αυτον υγιη· ¹⁶Και δια τουτο εδιωκον τον ιησουν οι ιουδαιοι και εζητουν αυτον αποκτιναι οτι ταυτα εποιει εν σαββατω· ¹⁷Ο δε ιησους απεκρινατο αυτοις ο πατηρ μου εως αρτι εργαζεται καγω εργαζομαι ¹⁸δια τουτο ουν μαλλον εζητουν αυτον οι ιουδαιοι αποκτειναι οτι ου μονον ελυεν το σαββατον αλλα και πατερα ιδιον ελεγεν τον θεον ισον εαυτον ποιων τω θεω   ¹⁹Απεκριθη ουν ο ιησους και ειπεν ‖

Deest folium usque ad vers 26 eiusdem capiti.

κεν εχειν εν εαυτω· ²⁷και εξουσιαν εδωκεν αυτω κρισιν ποιειν· Pet 132 οτι υιος ανθρωπου εστιν· ²⁸μη θαυμαζετε τουτο οτι ερχεται ωρα εν η παντες οι εν τοις μνημειοις ακουσωσιν της φωνης του υιου του θεου ²⁹και εκπορευσονται οι τα αγαθα ποιησαντες εις αναστασιν ζωης οι δε τα φαυλα πραξαντες εις αναστασιν κρισεως· ³⁰Ου δυναμαι εγω απ εμαυτου ποιειν ουδεν καθως ακουω κρινω και η κρισις η εμη δικαια εστιν· Οτι ου ζητω το θελημα το εμον αλλα το θελημα | του πεμψαντος με· ³¹Εαν εγω μαρτυρω περι εμαυτου η μαρτυρια μου ουκ εστιν αληθης· ³²αλλος εστιν ο μαρτυρων περι εμου· και οιδα οτι αληθης εστιν η μαρτυρια ην μαρτυρει περι εμου   ³³Υμεις απεσταλκαται προς ιωαννην και μεμαρτυρηκεν τη αληθεια· ³⁴εγω δε ου παρα· ανθρωπου την μαρτυριαν λαμβανω αλλα

v 1 ανε ex errore scribae   28 θαυμαζετε] τε inter lineas scriptum

ταυτα λεγω ινα υμεις σωθητε· ³⁵Εκεινος ην ο λυχνος ο καιομενος και φαινων υμεις δε ηθελησαται αγαλλιαθηναι ‖ προς ωραν εν τω φωτι αυτου ³⁶εγω δε εχω την μαρτυριαν μιζων του ιωαννου τα γαρ εργα α δεδωκεν μοι ο πατηρ ινα τελιωσω αυτα· αυτα τα εργα α ποιω μαρτυρει περι εμου οτι ο πατηρ με απεσταλκεν ³⁷και ο πεμψας με πατηρ αυτος μεμαρτυρηκεν περι εμου Ουτε φωνην αυτου πωποτε ακηκοατε· Ουτε ειδος αυτου εορακατε ³⁸και τον λογον αυτου ουκ εχετε εν υμιν μενοντα· οτι ον απεστιλεν εκεινος τουτω υμεις ου πιστευετε· ³⁹Εραυναται τας | γραφας· οτι υμεις δοκειτε εν αυταις ζωην αιωνιον εχειν· και εκειναι εισιν αι μαρτυρουσαι περι εμου· ⁴⁰και ου θελετε ελθειν προς με ινα ζωην εχητε· ⁴¹Δοξαν παρα ανθρωπων ου λαμβανω· ⁴²αλλ εγνωκα υμας οτι την αγαπην του θεου ουκ εχεται εν εαυτοις ⁴³Εγω εληλυθα εν τω ονοματι του πατρος μου και ου λαμβανετε με εαν αλλος ελθη εν τω ονοματι τω ιδιω εκεινον λημψεσθε ⁴⁴πως δυνασθε υμεις πιστευειν δοξαν παρα αλληλων λαμβανοντες και την δοξαν την παρα ‖ του μονογενους θεου ου ζητειτε· ⁴⁵μη δοκιτε οτι εγω κατηγορησω υμων προς τον πατερα εστιν ο κατηγορων υμων μωυσης εις ον υμεις ηλπικατε· ⁴⁶ει γαρ επιστευετε μωυσει επιστευετε αν εμοι· περι γαρ εμου εκινος εγραψεν ⁴⁷ει δε τοις εκεινου γραμμασιν ου πιστευετε πως τοις εμοις ρημασι πιστευσετε·

VI. Μετα ταυτα απηλθεν ο ιησους περαν της θαλασσης της τιβεριαδος ²ηκολουθει δε αυτω οχλος πολυς οτι εθεωρουν αυτου τα σημεια α εποιει επι των ασθενουν|των ³ανηλθεν Δε εις το ορος ο ιησους και· εκει εκαθητο μετα των μαθητων αυτου· ⁴Ην δε εγγυς το πασχα η εορτη των ιουδαιων ⁵Επαρας ουν τους οφθαλμους ο ιησους και θεασαμενος οτι πολυς οχλος ερχεται προς αυτον λεγει προς φιλιππον ποθεν αγορασωμεν αρτους ινα φαγωσιν ουτοι· ⁶τουτο δε ελεγεν πειραζων αυτον αυτος γαρ ηδει τι εμελλεν ποιειν· ⁷Απεκριθη αυτω ο φιλιππος διακοσιων δηναριων αρτοι ουκ αρκουσιν αυτοις ινα ε‖καστος βραχυ τι λαβη· ⁸Λεγει αυτω εις εκ των μαθητων αυτου ανδρεας ο αδελφος σιμωνος πετρου· ⁹εστιν παιδαριον ωδε ο εχει πεντε αρτους κριθινους και δυο οψαρια· αλλα ταυτα τι εστιν εις τοσουτους ¹⁰Ειπεν δε ο ιησους ποιησαται τους ανθρωπους αναπεσειν· ην δε χορτος πολυς εν τω τοπω· ανεπεσαν ουν τον αριθμον ανδρες ως πεντακισχιλιοι· ¹¹Ελαβεν δε τους αρτους ο ιησους και ευχαριστησας εδωκεν τοις ανακειμενοις ομοιως και εκ των | οψαριων οσον ηθελον· ¹²Ως δε ενεπλησθησαν λεγει τοις μαθηταις αυτου· συναγαγατε τα περισσευσαντα των κλασματων ινα μη τι αποληται· ¹³συνηγαγον ουν και εγεμισαν δωδεκα κονιφους κλασματων εκ των πεντε αρτων των κριθινων α επεριεσευσεν τοις βεβρωκοσιν· ¹⁴Οι ουν ανθρωποι ιδοντες ο εποιησεν σημιον ο ιησους ελεγον· οτι ουτος εστιν αληθως ο προφητης· ο ερχομενος εις τον κοσμον· ¹⁵Ιησους ουν γνους οτι μελλουσιν ερχεσθαι και || αρπαζιν αυτον ινα ποιησουσιν Pet 136 αυτον βασιλεα ανεχωρησε παλιν εις το ορος αυτος μονος· ¹⁶Ως δε οψια εγενετο κατεβησαν οι μαθηται αυτου επι την θαλασσαν· ¹⁷και αναβαντες εις το πλοιον· ηρχοντο περαν της θαλασσης εις καφαρναουμ και σκοτια ηδη εγεγονει· και ουπω προς αυτους εληλυθει ο ιησους ¹⁸η δε θαλασσα ανεμου μεγαλου πνεοντος διηγειρετο· ¹⁹Εληλακοτες ουν ως σταδιους εικοσι πεντε η τριακοντα θεωρουσιν τον ιησουν περιπατουντα επι της θαλασσης και εγ|γυς του πλοιου γινομενον και εφοβηθησαν· ²⁰Ο δε λεγει αυτοις εγω ειμι μη φοβεισθε· ²¹ηθελον ουν λαβειν αυτον εις το πλοιον· και ευθεως εγενετο το πλοιον επι της γης εις ην υπηγον· ²²Τη επαυριον ο οχλος ο εστηκως περαν της θαλασσης ιδον οτι πλοιαριον αλλο ουκ ην εκει ει μη εν· και οτι ου συνεισηλθεν τοις μαθηταις αυτου ο ιησους εις το πλοιον· αλλα μονοι οι μαθηται αυτου απελθον ²³και αλλα δε ηλθον πλοιαρια· εκ της τιβεριαδος εγγυς του || τοπου οπου εφαγον τον Pet 137 αρτον ευχαριστησαντος του κυριου· ²⁴οτε ουν ιδεν ο οχλος οτι ιησους ουκ εστιν εκει ουδε οι μαθηται αυτου· ενεβησαν αυτοι εις τα πλοιαρια και ηλθον εις καφαρναουμ· ζητουντες τον ιησουν ²⁵και ευροντες αυτον περαν της θαλασσης ειπον αυτω· ραββι ποτε ωδε γεγονας ²⁶Απεκριθη αυτοις ο ιησους αμην αμην λεγω υμιν ζητειτε με ουχ οτι ιδετε σημεια αλλ οτι εφαγετε εκ των αρτων και εχορτασθητε· ²⁷εργαζεσθε μη την βρωσιν την απολλυμενην· | αλλα την βρωσιν την μενουσαν εις ζωην αιωνιον ην ο υιος του ανθρωπου υμιν δωσει· τουτον γαρ ο πατηρ εσφραγισεν ο θεος· ²⁸Ειπον ουν προς αυτον τι ποιωμεν ινα εργαζωμεθα τα εργα του θεου ²⁹Απεκριθη ο ιησους και ειπεν

vi 13 κονιφους ex errore scribae   15 αυτον 2° extra ser. litt. parvis litteris scriptum   27 ο πατηρ parvis litteris et argenteis inter lineas scriptum

αυτοις· τουτο εστιν το εργον του θεου ινα πιστευητε εις ον απεστειλεν εκινος ³⁰Ειπον ουν αυτω· τι ουν συ ποιεις σημειον ινα ιδωμεν και πιστευσωμεν σοι τι εργαζη ³¹Οι πατερες ημων εφαγον το μαννα εν τη ερημω καθως εστιν γεγραμμε ||

Deest folium usque ad vi 39.

Pet 138 αλλα αναστησω αυτον εν τη εσχατη ημερα· ⁴⁰Τουτο γαρ εστιν το θελημα του πατρος μου ινα πας ο θεωρων τον υιον και πιστευων εις αυτον εχη ζωην αιωνιον και αναστησω αυτον εγω εν τη εσχατη ημερα· ⁴¹Εγογγυζον ουν οι ιουδαιοι περι αυτου οτι ειπεν εγω ειμι ο αρτος ο καταβας εκ του ουρανου ⁴²και ελεγον ουχ ουτος εστιν ο υιος ιωσηφ ουχ ημεις οιδαμεν τον πατερα και την μητερα πως ουν ουτος λεγει οτι εκ του ουρανου καταβεβηκα· ⁴³Απεκριθη ουν | ο ιησους· και ειπεν αυτοις· μη γογγυζεται μετ αλληλων· ⁴⁴ουδεις δυναται ελθειν προς με· εαν μη ο πατηρ ο πεμψας με ελκυση αυτον καγω αναστησω αυτον εν τη εσχατη ημερα· ⁴⁵εστιν γεγραμμενον εν τοις προφηταις και εσονται παντες διδακτοι θεου Πας ο ακουσας παρα του πατρος και μαθων ερχεται προς με· ⁴⁶ουχ οτι τον πατερα εορακεν τις ει μη ο ων παρα του θεου ουτος εωρακεν τον πατερα ⁴⁷Αμην αμην λεγω υμιν ο πιστευων εις εμε εχει ζωην αιωνιον ⁴⁸Εγω ειμει ο αρτος της ζωης ⁴⁹οι πατερες υμων ε||

Deest folium usque ad vi 57.

Pet 139 σει δι εμε· ⁵⁸ουτος εστιν ο αρτος ο εκ του ουρανου καταβας· ου καθως εφαγον οι πατερες υμων το μαννα και απεθανον ο τρωγων τουτον τον αρτον ζησει εις τον αιωνα· ⁵⁹ταυτα ειπεν εν συναγωγη διδασκων εν καπερναουμ· ⁶⁰Πολλοι ουν ακουσαντες εκ των μαθητων αυτου ειπον σκληρος εστιν ο λογος ουτος τις δυναται αυτου ακουειν· ⁶¹Ειδως δε ο ιησους εν εαυτω οτι γογγυζουσιν περι τουτου οι μαθηται αυτου ειπεν αυτοις τουτο υμας σκανδαλιζει· ⁶²εαν ουν θεωρηται τον | υιον του ανθρωπου αναβενοντα οπου ην το προτερον· ⁶³το πνευμα εστιν το ζωοποιουν Η σαρξ· ουκ ωφελει ουδεν· Τα ρηματα α εγω λελαληκα υμιν πνευμα εστιν και ζωη εστιν ⁶⁴αλλ· εισιν εξ υμων τινες οι ου πιστευουσιν

vi 29 του θεου] θεου extra seriem litterarum scriptum   45 θεου extra seriem litterarum scriptum

Jn vi–vii   TEXT OF CODEX N.   87

ηδει   Γαρ εξ αρχης ο ιησους τινες εισιν οι μη πιστευοντες και
τις εστιν ο παραδωσων αυτον·   ⁶⁵Και ελεγεν δια τουτο ειρηκα
υμιν οτι ουδεις δυνατε ελθειν προς με εαν μη η δεδομενον αυτω
εκ του πατρος μου· ⁶⁶εκ τουτου πολλοι των μαθητων αυτου
απηλ‖θον εις τα οπισω και ουκ ετι μετ αυτου περιεπατουν· Pet 140
⁶⁷ειπεν ουν ο ιησους τοις δωδεκα· μη και υμις θελεται υπαγειν
⁶⁸Απεκριθη αυτω σιμων πετρος κυριε προς τινα απελευσομεθα·
ρηματα ζωης αιωνιου εχεις· ⁶⁹και ημεις πεπιστευκαμεν και
εγνωκαμεν οτι συ ει ο χριστος ο υιος του θεου του ζωντος
⁷⁰Απεκριθη αυτοις ο ιησους και ειπεν ουκ εγω υμας τους δωδεκα
εξελεξαμην και εξ υμων εις διαβολος εστιν· ⁷¹ελεγεν δε τον ιουδαν
σιμωνος ισκαριωτην· ουτος γαρ εμελλεν | παραδιδοναι αυτον·
εις ων εκ των δωδεκα·

VII. Και περιεπατει μετ αυτων ο ιησους εν τη γαλιλαια·
ου γαρ ηθελεν εν τη ιουδαια περιπατιν οτι εζητουν αυτον οι
ιουδαιοι αποκτιναι·   ²Ην δε εγγυς η εορτη των ιουδαιων η
σκηνοπηγια· ³ειπον ουν προς αυτον οι αδελφοι αυτου· μετα-
βηθει εντευθεν και υπαγε εις την ιουδαιαν ινα και οι μαθηται
σου θεωρησουσιν τα εργα σου α ποιεις ⁴ουδεις γαρ τι εν κρυπτω
ποιει· και ζητει αυτος εν παρρησια ειναι· ‖ ει ταυτα ποιεις Pet 141
φανερωσον σεαυτον· τω κοσμω ⁵ουδε γαρ οι αδελφοι αυτου
επιστευον εις αυτον ⁶λεγει ουν αυτοις ο ιησους ο καιρος ο εμος
ουπω παρεστιν· ο δε καιρος ο υμετερος παντοτε εστιν ετοιμος
⁷ου δυνατε ο κοσμος μισιν υμας· εμε δε μισει οτι εγω μαρτυρω
περι αυτου οτι τα εργα αυτου πονηρα εστιν ⁸υμεις αναβητε
εις την εορτην εγω ουπω αναβενω εις την εορτην ταυτην οτι
ο εμος καιρος ουπω πεπληρωται· ⁹ταυτα δε ειπων αυτος εμινεν
εν τη γαλιλαια·   ¹⁰Ως δε ανεβησαν | οι αδελφοι αυτου εις
την εορτην· τοτε και αυτος ανεβη ου φαναιρως αλλ ως εν
κρυπτω· ¹¹οι ουν ιουδαιοι εζητουν αυτον εν τη εορτη και ελεγον
που εστιν εκινος· ¹²και γογγυσμος πολυς ην περι αυτου εν τοις
οχλοις·   Οι μεν ελεγον οτι αγαθος εστιν αλλοι δε ελεγον ου·
αλλα πλανα τον οχλον· ¹³ουδεις μεντοι παρρησια ελαλει περι
αυτου δια τον φοβον των ιουδαιων· ¹⁴Ηδη δε της εορτης
μεσουσης ανεβη ο ιησους εις το ιερον και εδιδασκε ¹⁵και εθαυ-
μαζον οι ‖ ιουδαιοι λεγοντες πως ουτος γραμματα οιδεν μη Pet 142
μεμαθηκως· ¹⁶Απεκριθη ουν ο ιησους και ειπεν αυτοις η εμη
διδαχη ουκ εστιν εμη αλλα του πεμψαντος με· ¹⁷εαν τις θελη

το θελημα αυτου ποιειν γνωσετε περι της διδαχης ποτερον εκ του θεου εστιν η εγω απ εμαυτου λαλω· ¹⁸Ο αφ εαυτου λαλων την δοξαν την ιδιαν ζητι· ο δε ζητων την δοξαν του πεμψαντος αυτον· ουτος αληθης εστιν και αδικεια εν αυτω ουκ εστιν· ¹⁹ου μωυσης δεδωκεν υμιν | τον νομον και ουδεις εξ υμων ποιει τον νομον τι με ζητειτε αποκτιναι· ²⁰Απεκριθη ο οχλος και ειπεν δαιμονιον εχεις τις σε ζητει αποκτειναι· ²¹Απεκριθη ο ιησους και ειπεν αυτοις εν εργον εποιησα και παντες θαυμαζετε· ²²δια τουτο μωυσης δεδωκεν υμιν την περιτομην ουχ οτι εκ του μωσεως εστιν αλλ· εκ των πατερων· και εν σαββατω περιτεμνετε ανθρωπον ²³ει περιτομην λαμβανει ο ανθρωπος εν σαββατω ινα μη λυθη ο νο‖μος μωυσεως εμοι χολατε οτι ολον ανθρωπον υγιη εποιησα εν σαββατω· ²⁴μη κρινετε κατ οψιν αλλα την δικαιαν κρισιν κρινετε ²⁵Ελεγον ουν τινες εκ των ιεροσολυμιτων· ουχ ουτος εστιν ον ζητουσιν αποκτιναι ²⁶και ηδη παρρησια λαλει και ουδεν αυτω λεγουσιν μηποτε αληθως εγνωσαν οι αρχοντες ημων οτι ουτος εστιν ο χριστος· ²⁷αλλα τουτον οιδαμεν ποθεν εστιν· ο δε χριστος οταν ερχετε ουδεις γινωσκει ποθεν εστιν· | ²⁸Εκραξεν ουν ο ιησους εν τω ιερω διδασκων και λεγων καμε οιδατε και οιδατε ποθεν ειμει και απ εμαυτου ουκ εληλυθα· αλλ· εστιν αληθινος ο πεμψας με ον υμις ουκ οιδατε· ²⁹εγω δε οιδα αυτον οτι παρ αυτου ειμει κακεινος με απεστιλεν· ³⁰Εξητουν ουν αυτον πιασαι και ουδεις επεβαλεν επ αυτον τας χειρας· οτι ουπω εληλυθι η ωρα αυτου ³¹Εκ του οχλου ου πολλοι επιστευσαν εις αυτον και ελεγον ο χριστος οταν ελθη μητι πλειονα σημεια ποιησει ‖ ων ουτος εποιησεν· ³²ηκουσαν ουν οι φαρισαιοι του οχλου γογγυζοντος περι αυτου ταυτα Και απεστιλαν οι αρχιερεις και οι φαρισαιοι υπηρετας ινα πιασωσιν αυτον ³³Ειπεν ουν ο ιησους ετι μικρον χρονον μεθ υμων ειμει και υπαγω προς τον πεμψαντα με ³⁴Ζητησετε με· και ουχ ευρησετε με· και οπου ειμει εγω υμις ου δυνασθε ελθειν· ³⁵Ειπον ουν οι ιουδαιοι προς εαυτους που ουτος μελλει πορευεσθαι· οτι ημεις ουχ ευρησομεν αυτον· μη εις την διασποραν των | ελληνων μελλει πορευεσθε και διδασκιν τους ελληνας ³⁶τις εστιν ο λογος ουτος ον ειπεν· ζητησετε με και ουχ ευρησετε· και οπου ειμει εγω υμις ου.

vii 22 μωσεως] p. m. videtur μων voluisse, littera σ in rasura litterae υ scrip 'a δυνασθε ελθειν· ³⁷Εν δε τη εσχατη ημερα τη μεγαλη της εορτης ειστηκει ο ιησους και εκραξεν λεγων· εαν τις διψα ερχεσθω προς με και πινετω· ³⁸ο πιστευων εις εμε καθως ειπεν η γραφη ποταμοι εκ της κοιλιας αυτου ρευσωσιν υδατος ζωντος ³⁹Τουτο δε ειπεν περι του πνευματος ου εμελλον λαμβανειν οι ‖ πιστευοντες εις αυτον· ουπω γαρ ην πνευμα αγιον οτι ιησους Pet 145 ουδεπω εδοξασθη· ⁴⁰πολλοι ουν εκ του οχλου ακουσαντες των λογων τουτων ελεγον ουτος εστιν αληθως ο προφητης   ⁴¹Αλλοι ελεγον ουτος εστιν ο χριστος οι δε ελεγον μη γαρ εκ της γαλιλαιας ο χριστος ερχετε· ⁴²ουκ η γραφη ειπεν οτι εκ του σπερματος δαβιδ και απο βηθλεεμ της κωμης οπου ην δαβιδ ο χριστος ερχετε   ⁴³Σχισμα ουν εγενετο εν τω οχλω δι αυτον· ⁴⁴Τινες δε ηθελον εξ αυτων πιασε αυτον αλλ· ουδεις επεβα‖λεν επ αυτον τας χειρας·   ⁴⁵Ηλθον ουν οι υπηρεται προς τους αρχιερεις και φαρισαιους και ειπον αυτοις εκινοι διατι ουκ ηγηγετε αυτον· ⁴⁶Απεκριθησαν οι υπηρεται· ουδεποτε ελαλησεν· ουτως ανθρωπος ως ουτος ο ανθρωπος· ⁴⁷απεκριθησαν ουν αυτοις οι φαρισαιοι μη και υμεις πεπλανησθε ⁴⁸μη τις εκ των αρχοντων η εκ των φαρισαιων επιστευσαν εις αυτον· ⁴⁹αλλ· ο οχλος ουτος ο μη γεινωσκων τον νομον επικαταρατοι εισιν·   ⁵⁰Λεγει νικοδημος προς αυτους ο ελθων προς αυ‖τον νυκτος· εις ων εξ αυτων ⁵¹μη Pet 146 ο νομος, ημων κρινει τον ανθρωπον εαν μη ακουση πρωτον παρ αυτου και γνω τι ποιει·   ⁵²Απεκριθησαν και ειπαν αυτω μη και συ εκ της γαλιλαιας ει ερευνησον και ιδε οτι εκ της γαλιλαιας προφητης ουκ εγιρετε·

VIII. ¹²Παλιν ουν αυτοις ο ιησους ελαλησεν αυτοις λεγων εγω ειμει το φως του κοσμου· ο ακολουθων εμοι ου μη περιπατηση εν τη σκοτια· αλλ εξει το φως της ζωης· ¹³Ειπον ουν αυτω οι φαρισαιοι συ περι σεαυτου μαρτυρις· ‖ η μαρτυρια σου ουκ εστιν αληθης·   ¹⁴Απεκριθη ο ιησους και ειπεν αυτοις καν εγω μαρτυρω περι εμαυτου· αληθης εστιν η μαρτυρια μου· οτι οιδα ποθεν ηλθον και που υπαγω υμις δε ουκ οιδατε ποθεν ερχομε η που υπαγω· ¹⁵υμις κατα την σαρκα κρινετε· εγω ου κρινω ουδενα ¹⁶εαν δε κρινω εγω η κρισις η εμη αληθης εστιν οτι μονος ουκ ειμει· αλλ· εγω

vii 39 αγιον] parvis litteris et argenteis extra seriem litterarum scriptum 46 υπηρεται] η ex ε factum est   50 -τους ο ελθων προς αυ- parvis litteris ad finem paginae scriptum   viii 12 αυτοις 1° erasum

και ο πεμψας με πατηρ ¹⁷και εν τω νομω δε τω υμετερω
γεγραπται οτι δυο ανθρωπων η μαρτυρια αληθης εστιν ¹⁸εγω
ειμει ‖ ο μαρτυρων περι εμαυτου και μαρτυρει περι εμου ο
πεμψας με πατηρ ¹⁹ελεγον ουν αυτω που εστιν ο πατηρ σου
Απεκριθη ο ιησους ουτε εμε οιδαται ουτε τον πατερα μου ει
εμε ηδιτε· και τον πατερα μου αν ηδιτε ²⁰Ταυτα τα ρηματα
εληλησεν ο ιησους εν τω γαζοφυλακειω διδασκων εν τω ιερω
και ουδεις επιασεν αυτον· οτι ουπω εληλυθει η ωρα αυτου·
²¹Ειπεν ουν παλιν αυτοις ο ιησους εγω υπαγω και ζητησετε
με και ουκ ευρησετε με και εν τη αμαρτια υμων αποθανεισθε·
Οπου εγω υπαγω υμεις ου δυνασ|θε ελθειν· ²²ελεγον ουν οι
ιουδαιοι προς εαυτους· μητι αποκτενει εαυτον οτι λεγει οπου
εγω υπαγω υμις ου δυνασθε ελθειν· ²³Και ελεγεν αυτοις ο
ιησους υμις εκ των κατω εστε· εγω εκ των ανω ειμει υμις εκ
του κοσμου τουτου εστε εγω ουκ ειμει εκ του κοσμου τουτου·
²⁴ειπον ουν υμιν οτι αποθανεισθε εν ταις αμαρτιαις υμων· εαν
γαρ μη πιστευσητε οτι εγω ειμει αποθανισθε εν ταις αμαρτιαις
υμων· ²⁵ελεγον ουν αυτω συ τις ει· Και ειπεν αυτοις ‖ ο
ιησους την αρχην οτι και λαλω υμιν· ²⁶πολλα εχω περι υμων
λαλιν και κρινιν αλλ ο πεμψας με αληθης εστιν· καγω α
ηκουσα παρ αυτου ταυτα λαλω εις τον κοσμον· ²⁷ουκ εγνωσαν
οτι τον πατερα ελεγεν αυτοις· ²⁸Ειπεν ουν αυτοις ο ιησους
οταν υψωσητε τον υιον του ανθρωπου τοτε γνωσεσθε οτι εγω
ειμει και απ εμαυτου ποιω ουδεν. αλλα καθως εδιδαξεν με ο
πατηρ ταυτα λαλω· ²⁹και ο πεμψας με μετ εμου εστιν ουκ
αφηκεν με μονον ο πατηρ οτι εγω τα αρεστα αυτω ποιω παν-
τοτε ³⁰ταυτα αυτου | λαλουντος πολλοι επιστευσαν εις αυτον·
³¹Ελεγεν ουν ο ιησους προς τους πεπιστευκοτας αυτω ιουδαιους·
εαν υμις μινητε εν τω λογω τω εμω αληθως μαθηται μου εστε
³²και γνωσεσθε την αληθιαν και η αληθεια ελευθερωσει υμας
³³απεκριθησαν αυτω και οι ιουδαιοι σπερμα αβρααμ εσμεν και
ουδενει δεδουλευκαμεν πωποτε και πως συ λεγεις οτι ελευθεροι
γενησεσθαι· ³⁴Απεκριθη αυτοις ο ιησους αμην αμην λεγω
υμιν οτι πας ο ποιων την αμαρτιαν δου‖λος εστιν της αμαρτιας
³⁵ο δε δουλος ου μενει ει τη οικεια εις τον αιωνα· ο υιος μενει
εις τον αιωνα ³⁶εαν ουν ο· υιος υμας ελευθερωση οντως ελευθεροι

viii 29 οτι] extra seriem litterarum infra scriptum

εσεσθαι· ³⁷οιδα οτι σπερμα αβρααμ εστε· αλλα ζητιτε με αποκτιναι· οτι ο λογος ο εμος ου χωρει εν υμιν ³⁸εγω α εωρακα παρα τω πατρι μου λαλω· και υμις ουν α εωρακατε παρα τω πατρι υμων ποιειτε ³⁹Απεκριθησαν και ειπαν αυτω ο πατηρ ημων αβρααμ εστιν Λεγει αυτοις ο ιησους ει τεκνα του αβρααμ· ητε τα εργα του α|βρααμ εποιειτε αν· ⁴⁰νυν δε ζητιτε με αποκτιναι ανθρωπον ος την αληθειαν υμιν λελαληκα ην ηκουσα παρα του θεου· τουτο αβρααμ· ουκ εποιησεν ⁴¹υμις ποιειτε τα εργα του πατρος υμων Ειπον ουν αυτω ημις εκ πορνιας ου γεγενημεθα ενα πατερα εχομεν τον θεον· ⁴²Ειπεν αυτοις ο ιησους ει ο θεος πατηρ υμων ην ηγαπατε αν εμε εγω γαρ εκ του θεου εξηλθον και ηκω· ουδε γαρ απ εμαυτου εληλυθα αλλα εκινος με απεστιλεν· ⁴³διατι την λαλιαν την εμην ου γινωσκετε οτι ου δυνασθε ακουειν ‖ τον Pet 150 λογον τον εμον ⁴⁴υμις εκ του πατρος του διαβολου εστε και τας επιθυμειας του πατρος υμων θελετε ποιειν εκινος ανθρωποκτονος ην απ αρχης και εν τη αληθεια ουκ εστηκεν οτι ουκ εστιν αληθεια εν αυτω οταν λαλει το ψευδος εκ των ιδειων λαλει οτι ψευστης εστιν και ο πατηρ αυτου· ⁴⁵εγω δε οτι την αληθειαν λεγω ου πιστευετε με· ⁴⁶τις εξ υμων ελεγχει με περι αμαρτιας· ει αληθειαν λεγω διατι υμις ου πιστευετε μοι· ⁴⁷Ο ων εκ του θεου τα ρηματα του θεου ακουει· δια | τουτο υμις ουκ ακουετε οτι εκ του θεου ουκ εστε· ⁴⁸Απεκριθησαν οι ιουδαιοι και ειπον αυτω· ου καλως λεγομεν ημις οτι σαμαριτης ει συ και δαιμονιον εχεις· ⁴⁹Απεκριθη ο ιησους εγω δαιμονιον ουκ εχω αλλα τιμω τον πατερα μου και υμις ατιμαζετε με ⁵⁰εγω δε ου ζητω την δοξαν μου εστιν ο ζητων και κρινων· ⁵¹Αμην αμην λεγω υμιν εαν τις τον λογον τον εμον τηρησει θανατον ου μη θεωρηση εις τον αιωνα· ⁵²Ειπον ουν αυτω οι ιουδαιοι νυν εγνωκαμεν ‖ οτι δαιμονιον εχεις· αβρααμ· απεθανεν και οι Pet 151 προφηται· και συ λεγεις εαν τις τον λογον μου τηρηση ου μη γευσηται θανατου εις τον αιωνα· ⁵³μη συ μιζων ει του πατρος ημων αβρααμ· οστις απεθανεν και οι προφηται απεθανον τινα σεαυτον ποιεις· ⁵⁴Απεκριθη ιησους εαν εγω δοξαζω εμαυτον

viii 41 τον θεον extra seriem litterarum scriptum: τον ad finem lineae, θεον ad initium sequentis   42 εγω γαρ] s. m. habet in rasura εγω γαρ δια την αληθειαν. Haec verba parvis litteris extra seriem litterarum scripta, exceptis litteris αν, quae magnae sunt et in rasura verbi γαρ scriptae

η δοξα μου ουδεν εστιν· εστιν ο πατηρ μου ο δοξαζων με· ον υμις λεγετε οτι θεος ημων εστιν ⁵⁵και ουκ εγνωκατε αυτον εγω δε οιδα αυτον και εαν ειπω οτι ουκ οιδα | αυτον εσομε ομοιος υμων ψευστης· αλλα οιδα αυτον και τον λογον αυτου τηρω· ⁵⁶αβρααμ ο πατηρ υμων ηγαλλιασατο ινα ιδη την ημεραν την εμην και ιδεν και εχαρη· ⁵⁷Ειπον ουν οι ιουδαιοι προς αυτον· πεντηκοντα ετη ουπω εχεις· και αβρααμ εωρακας ⁵⁸Ειπεν ουν αυτοις ο ιησους αμην αμην λεγω υμιν· πριν αβρααμ γενεσθε εγω ειμει· ⁵⁹ηραν ουν λιθους ινα βαλουσιν επ αυτον· ιησους δε εκρυβη και εξηλθεν εκ του ιερου· και διελθων δια μεσου αυτων επορευ‖ετο και παρηγεν ουτως·

Pet 152

IX. Και παραγων ιδεν ανθρωπον τυφλον εκ γενητης ²και ηρωτησαν αυτον οι μαθηται αυτου λεγοντες ραββι τις ημαρτεν ουτος η οι γονεις αυτου ινα τυφλος γεννηθη· ³Απεκριθη ο ιησους ουτε ουτος ημαρτεν ουτε οι γονεις αυτου αλλ· ινα φανερωθη τα εργα του θεου εν αυτω· ⁴εμε δει εργαζεσθε τα εργα του πεμψαντος με εως ημερα εστιν· ερχεται νυξ· οτε ουδεις δυναται εργαζεσθαι· ⁵οταν ω εν τω κοσμω φως ειμει του κοσμου· ⁶ταυτα | ειπων επτυσε χαμε· και εποιησεν πηλον εκ του πτυσματος και επεχρισεν αυτου τον πηλον επι τους οφθαλμους αυτου· ⁷και ειπεν αυτω υπαγε νιψαι εις την κολυμβηθραν του σιλωαμ· ο ερμηνευεται απεσταλμενος· απηλθεν ουν και ενιψατο και ηλθεν βλεπων· ⁸οι ουν γιτονες και οι θιθεωρουντες αυτον το προτερον οτι προσετης ην ελεγον ουχ· ουτος εστιν ο καθημενος και προσαιτων· ⁹αλλοι ελεγον οτι ουτος εστιν· αλλοι οτι ομοιος αυτου ‖ εστιν· εκεινος δε ελεγεν οτι εγω ειμι· ¹⁰Ελεγον ουν αυτω πως ουν ηνεωχθησαν σου οι οφθαλμοι· ¹¹απεκριθη εκινος και ειπεν ανθρωπος λεγομενος ιησους πηλον εποιησεν και επεχρισεν μου τους οφθαλμους και ειπεν μοι υπαγε εις την κολυμβηθραν του σιλωαν και νιψαι· απελθων ουν και νιψαμενος ανεβλεψα· ¹²ειπον ουν αυτω που εστιν εκινος· λεγει αυτοις ουκ οιδα· ¹³Αγουσιν ουν αυτον προς τους φαρισεους τον ποτε τυφλον ¹⁴ην δε σαββατον | οτε τον πηλον εποιησεν ο ιησους και ανεωξεν αυτου τους οφθαλμους· ¹⁵Παλιν δε ηρωτησαν αυτον και οι φαρισαιοι πως ανεβλεψεν ο δε ειπεν αυτοις πηλον εποιησεν και επεθηκεν μοι επι τους οφθαλμους και ενιψαμην και βλεπω· ¹⁶ελεγον ουν εκ των φαρισαιων τινες ουκ εστιν ουτος παρα θεου ο ανθρωπος οτι το σαββατον ου τηρει· αλλοι ελεγον

Pet 153

πως δυναται ανθρωπος αμαρτωλος τοιαυτα σημεια ποιειν και σχισμα ην εν αυτοις ¹⁷Λεγουσιν ουν τω τυφλω παλιν συ τι λεγεις ‖ περι αυτου οτι ανεωξεν σου τους οφθαλμους ο δε ειπεν οτι προφητης εστιν· ¹⁸ουκ επιστευσαν ουν οι ιουδαιοι περι αυτου οτι ην τυφλος και ανεβλεψεν· εως οτου εφωνησαν τους γονεις αυτου του αναβλεψαντος ¹⁹και ηρωτησαν αυτους λεγοντες ουτος εστιν ο υιος υμων ον υμις λεγετε οτι τυφλος εγεννηθη πως ουν αρτι βλεπι ²⁰Απεκριθησαν δε αυτοις οι γονεις αυτου και ειπον οιδαμεν οτι ουτος εστιν ο υιος ημων και οτι τυφλος εγεννηθη ²¹πως δε νυν βλεπει ουκ οιδαμεν | η τις ηνεωξεν αυτου τους οφθαλμους ημις ουκ οιδαμεν· αυτος ηλικειαν εχει αυτον ερωτησαται· αυτος περι εαυτου λαλησει· ²²ταυτα ειπον οι γονεις αυτου οτι εφοβουντο τους ιουδαιους· ηδη γαρ συνετεθιντο οι ιουδαιοι· ινα εαν τις αυτον χριστον ομολογηση αποσυναγωγος γενηται· ²³δια τουτο οι γονεις αυτου ειπον οτι ηλικειαν εχει αυτον ερωτησαται· ²⁴Εφωνησαν ουν εκ δευτερου τον ανθρωπον ος ην τυφλος και ειπαν αυτω· δος δοξαν τω ‖ θεω ημις οιδαμεν οτι ο ανθρωπος ουτος αμαρτωλος εστιν· ²⁵Απεκριθη ουν εκινος και ειπεν· ει αμαρτωλος εστιν ουκ οιδα· εν οιδα οτι τυφλος ων αρτι βλεπω· ²⁶Ειπον ουν αυτω παλιν τι εποιησε σοι πως ηνεωξεν σου τους οφθαλμους ²⁷απεκριθη αυτοις ειπον υμιν ηδη και ουκ ηκουσατε· τι παλιν θελετε ακουειν· μη και υμις θελεται αυτου μαθηται γενεσθαι· ²⁸οι δε ελοιδορησαν αυτον και ειπον συ μαθητης ει εκινου· ημις δε του μωσεως εσμεν μαθηται ²⁹ημις | οιδαμεν οτι μωσει λελαληκεν ο θεος τουτον δε ουκ οιδαμεν ποθεν εστιν· ³⁰Απεκριθη ο ανθρωπος και ειπεν αυτοις· εν τουτω γαρ το θαυμαστον εστιν οτι υμις ουκ οιδατε ποθεν εστιν και ηνεωξεν μου τους οφθαλμους· ³¹οιδαμεν δε οτι αμαρτωλων ουκ ακουει ο θεος αλλ εαν τις θεοσεβης η και το θελημα αυτου ποιη τουτου ακουει· ³²εκ του αιωνος ουκ ηκουσθη οτι ηνεωξεν τις οφθαλμους τυφλου γεγενημενου ει μη ην ουτος παρα θεου ο ανθρωπος ουκ ηδυνατο ‖

Desunt folia viginti duo usque ad xiv 2.

μοναι πολλαι εισιν· ει δε μη ειπον αν υμιν πορευομε ετοιμασε τοπον υμιν· ³και εαν πορευθω και ετοιμασω τοπον υμιν παλιν ερχομε και παραλημψομε υμας προς εμαυτον ινα οπου ειμι εγω και υμις ητε ⁴και οπου εγω υπαγω οιδατε και την οδον οιδατε· ⁵Λεγει αυτω θωμας κυριε ουκ οιδαμεν που υπαγις και πως δυνομεθα την οδον ειδεναι· ⁶Λεγει αυτω ο ιησους εγω ειμει η οδος και η αληθια και η ζωη ουδις ερχεται προς τον πατερα ει μη δι εμου ⁷ει εγνωκειτε | με και τον πατερα μου εγνωκειτε αν και απαρτι γινωσκεται αυτον· και εορακατε αυτον· ⁸Λεγει αυτω φιλιππος κυριε διξον ημιν τον πατερα και αρκει ημιν ⁹Απεκριθη αυτω ο ιησους τοσουτον χρονον μεθ υμων ειμει και ουκ εγνωκας με φιλιππε· ο εωρακως εμε εωρακεν τον πατερα και πως σοι λεγεις διξον ημιν τον πατερα ¹⁰ου πιστευεις οτι εγω εν τω πατρι και ο πατηρ εν εμοι εστιν· τα ρηματα α εγω λεγω υμιν αφ εμαυτου ου λαλω ο δε πατηρ ο εν εμοι μενων αυτος ||

Desunt folia quattuor usque ad xv 15.

Lond 4 λος ουκ οιδεν τι ποιει ο κυριος αυτου· υμας δε ειρηκα φιλους οτι παντα α ηκουσα παρα του πατρος μου εγνωρισα υμιν· ¹⁶Ουχ υμεις με εξελεξασθαι αλλ εγω εξελεξαμην υμας και εθηκα υμας ινα υμις υπαγηται και καρπον φερηται και ο καρπος υμων μενει· Ινα οτι αν αιτησηται τον πατερα εν τω ονοματι μου δωη υμιν ¹⁷Ταυτα εντελλομαι υμιν ινα αγαπατε αλληλους· ¹⁸ει ο κοσμος μισει υμας γινωσκεται οτι εμε πρωτον υμων εμισησεν· ¹⁹ει εκ του κοσμου ητε | ο κοσμος αν το ιδιον εφιλει· οτι δε εκ του κοσμου ουκ εσται αλλ εγω εξελεξαμην υμας εκ του κοσμου δια τουτο μισει υμας ο κοσμος ²⁰Μνημονευετε του λογου ου εγω ειπον υμιν· ουκ εστιν δουλος μιζων του κυριου αυτου Ει εμε εδιωξαν και υμας διωξουσιν· ει τον λογον μου ετηρησαν και τον υμετερον τηρησουσιν· ²¹Αλλα ταυτα παντα ποιησουσιν υμιν δια το ονομα μου· οτι ουκ Οιδασιν τον πεμψαντα με· ²²ει μη Ηλθον και ελαλησα αυτοις αμαρτιαν ουκ ειχοσαν νυν δε ||

Desunt folia duo usque ad xvi 15.

Pet 156 Δια τουτο ειπον υμιν οτι εκ του εμου λαμβανει και αναγγελει υμιν· ¹⁶μικρον και ουκετι θεωρειτε με και παλιν μικρον και οψεσθε με και οτι υπαγω προς τον πατερα ¹⁷Ειπον ουν εκ των μαθητων αυτου προς αλληλους τι εστιν τουτο ο λεγει ημιν μικρον και ου θεωριτε με και παλιν μικρον και οψεσθαι

xv 22 ειχοσαν] σα obelis improbatum

με και οτι υπαγω προς τον πατερα· ¹⁸ελεγον ουν τουτο τι εστιν ο λεγει το μικρον ουκ οιδαμεν τι λαλει· ¹⁹Εγνω ουν ο ιησους οτι ηθελον αυτον ερωταν· και ειπεν αυτοις περι τουτου | ζητειτε προς αλληλους οτι ειπον μικρον και ου θεωρειτε με και παλιν μικρον και οψεσθαι με· ²⁰Αμην αμην λεγω υμιν οτι κλαυσηται και θρηνησηται υμις ο δε κοσμος χαρησεται· υμις δε λυπησεσθε αλλ· η λυπη υμων εις χαραν γενησεται ²¹η γυνη οταν τικτι λυπην εχει οτι ηλθεν η ωρα αυτης οταν δε γενηση το παιδιον ουκ ετι μνημονευει της θλιψεως δια την χαραν οτι εγεννηθη ανθρωπος εις τον κοσμον· ²²και υμις ουν λυπην μεν νυν εξηται παλιν δε οψομαι υμας και χαρη‖σεται υμων η Pet 157 καρδια και την χαραν υμων ουδεις ερει αφ υμων· ²³και εν εκινη τη ημερα εμε ουκ ερωτησεται ουδεν· αμην αμην λεγω υμιν· ο ἐαν αιτησηται τον πατερα μου εν τω ονοματι μου δωσει υμιν· ²⁴εως αρτι ουκ ετησαται εν τω ονοματι μου ουδεν· αιτιτε και λημψεσθαι ινα η χαρα υμων η πεπληρωμενη· ²⁵Ταυτα εν παροιμιαις λελαληκα υμιν· αλλ ερχεται ωρα οτε ουκ ετι εν παροιμιαις λαλησω υμιν· αλλα παρρησια περι του πατρος αναγγελω υμιν ²⁶εν εκεινη τη ημερα εν τω | ονοματι μου αιτησεσθαι· και ου λεγω υμιν· οτι ερωτησω τον πατερα περι υμων· ²⁷αυτος γαρ ο πατηρ φιλει υμας οτι υμις εμε πεφιληκατε και πεπιστευκατε οτι εγω παρα θεου εξηλθον ²⁸εξηλθον παρα του πατρος και εληλυθα εις τον κοσμον· παλιν αφειημει τον κοσμον και πορευομε προς τον πατερα ²⁹Λεγουσιν οι μαθηται αυτου ιδε νυν παρρησια λαλεις· και παροιμιαν ουδεμιαν λεγεις ³⁰νυν οιδαμεν οτι οιδας παντα και ου χριαν εχεις ινα τις σε ερωτα· εν τουτω πιστευομεν ‖ οτι απο θεου εξηλθες· ³¹Απεκριθη Pet 158 αυτοις ο ιησους αρτι πιστευεται ³²ιδου ερχεται ωρα και νυν εληλυθεν ινα σκορπισθηται εκαστος εις τα ιδεια καμε μονον αφητε και ουκ ειμει μονος οτι ο πατηρ μετ εμου εστιν ³³ταυτα λελαληκα υμιν ινα εν εμοι ειρηνην εχηται· εν τω κοσμω θλιψιν εχεται· αλλα θαρσειτε εγω νενικηκα τον κοσμον·

XVII. Ταυτα   Ελαλησεν ο ιησους και επηρεν τους οφθαλμους αυτου εις τον ουρανον και ειπεν πατηρ εληλυθεν η ωρα δοξασον σου τον υιον ινα και ο υιος σου δοξαση σε

xvi 17 πατερα inter lineas aureis litteris scriptum   20 λυπησεσθε] θη inter lineas additum. s. m. λυπηθησεσθε voluisse videtur

²καθως | εδωκας αυτω εξουσιαν πασης σαρκος ινα παν ο δεδωκας αυτω δωσει αυτοις ζωην αιωνιον· ³αυτη δε εστιν η αιωνιος ζωη ινα γινωσκουσιν σε τον μονον αληθινον θεον και ον απεστιλας ιησουν χριστον ⁴εγω σε εδοξασα επι της γης το εργον τελιωσας ο δεδωκας μοι ινα ποιησω· ⁵και νυν δοξασον με σοι πατηρ παρα σεαυτω τη δοξη η ειχον προ του τον κοσμον ειναι παρα σοι· ⁶εφανερωσα το ονομα σου τοις ανθρωποις ους εδωκας μοι εκ του κοσμου σοι ησαν και εμοι αυτους δεδωκας και τον ‖ λογον σου ετηρησαν ⁷νυν εγνωκαν οτι παντα οσα δεδωκας μοι παρα σοι εισιν ⁸οτι τα ρηματα α δεδωκας μοι εδωκα αυτοις και αυτοι ελαβον και εγνωσαν αληθως οτι παρα σου εξηλθν και επιστευσαν οτι συ με απεστιλας ⁹εγω περι αυτων ερωτω ου περι του κοσμου ερωτω· αλλα περι ων εδωκας μοι οτι σοι εισιν ¹⁰και τα εμα παντα σα εστιν και τα σα εμα και δεδοξασμε εν αυτοις· ¹¹και ουκ ετι ειμει εν τω κοσμω και ουτοι εν τω κοσμω εισιν και εγω προς σε ερχομε πατηρ αγιε τηρησον αυτους | εν τω ονοματι σου ους εδωκας μοι ινα ωσιν εν· καθως ημις· ¹²οτε ημην μετ αυτων εν τω κοσμω· εγω ετηρουν αυτους εν τω ονοματι σου και ους εδωκας μοι εφυλαξα· και ουδεις εξ αυτων απωλετο ει μη ο υιος της απωλειας ινα η γραφη πληρωθη· ¹³νυν δε προς σε ερχομαι και ταυτα λαλω εν τω κοσμω ινα εχωσιν την χαραν την εμην πεπληρωμενην εν εαυτοις   ¹⁴Εγω δεδωκα αυτοις τον λογον σου και ο κοσμος εμισησεν αυτους οτι ουκ εισιν εκ του κοσμου καθως ‖ εγω ουκ ειμει εκ του κοσμου ¹⁵ουκ ερωτω ινα αρης αυτους εκ του κοσμου· αλλ· ινα τηρησης αυτους εκ του πονηρου· ¹⁶εκ του κοσμου ουκ εισιν· καθως εγω εκ του κοσμου ουκ ειμει ¹⁷αγιασον αυτους εν τη αληθεια σου· ο λογος ο σος αληθεια εστιν· ¹⁸καθως εμε απεστιλας εις τον κοσμον· καγω απεστιλα αυτους εις τον κοσμον· ¹⁹και υπερ αυτων εγω αγιαζω εμαυτον ινα ωσιν και αυτοι ηγιασμενοι εν αληθεια ²⁰ου περι τουτων δε ερωτω μονον· αλλα και περι των πιστευοντων δι|α του λογου αυτων εις εμε· ²¹ινα παντες εν ωσιν· καθως συ πατηρ εν εμοι καγω εν σοι· ινα και αυτοι εν ημιν εν ωσιν· ινα ο κοσμος πιστευση οτι συ με απεστιλας· ²²και εγω την δοξαν ην εδωκας μοι εδωκα αυτοις ινα ωσιν εν καθως ημις εν εσμεν· ²³εγω εν αυτοις και συ εν εμοι ινα ωσιν τετελιωμενοι εις εν και ινα

xvii 8 εξηλθν sic ex errore scribae   11 ονονοματι sic ex errore scribae

γινωσκη ο κοσμος οτι συ με απεστιλας και ηγαπησας αυτους καθως εμε ηγαπησας· ²⁴πατηρ   Ους δεδωκας μοι θελω ινα οπου ειμι εγω ‖ και εκινοι ωσιν μετ εμου ινα θεωρωσιν την δοξαν την ἐμην ην εδωκας μοι οτι ηγαπησας με προ καταβολης κοσμου· ²⁵πατηρ δικαιαι και ο κοσμος σε ουκ εγνω· εγω δε σε εγνων και ουτοι εγνωσαν οτι συ με απεστιλας   ²⁶Και εγνωρισα αυτοις το ονομα σου και γνωρισω ινα η αγαπη ην ηγαπησας με εν αυτοις η καγω εν αυτοις·

XVIII. Ταυτα ειπων ο ιησους εξηλθεν συν τοις μαθηταις αυτου περαν του χειμαρρου των κεδρων οπου ην κηπος εις ὃν εισηλ|θεν αυτος και οι μαθηται αυτου· ²ηδει δε και ιουδας ο παραδιδους αυτον τον τοπον οτι πολλακεις συνηχθη ο ιησους εκει μετα των μαθητων αυτου   ³Ο ουν ιουδας παραλαβων την σπιραν και εκ των αρχιερεων και φαρισαιων υπηρετας· ερχεται εκει μετα λαμπαδων και φανων και οπλων ⁴ιησους ουν ιδως παντα τα ερχομενα επ αυτον· εξελθων ειπεν αυτοις τινα ζητιτε ⁵απεκριθησαν αυτω ιησουν τον ναζωραιον·   Λεγει αυτοις ο ιησους εγω ειμει· ιστηκει δε και ιουδας ο παραδιδους αυτον ‖ μετ αυτων ⁶ως ουν ειπεν αυτοις εγω ειμει απηλθον εις τα οπισω και επεσον χαμαι· ⁷Παλιν ουν αυτους επηρωτησεν τινα ζητιτε· οι δε ειπον ιησουν τον ναζωραιον· ⁸Απεκριθη ο ιησους ειπον υμιν· οτι εγω ειμει· ει ουν εμε ζητιται αφεται τουτους υπαγειν· ⁹ινα πληρωθη ο λογος ον ειπεν οτι ους δεδωκας μοι ουκ απωλεσα εξ αυτων ουδενα· ¹⁰σιμων ουν πετρος εχων μαχαιραν ειλκυσεν αυτην και επεσεν τον του αρχιερεως δουλον και απεκοψεν αυτου το ωτιον | το δεξιον· ην δε ονομα τω δουλω μαλχος   ¹¹Ειπεν ουν ο ιησους τω πετρω· βαλε την μαχαιραν εις την θηκην·   Το ποτηριον ο εδωκεν μοι ο πατηρ ου μη πιω αυτο· ¹²η ουν σπιρα και ο χιλιαρχος και οι υπηρεται των ιουδαιων συνελαβον τον ιησουν   ¹³Και εδησαν αυτον και απηγαγον προς ανναν πρωτον ην γαρ πενθερος του καιαφα· ος ην αρχιερευς του ενιαυτου εκινου ¹⁴ην δε καιαφας ο συμβουλευσας τοις ιουδαιοις οτι συμφερει ενα ανθρωπον απολεσθαι υ‖περ του λαου·   ¹⁵Ηκολουθει δε τω ιησου σιμων πετρος και ο αλλος μαθητης· ο δε μαθητης εκινος ην γνωστος τω αρχιερει και συνεισηλθεν τω ιησου εις την αυλην του αρχιερεως ¹⁶Ο δε πετρος ιστηκει προς την θυραν εξω·   Εξηλθεν ουν ο μαθητης εκινος· ος ην γνωριμος τω αρχιερει· και ειπεν τη θυρωρω και εισηγαγεν τον πετρον· ¹⁷Λεγει ουν η παιδισκη η θυρωρος τω πετρω μη και συ εκ των μαθητων ει του ανθρωπου τουτου λεγει εκινος ουκ ειμει | ¹⁸Ιστηκεισαν δε οι δουλοι και οι υπηρεται ανθρακειαν πεποιηκοτες οτι ψυχος ην και εθερμενοντο· ην δε μετ αυτων ο πετρος εστως και θερμενομενομ ¹⁹ο ουν αρχιερευς ηρωτησεν τον ιησουν περι των μαθητων αυτου και περι της διδαχης αυτου· ²⁰Και απεκριθη αυτω ο ιησους εγω παρρησια λελαληκα τω κοσμα εγω παντοτε εδιδαξα εν συναγωγη και εν τω ιερω οπου παντες οι ιουδαιοι συνερχονται και εν κρυπτω ελαλησα ουδεν ²¹Τι με επερω‖τας· επερωτησον τους ακηκοοτας τι ελαλησα αυτοις· ιδε ουτοι οιδασιν ἀ ειπον εγω· ²²Ταυτα δε αυτου ειποντος εις των υπηρετων παρεστηκως εδωκεν ραπισμα τω ιησου ειπων ουτως αποκρινη τω αρχιερει ²³Απεκριθη αυτω ο ιησους ει κακως ελαλησα μαρτυρησον περι του κακου· ει δε καλως τι με δερις ²⁴Απεστιλεν ουν αυτον ο αννας προς Καιαφαν τον αρχιερεα· ²⁵Ην δε σιμων πετρος εστως και θερμενομενος ειπον ουν αυτω μη και συ εκ των μαθητων αυτου ει ηρνησατο ε|κινος και ειπεν ουκ ειμει· ²⁶λεγει εις εκ των δουλων του αρχιερεως ο συγγενης ου απεκοψεν πετρος το ωτιον· ουκ εγω σε ιδον εν τω κηπω μετ αυτου ²⁷παλιν ουν ηρνησατο ο πετρος και ευθεως αλεκτωρ εφωνησεν· ²⁸Αγουσιν ουν τον ιησουν απο του καιαφα εις το πραιτωριον· ην δε πρωια και αυτοι ουκ εισηλθον εις το πραιτωριον ινα μη μιανθωσιν· αλλα φαγωσιν το πασχα· ²⁹Εξελθεν ουν ο πιλατος προς αυτους εξω και ειπεν· τινα κατηγοριαν ‖ φερεται κατα του ανθρωπου τουτου· ³⁰απεκριθησαν και ειπαν αυτω ει μη ην ουτος κακοποιος ουκ αν σοι παρεδωκαμεν αυτον· ³¹Ειπεν ουν αυτοις ο πιλατος λαβεται αυτον υμις και κατα τον νομον υμων κριναται αυτον· ειπον δε αυτω οι ιουδαιοι ημιν ουκ εξεστιν αποκτιναι ουδενα· ³²ινα ο λογος του ιησου πληρωθη ον ειπεν σημενων ποιω θανατω ημελλεν αποθνησκιν· ³³Εισηλθεν ουν εις το πραιτωριον ο πιλατος παλιν και εφωνησεν τον ιησουν | και ειπεν αυτω συ ει ο βασιλευς των ιουδαιων· ³⁴Απεκρινατο ο ιησους απο σεαυτου συ τουτο λεγις η αλλος σοι ειπεν περι εμου ³⁵Απεκριθη ο πιλατος μητι εγω ιουδαιος ειμει το εθνος το σον

xviii 18 θερμενομενομ] supra litteram μ 3° erasam s. m. habet litteram σ inter lineas auro scriptam   20 κοσμα] s. m. habet ω in rasura litterae α   25 θερμενμευενος] μετ 2° erasum est

και οι αρχιερεις παρεδωκαν σε εμοι τι εποιησας· ³⁶απεκριθη ο ιησους η βασιλεια η εμη ουκ εστιν εκ του κοσμου τουτου· ει εκ του κοσμου τουτου ην η εμη βασιλεια· οι υπηρεται αν οι εμοι ηγωνιζοντο ινα μη παραδοθω τοις ιουδαιοις· νυν δε η βασιλεια η εμη ουκ εστιν || εντευθεν·   ³⁷Ειπεν ουν αυτω ο πιλατος ουκουν Pet 166 βασιλευς ει συ·   Απεκριθη ο ιησους συ λεγεις οτι βασιλευς ειμι εγω· εγω εις τουτο γεγεννημαι και εις τουτο εληλυθα εις τον κοσμον ινα μαρτυρησω τη αληθια· πας ο ων εκ της αληθειας ακουει μου της φωνης   ³⁸Λεγει αυτω ο πιλατος τι εστιν αληθεια και τουτο ειπων παλιν εξηλθεν· προς τους ιουδαιους και λεγει αυτοις εγω ουδεμιαν αιτιαν ευρισκω εν αυτω· ³⁹εστιν   Δε συνηθεια υμων ινα ενα υμειν απολυσω | εν τω πασχα βουλεσθαι ουν απολυσω υμιν τον βασιλεα των ιουδαιων·   ⁴⁰Εκραυγασαν ουν παντες λεγοντες μη τουτον αλλα τον βαραββαν· ην δε ο βαραββας ληστης

XIX. Τοτε ουν ελαβεν τον ιησουν ο πιλατος και εμαστιγωσεν· ²και οι στρατιωται πλεξαντες στεφανον εξ ακανθων επεθηκαν αυτου τη κεφαλη και ιματιον πορφυρουν περιεβαλον αυτον και ηρχοντο προς αυτον ³και ελεγον χαιρε ο βασιλευς των ιουδαιων και εδιδοσαν αυτω ραπισματα   ⁴Εξηλθεν ουν παλιν εξω ο πιλα||τος· και λεγει αυτοις ιδε αγω υμιν αυτον εξω ινα Pet 167 επιγνωτε οτι εν αυτω ουδεμιαν αιτιαν ευρισκω·   ⁵Εξηλθεν ουν εξω ο πιλατος φορων τον ακανθινον στεφανον και το πορφυρουν ιματιον· και λεγει αυτοις ιδε ο ανθρωπος· ⁶οτε ουν ιδον αυτον οι αρχιερεις και οι υπηρεται· εκραυγασαν λεγοντες σταυρωσον σταυρωσον αυτον·   Λεγει αυτοις ο πιλατος λαβεται αυτον υμις και σταυρωσαται· εγω γαρ ουχ   Ευρισκω εν αυτω αιτιαν· ⁷απεκριθησαν αυτω   Οι ιουδαιοι ημις | νομον εχομεν και κατα τον νομον οφιλει αποθανιν οτι εαυτον υιον θεου εποιησεν   ⁸Οτε ουν ηκουσεν ο πιλατος τουτον τον λογον μαλλον εφοβηθη ⁹και εισηλθεν εις το πραιτωριον παλιν και λεγει τω ιησου ποθεν ει συ ο δε ιησους αποκρισιν ουκ εδωκεν αυτω   ¹⁰Λεγει ουν αυτω ο πιλατος εμοι ου λαλις· ουκ οιδας οτι εξουσιαν εχω απολυσε σε και εξουσιαν εχω σταυρωσε σε   ¹¹Απεκριθη ο ιησους ουκ εχεις εξουσιαν ουδε-

xix 5 πιλατος] sic p. m.   s. m. habet ιϲ in rasura   id. αυτοις] + ο πιλατος parvis litteris et aureis inter lineas scriptum

1 1 *

μιαν κατ εμου ει μη ‖ ην σοι δεδομενον ανωθεν· δια τουτο ο παραδιδους με σοι μιζονα αμαρτιαν εχει· ¹²εκ τουτου εζητι ο πιλατος απολυσαι αυτον   Οι δε ιουδαιοι εκραυγαζον λεγοντες εαν τουτον απολυσης ουκ ει φιλος του κεσαρος πας ο βασιλεα εαυτον ποιων αντιλεγει τω καισαρει· ¹³Ο ουν πιλατος ακουσας τουτον τον λογον ηγαγεν εξω τον ιησουν και εκαθισεν επι βηματος εις τοπον λεγομενον λιθοστρωτον· εβραιστι δε γαββαθα· ¹⁴ην δε παρασκευη του πασχα· | ωρα ην ωσει εκτη· και λεγει τοις ιουδαιοις ιδε ο βασιλευς υμων· ¹⁵οι δε εκραυγαζον λεγοντες· αρον αρον σταυρωσον αυτον·   Λεγει αυτοις ο πιλατος τον βασιλεα υμων σταυρωσω·   Απεκριθησαν οι αρχιερεις ουκ εχομεν βασιλεα ει μη καισαρα· ¹⁶τοτε ουν παρεδωκεν αυτον αυτοις ινα σταυρωθη·   ¹⁷Οι δε παραλαβοντες τον ιησουν απηγαγον· Και βασταζων τον σταυρον εαυτου εξηλθεν εις τον λεγομενον κρανιου τοπον· ος λεγεται εβραιστι γολγοθα ¹⁸οπου αυτον εσταυρωσαν ‖ και μετ αυτου αλλους δυο· εντευθεν και εντευθεν μεσον δε τον ιησουν   ¹⁹Εγραψεν δε και τιτλον ο πιλατος και εθηκεν επι του σταυρου· ην δε γεγραμμενον ιησους ο ναζωραιος ο βασιλευς των ιουδαιων· ²⁰τουτον ουν τον τιτλον πολλοι ανεγνωσαν εκ των ιουδαιων οτι εγγυς ην ο τοπος της πολεως οπου εσταυρωθη ο ιησους και ην γεγραμμενον εβραιστι ρωμαιστι· ελληνιστι·   ²¹Ελεγον ουν τω πιλατω οι αρχιερεις των ιουδαιων μη γραφαι ο βασιλευς των ιουδαιων | αλλ᾽ οτι εκινος ειπεν βασιλευς ειμει των ιουδαιων· ²²απεκριθη ο πιλατος ο γεγραφα γεγραφα·   ²³Οι ουν στρατιωται· οτε εσταυρωσαν τον ιησουν ελαβον τα ιματια αυτου και εποιησαν τεσσερα μερη εκαστω στρατιωτη μερος· και τον χιτωνα· ην δε ο χιτων αραφος εκ των ανωθεν υφαντος δι ολου· ²⁴ειπον ουν προς αλληλους μη σχισωμεν αυτον· αλλα λαχομεν περι αυτου τινος εσται· ινα η γραφη πληρωθη η λεγουσα διεμερισαντο τα ιματια μου εαυτοις και επι τον ‖ ιματισμον μου εβαλον κληρον   Οι μεν ουν στρατιωται· ταυτα εποιησαν· ²⁵Ιστηκισαν δε παρα τω σταυρω του ιησου η μητηρ αυτου και η αδελφη της μητρος αυτου μαρια η του κλωπα και μαρια η μαγδαληνη ²⁶ιησους ουν ιδων την μητερα και· τον μαθητην παρεστωτα ον ηγαπα λεγει τη μητρι αυτου γυναι ιδε ο υιος σου· ²⁷ειτα λεγει τω μαθητη ειδε η μητηρ σου απ εκεινης ουν της ωρας ελαβεν ο μαθητης αυτην εις τα ιδεια ²⁸μετα τουτο   Ιδως ο ιησους οτι παντα ηδη τετελεσται ινα τελιωθη η γραφη λεγει διψω ²⁹σκευος ουν | εκειτο οξους μεστον· οι δε πλησαντες σπογγον οξους και υσωπω περιθεντες προσηνεγκαν αυτου τω στοματι· ³⁰οτε ουν ελαβεν το οξος ο ιησους ειπεν τετελεσται και κλινας την κεφαλην παρεδωκεν το πνευμα ³¹Οι ουν ιουδαιοι ινα μη μινη επι του σταυρου τα σωματα εν τω σαββατω επι παρασκευη ην· ην γαρ μεγαλη η ημερα του σαββατου εκινου· ηρωτησαν τον πιλατον ινα κατεαγωσιν αυτων τα σκελη και αρθωσιν· ³²ηλθον   Ουν οι στρατιωται· και του μεν πρωτου κατε‖αξαν τα σκελη και του αλλου Pet 171 του συνσταυρωθεντος αυτω ³³επι δε τον ιησουν ελθοντες ως ιδον αυτον ηδη τεθνηκοτα ου κατεαξαν αυτου τα σκελη· ³⁴αλλ εις των στρατιωτων λογχη αυτου την πλευραν ενυξεν και εξηλθεν ευθυς αιμα και υδωρ· ³⁵και ο εορακως μεμαρτυρηκεν· και αληθινη εστιν αυτου η μαρτυρια· κακινος οιδεν οτι αληθη λεγει ινα και υμις πιστευσητε· ³⁶εγενετο δε ταυτα ινα η γραφη πληρωθη οστουν ου συντριβησεται αυτου· ³⁷και παλιν ετερα γραφη λεγει | οψονται εις ον εξεκεντησαν·   ³⁸Μετα δε ταυτα ηρωτησεν τον πιλατον ιωσηφ ο απο αριμαθεας ων μαθητης του ιησου κεκρυμμενος δε δια τον φοβον των ιουδαιων ινα αρη το σωμα του ιησου και επετρεψεν ο πιλατος· ηλθον ουν και ηραν το σωμα του ιησου ³⁹ηλθεν δε και νικοδημος ο ελθων προς τον ιησουν νυκτος το πρωτον φερων μιγμα σμυρνης και αλοης ωσει λιτρας εκατον ⁴⁰Ελαβον ουν το σωμα του ιησου και εδησαν αυτο οθονιοις μετα των αρωματων· καθως ‖ εθος εστιν τοις ιουδαιοις ενταφιαζειν· Pet 172 ⁴¹ην δε εν τω τοπω οπου εσταυρωθη ο ιησους κηπος και εν τω κηπω μνημιον κενον· εν ω ουδεις πωποτε ετεθη· ⁴²εκει ουν δια την παρασκευην των ιουδαιων οτι εγγυς ην το μνημιον εθηκαν τον ιησουν

XX. Τη δε μια των σαββατων μαρια η μαγδαληνη ερχεται πρωι σκοτιας ετι ουσης εις το μνημιον και βλεπει τον λιθον ηρμενον εκ του μνημιου ²τρεχει ουν και ερχεται προς σιμωνα πετρον και προς τον αλλον μαθητην ον εφιλει ο ιησους | και λεγει αυτοις ηραν τον κυριον εκ του μνημιου και ουκ οιδαμεν που εθηκαν αυτον· ³Εξηλθεν ουν ο πετρος και ο αλλος μαθητης και ηρχοντο εις το μνημιον ⁴ετρεχον δε οι δυο ομου και ο αλλος μαθητης προεδραμεν ταχιον του πετρου και ηλθεν πρωτος εις το μνημιον ⁵και παρακυψας βλεπει τα οθονια κιμενα ου μεντοι

xix 28 τετελεσται] τετελεσ in rasura litterarum παν scriptum

εισηλθεν· ⁶Ερχεται ουν σιμων πετρος ακολουθων αυτω και εισηλθεν εις το μνημιον και θεωρει τα οθονια κιμενα· ‖ ⁷και το σουδαριον ο ην επι της κεφαλης αυτου ου μετα των οθωνιων κιμενον αλλα χωρις εντετυλιγμενον εις ενα τοπον· ⁸τοτε ουν εισηλθεν και ο αλλος μαθητης ο ελθων πρωτος εις το μνημιον και ιδεν και επιστευσεν ⁹ουδεπω γαρ ηδεισαν την γραφην· οτι δει αυτον εκ νεκρων αναστηναι· ¹¹Μαρια δε ειστηκει προς τω μνημιω εξω κλαιουσα ως ουν εκλαιεν παρεκυμψεν εις το μνημιον ¹²και θεωρει δυο αγγελους εν λευκοις καθε|ζομενους ενα προς τη κεφαλη και ενα προς τοις ποσιν· οπου εκιτο το σωμα του κυριου ιησου· ¹³Και λεγουσιν αυτη εκινοι· γυναι τι κλαιεις· λεγει αυτοις οτι ηραν τον κυριον μου και ουκ οιδα που εθηκαν αυτον· ¹⁴Ταυτα ειπουσα εστραφη εις τα οπισω και θεωρει τον ιησουν εστωτωτα και ουκ ηδει οτι ιησους εστι ¹⁵Λεγει αυτη ο ιησους γυναι τι κλεεις τινα ζητις εκινη δοκουσα οτι ο κηπουρος εστιν· λεγει αυτω κυριε ει συ εβαστασας αυτον· ειπε μοι που αυτον εθηκας καγω αυτον ‖ αρω ¹⁶λεγει αυτη ο ιησους μαριαμ· στραφεισα δε εκεινη λεγει αυτω εβραιστι ραββουνει ο λεγεται διδασκαλε· ¹⁷λεγει αυτη ο ιησους μη μου απτου· ουπω γαρ αναβεβηκα προς τον πατερα μου πορευου δε προς τους αδελφους μου και ειπε αυτοις αναβαινω προς τον πατερα μου και πατερα υμων· και θεον μου· και θεον υμων· ¹⁸Ερχεται μαρια η μαγδαληνη απαγγελλουσα τοις μαθηταις οτι εορακα τον κυριον και ταυτα ειπεν αυτη· ¹⁹Ουσης ουν οψιας τη ημερα εκινη τη μια των σαββατων και | των θυρων κεκλισμενων· οπου ησαν οι μαθηται συνηγμενοι δια τον φοβον των ιουδαιων· Ηλθεν ο ιησους και εστη εις το μεσον και λεγει αυτοις ειρηνη υμιν· ²⁰και τουτο ειπων εδιξεν αυτοις τας χειρας αυτου και την πλευραν ²¹Εχαρησαν ουν μαθηται ιδο.τες τον κυριον

Ειπεν ουν αυτοις ο ιησους παλιν ειρηνη υμιν καθως απεστ.λεν με ο πατηρ καγω πεμπω υμας· ²²και τουτο ειπων· ενεφυσησεν και λεγει αυτοις λαβεται πνευμα αγιον ²³αν τινων αφηται τας αμαρ‖ * * * * ²⁵ ν αυτω οι αλ μαθηται

xx 8 επιστευσεν] σεν infra scriptum   9 αναστηναι] s. m. habet απηλθον ουν παλιν (? προς abscissum est) εαυτους οι μαθητα (sic). Omnes hae voces parvis litteris et extra seriem litterarum additae   16 διδασκαλε]+ spatium duarum litterarum   20 την πλευραν] in rasura vocum τους ποδας   23—27 folium laceratum

ε..ακαμεν τον   ν ο δε ειπεν   τοις εαν μη   ω εν ταις χερσιν
αυτου τον τοπον των ηλ   και βαλω τον   κτυλον μου   τον
τυπον   ηλων και βα   την χειρα μ   εις την πλ   ραν αυτου
    μη πιστε   ²⁶Και μεθ ημ   οκτω πα   σαν   οι
μ   αυτου   θωμα   Ερχετ |
θυρων κεκλ   ενων και   ε   ν εις το μες   ι λεγει ειρη
υμιν· ²⁷ειτα   γει τω θω   φερε τον   τυλον σου   και ιδε
τας   ς μου· κ   ην χει   αι βαλε   λευ
    αι μη   στος   ος * * * * ³⁰και αλλα σ   α
εποιησ   ιησους ενωπ   των μαθ   αυτου α ο   ‖τιν Pet 176
γεγραμμενα εν τω βιβλιω τουτω· ³¹ταυτα δε γεγραπται ινα
πιστευσηται οτι ιησους εστιν ο χριστος ο υιος του θεου και ινα
πιστευοντες ζωην εχηται εν τω ονοματι αυτου·

XXI. Μετα ταυτα εφανερωσεν εαυτον παλιν ο ιησους τοις
μαθηταις επι της θαλασσης της τιβεριαδος ²εφαναιρωσε δε
ουτως ησαν ομου σιμων πετρος και θωμας ο λεγομενος διδυμος·
και ναθαναηλ· ο απο κανα της γαλιλαιας· και οι του ζεβεδαιου·
και αλλοι εκ των μαθητων αυτου δυο· ³λεγει αυτοις | σιμων
πετρος υπαγω αλιευειν λεγουσειν αυτω ερχομεθα και ημις συν
σοι· εξηλθον ουν και ενεβησαν εις το πλοιον· και εν εκινη τη
νυκτι επιασαν ουδεν· ⁴Πρωιας δε ηδη γενομενης εστη ο
ιησους εις τον αιγιαλον ου μεντοι ηδεισαν οι μαθηται οτι ιησους
εστιν·   ⁵Λεγει αυτοις ο ιησους παιδια μη τι πρεσφαγιον
εχεται· απεκριθησαν αυτω· ου   ⁶Ο δε ειπεν αυτοις βαλετε
εις τα δεξια μερη του πλοιου το δικτυον και ευρησεται· εβαλον
ουν και ουκ ετι αυτο ελκυσε ‖ ισχυον απο του πληθους των Pet 177
ιχθυων·   ⁷Λεγει ουν ο μαθητης εκινος ον ηγαπα ο ιησους τω
πετρω ο κυριος εστιν· σιμων   Ουν πετρος ακουσας οτι ο
κυριος εστιν τον επενδυτην διεζωσατο ην γαρ γυμνος και εβαλεν
εαυτον εις την θαλασσαν· ⁸οι δε αλλοι μαθηται τω πλοιαριω
ηλθον ου γαρ ησαν μακραν απο της γης· αλλ ως απο πηχων
διακοσιων συροντες το δικτυον των ιχθυων·   ⁹Ως ουν απεβη-
σαν εις την γην βλεπουσιν ανθρακιαν κιμενην και οψαριον
επικιμενον | και αρτον·   ¹⁰Λεγει ουν αυτοις ο ιησους ενεγκατε
απο των οψαριων ων επιασατε νυν·   ¹¹Ανεβη ουν σιμων
πετρος και ειλκυσεν το δικτυον εις την γην μεστον· ιχθυων
μεγαλων· εκατον πεντηκοντα τριων· και τοσουτων οντων ουκ
εσχισθη το δικτυον·   ¹²Λεγει αυτοις ο ιησους δευτε αριστη-

σαται· Ουδεις δε ετολμα των μαθητων εξετασαι αυτον συ τις ει ειδοτες οτι ο κυριος εστιν ¹³Ερχεται ουν ο ιησους και λαμβανει τον αρτον και διδωσιν αυτοις και το οψαριον ομοιως· ¹⁴τουτο δε τριτον εφα‖ναιρωθη ο ιησους τοις μαθηταις εγερθεις εκ νεκρων· ¹⁵Οτε ουν ηριστησαν λεγει τω σιμωνι πετρω ο ιησους σιμων ιωνα αγαπας με πλιον τουτων λεγει αυτω ναι κυριε συ οιδας οτι φιλω σε· Λεγει αυτω βοσκε τα αρνια μου ¹⁶Λεγει αυτω παλιν δευτερον σιμων ιωνα αγαπας με λεγει αυτω ναι κυριε συ οιδας οτι φιλω σε· Λεγει αυτω ο ιησους ποιμεναι τα προβατα μου· ¹⁷Λεγει αυτω το τριτον σιμων ιωνα φιλεις με ελυπηθη ο πετρος οτι ειπεν αυτω το τριτον φιλεις με και | λεγει αυτω κυριε συ οιδας παντα συ γινωσκεις οτι φιλω σε Λεγει αυτω ο ιησους βοσκε τα προβατα μου· ¹⁸Αμην αμην λεγω σοι οτε ης νεωτερος εζωννυες σεαυτον και περιεπατις οπου ηθελες· οταν δε γηρασης εκτενεις τας χειρας σου και αλλος σε ζωσει και οισει οπου ου θελεις ¹⁹τουτο δε ειπεν σημενων ποιω θανατω δοξασει τον θεον και τουτο ειπων λεγει αυτω ακολουθει μοι ²⁰Επιστραφεις δε ο πετρος βλεπει τον μαθητην ον ηγαπα ο ιησους ακολου‖

Deest folium usque ad finem evangelii.

APPENDIX.

COLLATION OF THE GOSPEL ACCORDING TO ST MARK IN THE CODEX IMPERATRICIS THEODORAE.

(Tischendorf 2^{pe} = Gregory 565 = Westcott & Hort 81.)

APPENDIX.

Collation of the Gospel according to St Mark in the Codex Imperatricis Theodorae.

(Tischendorf 2^{pe} = Gregory 565 = Westcott and Hort 81.)

At the suggestion of Dr Robinson, I employed some hours which I had to spare in St Petersburg, after the completion of my collation of N, in collating the text of St Mark's Gospel as it is given in the well-known codex of the Empress Theodora. That codex is written with gold ink on purple vellum and has miniatures. The characters are cursive. It is ascribed to the ninth (or tenth) century. It was formerly in the monastery of St John in the Houmish-Khan, and was given to the Russian emperor by the archimandrite Sylvester in 1829. It is now in the Imperial Library. As I used Belsheim's edition (Das Evangelium des Marcus nach dem griechischen Codex Theodorae Imperatricis purp. Petropolitanus, Christiania, 1885) for the collation, I am recording only differences from his printed text. I have not, however, as a rule recorded itacisms or differences of spelling.

I. 2 ως] καθως | κατασκευασει   5 τον ιορδανην   6 ην δε] και ην marg 10 καταβαινον   11 om εγενετο | αγαπητος | εν ω] εν σοι   12 την 16 γαλιλαιας | ιδεν | αμφιβαλλοντας τα δικτυα (αμφιβληστρον marg) 19 ιδεν   20 απηλθων   24 om εα   25 απ αυτου] απο του ανθρωπου το π̅ν̅α̅ το ακαθαρτον marg   27 προς εαυτους] προς αυτον marg | τουτο] η τις η διδαχη η marg   32 παντας | om προς αυτον 2° 35 εξηλθεν   37 παντες] + σε   38 εληλυθα   39 γαλιλαιαν 44 om μηδεν | προσενεγκον | μωυσης

II. 1 om παλιν 1° | εισελθων | om και 2°   6 καθημενοι   8 το 12 ιδωμεν   16 εσθιετε | πινετε   19 εαυτων] αυτων   21 επιραπτει

III. 1 εξηραμενην   4 τοις σαββασιν] pr εν | αγαθωποιησαι | απολεσαι 1° αψονται pr man αψωνται sec man   13 απηλθον   17 ιωαννην   19 ισκαριωθ

APPENDIX. 107

20 οικον] pr τον | οχλος] pr ο | ωστε 23 αυτους 26 ου δυναται bis scriptum 1° punctis improbatum 28 εαν 32 οχλοι | αυτων
IV. 3 εξηλθεν | τα πετρωδη 6 εκαυματισθη 7 εις] επι 11 τα παντα] παντα 16 αυτοι] ουτοι 19 απαται 26 om τον 27 βαστα 29 παραδοι 33 om παραβολαις 1° 35 ελεγεν 37 τα δε κυματα] και τα κυματα | εβαλλεν 38 επι] εν | προσκεφαλαιου | απολυμεθα pr man απολλυμεθα sec man 39 επετιμησεν 41 και η θαλασσα
V. 2 αυτου 4 om και 2° | διεσπακεναι 5 και εν τοις ορεσιν] εν τοις ορεσιν και 6 προσεκυνησεν 9 λεγεων 12 εισελθωμεν 13 επεντρεψεν] επεμψεν 16 ιδωτες 23 om τας χειρας 2° 25 ουσα 40 εισεπορευετο 41 εγειρε
VI. 2 ακουσαντες 3 αδελφος] pr ο 4 της αυτου] τη εαυτου 6 εθαυμασεν 8 αρωσιν 16 om ο 21 γενομενης]+δε 23 η αν] καν | ημισυ 25 δος 29 αυτω 33 ιδων 34 ιδων | om και 2° 37 δωσωμεν 45 om το 48 ηθλεν 53 γεννησαρεθ
VII. 2 αρτους] pr τους 9 στησητε 16 ει] η 22 ασελγειαι 30 om ην
VIII. 1 ημερας 8 το περισσευμα των κλασματων 14 εχοντες 17 ουδεν μενονευετε] ουδε μνημονευετε 21 λεγει 24 λεγει 25 εβλεψεν 35 ει αν] εαν 36 εαυτου] pr την 37 η τι] τι γαρ 38 ταυτη]+τη
IX. 2 εγενετο 5 θελεις 8 ιδων 12 αποκαταστησει 22 και] κε 24 λεγει 25 επισυντρεχει | οχλος] pr ο 34 διηνεχθησαν 41 ονοματι] pr τω
X. 2 επερωτων 12 om του 17 ιδου τις 25 τρυμμαλιας 32 οι διακολουθουντες] οι δε ακολουθουντες 34 εμπτυσωσιν 47 ο υιος Δαυιδ Ιησου] ιυ υς δαδ 48 εκραζεν
XI. 1 απαγαγετε 7 επιβαλλουσιν | καθιζει 15 εξεχεεν 23 om γαρ | γενηται 25 ουρανοις 31 ηριν] ημιν
XII. τους μεν δεροντες τους δε αποκτειννοντες] ους μεν δ. ους δε αποκτεννοντες 7 θεασαμενοι 12 εζητησαν 13 παγιδευσωσιν 14 επικεφαλαιον καισαρι 20 απεθανεν]+και 21 ωσαυτως]+και 22 και ελαβον] ελαβεν 23 εν τη ουν αναστασει] εν τη α. ουν 25 εν τοις ουρανοις] pr οι 28 ακουοντων | ιδων 29 υμων 38 ο δε pr man extra ser litt 40 ληψονται] pr και 43 βαλλοντων
XIII. 5 ιησους] pr ο 8 επ εθνος 9 αρχη | υμας 14 εστος 19 οιαι | τοιαυται 25 πεσουνται 27 των] pr εκ 28 om αυτης
XIV. 3 ναρδου 8 το σωμα μου 9 εαν 10 ο Ιουδας] om ο 12 ετομασωμεν]+σοι 15 υμιν 2°] ημιν 16 κακει] ετοιμασαι 18 om ετοιμασαι 24 τον] το 25 γεννηματος 27 om οτι 29 η αν] καν 32 ερχεται 40 παλιν ευρεν 43 om ων | om των 3° 48 και] ο δε 54 θερμενομενος 60 εις το μεσον 61 ερωτησεν 65 παισευσει] παισας σε 66 om κατω 67 ει συ] εσυ 68 συ τι 69 οτι]+και
XV. 1 εποιησαν 12 ον λεγετε] τον 13 εκραυγαζον 14 εκραυγαζον 15 παρεδοκει] παρεδωκεν 17 χλαμυδα 20 ενεπαιξαν |

om τα 1° 23 διδουσιν 34 ηλει (bis) 35 παρεστωτων 36 αφετε ιδωμεν] αφες ειδωμεν 39 om ουρς 2° 41 ιλημ 42 προσσαββατον 45 σωμα] πτωμα 46 εθηκεν 47 εθεασαντο
XVI. 2 μνηματι] μνημα ετι 7 ειπατε] pr και 8 εξελθουσαι] ακουσαντες 9 προτον] πρωτη 14 υστερον]+δε | εγειγερμενον 19 om ο 20 σημειων]+αμην